图说苏州

古代史

Illustrations of Suzhou
Ancient History

苏州市地方志办公室
徐刚毅 徐苏君 编著

中国·苏州
古吴轩出版社

图书在版编目（CIP）数据

图说苏州. 古代史 / 苏州市地方志办公室，徐刚毅，
徐苏君编著. — 苏州：古吴轩出版社，2019.4
ISBN 978-7-5546-1046-6

Ⅰ. ①图… Ⅱ. ①苏… ②徐… ③徐… Ⅲ. ①苏州—
地方史—古代—图解 Ⅳ. ①K295.33-64

中国版本图书馆CIP数据核字（2018）第133342号

编　委　会：陈兴南　陈其弟　诸晓春　王　炜　庄建中
　　　　　　潘振亮　丁　瑾　傅　强　徐刚毅
撰　　　稿：徐刚毅　徐苏君

图片统筹：唐伟明
责任编辑：陆月星
见习编辑：张雨蕊
装帧设计：陈　铁　王炳飞　徐刚毅
封面设计：唐　朝
责任校对：鲁林林
责任照排：金石广告有限公司

书　　　名：**图说苏州（古代史）**
编　著　者：苏州市地方志办公室
　　　　　　徐刚毅　　徐苏君
出 版 发 行：古吴轩出版社
　　　　　　地址：苏州市十梓街458号　　邮编：215006
　　　　　　Http://www.guwuxuancbs.com　E-mail:gwxcbs@126.com
　　　　　　电话：0512-65233679　　传真：0512-65220750
出　版　人：钱经纬
印　　　刷：苏州市越洋印刷有限公司
开　　　本：787×1092　1/16
印　　　张：24.25
版　　　次：2019年4月第1版　第1次印刷
书　　　号：ISBN 978-7-5546-1046-6
定　　　价：168.00元

如有印装质量问题，请与印刷厂联系。0512-68180628

图画里的苏州

　　从古到今，人们大都通过汗牛充栋的史料典籍观察历史，用文字去追溯悠远年代，或者通过实物，通过星罗棋布的文化遗存来领略千秋风貌。然而这一次，我们试图换一种方式——用艺术形象，即通过图片画面这扇窗口去解读这片土地1万年以来的文明历程，让人们去体会千百年来历史的恢宏坎坷和社会的绚丽多彩。

　　这是一项十分艰巨，且又极具挑战意义的任务。受到各方面的制约，几乎很难都用图片来描绘一座城市早已消失了的漫长岁月，所以迄今为止，人们可以"图说世界"，也可以"图说中国"，然而却未必能够"图说"一座城市。这是因为，一个地方在数千年的历史中，总有其精彩之处，但也总有其沉沦之时，更何况，还有许多时候，那片土地说不定就是一块不毛之地，抑或有些生命气息，却因为平淡无奇而让人感到无话可说。

　　然而，苏州却是一个例外！数千年来不仅文脉相连，而且高潮迭起，精彩纷呈。更加难能可贵的是，几乎每一个时代，都有人在努力地记录苏州，让人们能够在岁月长河里采撷到记忆的浪花。

　　这是因为，20世纪初科学考古传入中国之后，在太湖流域发现了许多史前人类活动的遗迹；这是因为，这里出现过的许多人物和事件，早已载入了中华民族的辉煌史册；这还因为，从六朝至明清这1 500多年里，数以百计的吴地画家们孜孜以求，呕心沥血，给这个世界留下了数以千计的传神画面；这更因为，历朝历代都不乏以弘扬历史文化为己任的苏州人，是他们保护并修复了大量的文化遗存，给人们留下了久远年代里的实物见证。这些因素，其他城市很难全部拥有。这就是苏州历史的幸运之处，这就是苏州文化的魅力所在！

不得不感叹吴地先人的慧眼和才华,这第三种形式,其实就是他们观察世界独特的视角。其中最典型的例子,莫过于古代画家笔下的社会活动和生活场景。无论是历史人物、重大事件,还是百业行当、贩夫走卒,无不一一汇聚笔端,跃然纸上,为人们还原了过去年代里的人情世故和喜怒哀乐,让人至今还忍俊不禁,拍案叫绝!

同样幸运的是,由于历代帝王和文人雅士的垂青,这些作品受人呵护,得以珍藏,摆脱了被战争和动乱摧残的厄运,并于近年来陆续得到出版传播,使得这许多精美作品在离开数百年之后又重新回到故乡,与世人见面。

就这样,有意无意之间,我们挖掘到了苏州文化的又一处宝藏。那数以千计的艺术画面和形象图片,分明就是前人对于生活饱含激情的恣意表达,就是他们对待人生乐观向上的真实流露。

是的,富足的精神和惬意的灵魂,才是文明社会最重要的标志。什么时候,我们才能够重新拥有?!

徐刚毅

2018年9月14日

第四章　五代宋元时期

第一节　五代宋元时期　政治

■ 目录

第三节 五代宋元时期 文化

第五章 明代时期

第一节 明代时期 政治

第二节 清代时期 经济

第七章 古代社会生活

第一节 宋代社会

第二节 明代社会

第九章　古代苏州名景

一个神话，在苏州流传了千年。

古城西面，有一片青黛连绵的群山，还在天地玄黄、宇宙洪荒的年代，大自然的鬼斧神工，就使这里的一切都有了鲜活的生命。群山之中，那灵岩山、狮子山、虎丘和金山，就恰似一头温顺的大象、一头匍匐的雄狮、一头打盹的老虎和一头躁动的猎豹。象、狮、虎、豹，这活灵活现的四头神兽，分明就是上天差遣下来的四位门神，终年守护着身后的那座古城。

上苍神奇，如此垂青这片山水原野，从此便让这片土地上演绎出来的人文历史，也染上了浓厚的传奇色彩！

001 名山耸峙 苏州郊外，冈峦起伏，名山辉映。图中自左向右，分别为七子山、狮子山、灵岩山、焦山、金山、天平山、寒山和支硎山等。造物主神奇无比，在苏城西郊天地之间，雕铸出了一道人间胜景。摄于20世纪30年代。

002 象山灵岩 山多奇石，状如灵芝，因名灵岩山，又因山体敦厚，起伏有致，恰如一头温顺的大象，故又有象山之称。山上有春秋馆娃宫遗迹。摄于20世纪50年代。

003 岞崿狮山　本名岞崿山，因山状如雄狮匍匐，俗称狮子山。从虎丘眺望，此山状如狮子伏地回首，故"狮子回头望虎丘"千百年来已成为民间脍炙人口的传说。摄于1986年。

004 海涌虎丘　原名海涌山，史载吴王阖闾葬于山间，经三日，有"白虎蹲其上"，故名虎丘。然观山势形貌，也确如老虎蹲地。山丘起伏如虎背弓身，宝塔耸立像虎尾高甩，二山门又似虎首，还有头山门前双井，便是虎之双目，炯炯有神。摄于清末。

005 烈豹金山　位于天平山东侧，相传它曾是一头躁动不安的猎豹。由于桀骜不驯，开山采石便成了驯服它的手段。金山采石已历千年，特别是鸦片战争之后，上海外滩兴建的万国楼宇，以及后来建造的南京中山陵、上海人民广场、中苏友好大厦、南京长江大桥和毛主席纪念堂等，均用金山所产石料。直至21世纪初，苏州市政府全面禁止开山采石，金山这才沉寂下来，如今虽然只剩下一段残山剩水，风景却也别具一格。摄于2003年。

006 城池屏障　千百年来，就是那片神话般连绵起伏的群山，护卫着身后这座春秋古都和江南名
城。摄于20世纪30年代。

第一章 史前时期

旧石器时代末、新石器时代
距今约12 000—4 000年

　　苏州山温水软，绿野锦绣，气候宜人，物产丰富。太湖襟带西南，运河贯穿南北，长江蜿蜒西来，大海波撼东方。早在1.2万年前，这里就出现了人类的活动。距今6 000年左右，先民在此留下的遗迹被称为马家浜文化，之后数百年演变为崧泽文化，再经过数百年成为良渚文化。太湖流域新石器时代文化在良渚时期达到了顶峰，在中国上古史上留下了浓墨重彩的一页，后世称其为"中华文明的曙光"。大约在4 000年前，良渚先民从太湖地区消失，此后的几百年里，太湖平原人迹罕至，文化再次沉沦。在中原地区进入商代时，有两批人分别来到太湖地区。一批是江南的土著，另一批人来自中原，他们融合后留下的遗迹，被称为马桥文化。

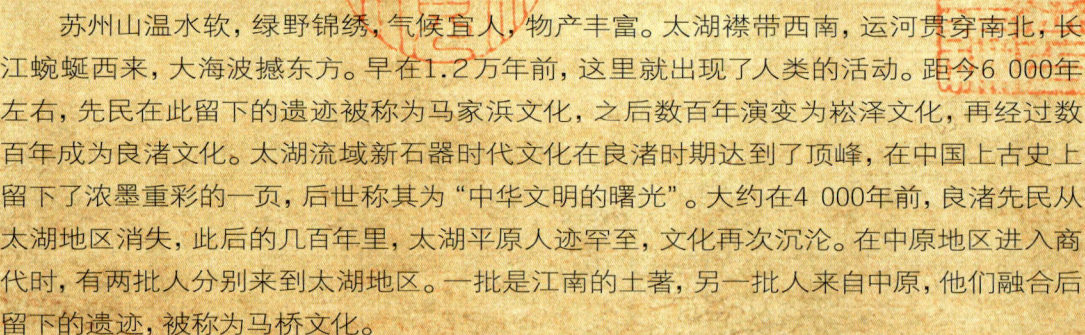

在许多人心目中，辉煌的中华文明，其远古部分是一个由传说和神话交织而成的世界，盘古开天地、神农尝百草、伏羲造字、女娲补天、夸父追日、精卫填海等，一个个充满了奇异色彩的故事，在一代又一代的中国人心底流淌激荡……

然而随着20世纪科学考古的发展，人们逐渐认识到，中国的史前社会，其实比传说更加丰富，更加广阔，也更加现实！考古已经证实，仅仅是在太湖流域的苏州地区，人类文明的历史，就已经远远地超过了上下5 000个年头……

旧石器文化遗迹主要发掘处

007　"吴地文化一万年"的由来　1985年，在太湖三山岛西北端清风岭下的湖滩沙砾层中，发现了一处面积约500平方米的旧石器时代遗迹，其中出土石制品5 263件以及许多哺乳类动物化石。约12 300年前，这里已出现了人类活动的足迹。三山岛遗址的发现，把太湖流域人类活动的历史推进到了旧石器时代。自此，"吴地文化一万年"成为人们约定俗成的一种说法。图为三山岛旧石器时代遗址鸟瞰，选自《苏州地理》。

008　"三山文化"　鉴于三山岛旧石器时代遗址内涵丰富，特征鲜明，对追溯太湖流域文明的源头有着十分重要的作用，考古界将其命名为"三山文化"。图为1985年文物工作者在三山岛发掘现场，选自《吴县志》。

009 旧石器时代古人类石制工具

1985年在三山岛发掘出土旧石器时代晚期石器5 263件，主要器物有各类刮削器、尖状器、砍砸器、石核及石片等。这是迄今为止在太湖流域发现的最早的古人类石制工具，距今已有1万多年。图选自《苏州文物菁华》。

 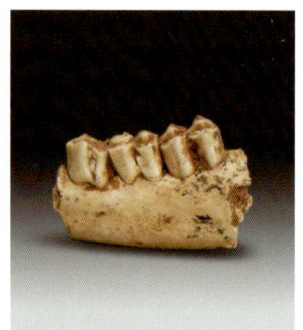 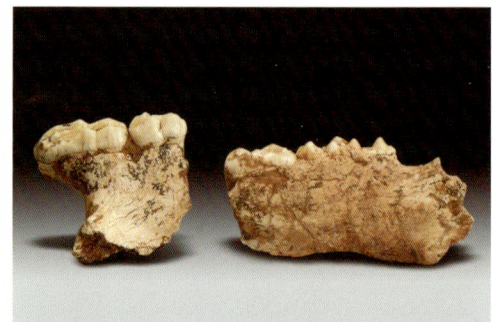

010 旧石器时代哺乳动物化石

三山岛发现哺乳类动物化石，出土的化石标本共有6个目20种左右，主要种类有棕熊、西藏黑熊、鬣狗、虎、狼、鹿、猕猴、豪猪、獾等。这些发现填补了我国旧石器时代文化遗址和更新世哺乳动物分布上的空白，对研究太湖的成因、长江中下游乃至华东地区的成陆年限等，都具有极其重要的参考价值。图选自《苏州文物菁华》。

011 太湖地区古文化序列标尺草鞋山遗址 1972年9月至1973年8月，草鞋山遗址考古发掘中发现了吴越文化、良渚文化晚期、良渚文化早期、崧泽文化、马家浜文化晚期和马家浜文化早期的文化堆积层。遗址的发掘成为太湖地区古文化序列的一把标尺，其中把玉璧、玉琮等玉器确定为良渚文化玉器，其意义尤其重大。传统观念中被视为周汉古玉的璧、琮等玉器，年代也因而提早了一两千年，此次遗址发掘确立了正确的历史坐标，具有重大历史价值。图为草鞋山遗址俯瞰，摄于2008年。

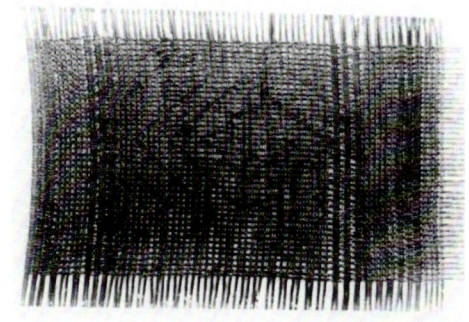

012 6000年前的葛纤维织物 草鞋山遗址还发现了木构建筑遗址、炭化稻谷以及炭化葛纤维织物，这说明马家浜文化时期太湖流域的先民已经学会了纺织。图选自《中华文明大博览》。

013 绰墩遗址 在昆山正仪镇北，经多次发掘，发现了马家浜、崧泽、良渚和马桥等文化遗址。其中的河道、房址、祭台及墓葬等共同构成良渚文化较完整的聚落形态。特别是由水沟、蓄水坑等共同组成的农田灌溉系统的发现，引起中外专家的重视。2006年绰墩遗址被评为全国重点文物保护单位。

014　最早的水稻田在苏州被发现　考古工作者先后在唯亭草鞋山遗址和昆山绰墩遗址发现了6 000年前马家浜文化时期的水田遗址100多块，以及以水口、水沟、水井、水塘相连接构成的水田灌溉系统多处，这是目前我国乃至世界上发现的最早的人工开垦的水田遗迹。图为绰墩遗址马家浜文化时期的水田。

015　少卿山遗址　在昆山千灯镇，少卿山遗址马家浜、崧泽、良渚三期文化的叠压关系及出土遗物为太湖流域新石器时代文化序列提供了又一典型的例证。

016　"火耕水耨"的科学证据　《史记》等古籍曾记载"楚越之地，地广人稀，饭稻羹鱼，或火耕而水耨"，这是汉代人对于江南原始农耕技术的描述。在苏州距今6 000年的古稻田中发现了焚烧稻草的灰坑和残留的炭化稻粒，这是先民"火耕"的遗物遗迹。史前稻田表层土壤里则是水稻孢粉"一统天下"，说明先民年复一年的"水淹"把大部分旱生杂草也淘汰了，这是"水耨"的证据。上图为考古工作者在吴江梅堰龙南村遗址清理出土的炭化稻谷；下图为绰墩遗址出土的炭化稻谷。

017 有"崧泽王"之称的东山村遗址 遗址位于张家港金港镇南沙街道。2010年1月首次在长江下游地区发现了距今6 000多年的崧泽文化早期高等级大墓群,这也是迄今为止发现的崧泽文化墓葬中随葬品最多的一次。这些发现为良渚文化的社会文明找到了源头。北京大学考古文博学院严文明教授将其称为"崧泽王"。东山村遗址入选"2009年中国六大考古新发现"。上图为位于张家港香山麓的东山村遗址考古成果宣传栏,下左图为东山村遗址崧泽红烧土房址,下右图为东山村遗址出土的崧泽陶器。

018　能研究地貌变迁的徐家湾遗址　位于张家港鹿苑镇南，1985年发掘，属于崧泽文化。由于该遗址的发现，原定的5 000年前的海岸线要重新划定，南岸原定在顾山一带，由此向北推移了10多公里。该遗址对研究长江三角洲的地貌变迁具有重要的意义。

019　5 500年前的水田与古井群蔚为壮观　1974年春，吴县车坊乡澄湖村和大姚村在围湖造田时，在广达2平方公里的澄湖底发现崧泽和良渚文化时期的古井百余口，以及大量不同类型的陶器。这说明早在5 500年前，先人便聚居于此，并已熟练掌握了掘井技术。图为澄湖崧泽文化时期的水田与古井群等。

020　最早的枕河人家　1987年在吴江梅堰龙南村发现了距今5 200年的良渚文化村落，村中有一条小河，河边还有木结构的埠头与三组房址。这种依河而筑的房屋和隔河相望的枕河人家格局，与黄河流域史前文明的村落布局大相径庭。图为龙南村考古时的探方位置。

021 石湖越城遗址 位于石湖东岸，曾是春秋吴越对峙而留下的土城，1960年考古发现下层为马家浜类型的文化遗存，中层具有良渚文化的特征。出土吴越时期和新石器时代晚期的石器、陶器和青铜器等，以及良渚墓葬6座。

022 广福村遗址 位于吴江桃源镇西南，主要文化遗存是距今6 000年的马家浜晚期墓葬20座、房址1座、器物56件，遗址中还出土了大量动物遗骸，印证了这一时期的先人经常出入于丛林，从事狩猎活动。

023 以良渚玉器知名的张陵山遗址 位于吴县角直镇西南，曾在此发现的文化层厚达8.4米，可分4层，出土文物共1 200多件，为长江下游太湖地区的古文化序列又提供了新的例证，其中出土的20多件良渚玉器尤为珍贵。

024　内涵丰富的赵陵山遗址　位于昆山张浦镇西南赵陵村，相传因南宋宗室葬此得名。1984年在这里发现了崧泽晚期到良渚中期的文化遗址，出土了一批精美的史前石器、陶器、玉器，以及汉瓦、六朝青瓷、宋代陶罐等，遗址内涵丰富，引起考古界重视。

025　罕见的赵陵山族徽　1991年，在赵陵山遗址中发现了一件极其特别的陶盘，底部的图案精到独特。考古界与美术界的学者认为这是赵陵山宗族的族徽。图中方圆、曲直，或谓之阴阳，互相缠绕，互相依存，互根互生，对立统一，处处对称均衡，类似于《太极图》所表现的复合思维，可以说这个图案体现了原始社会人类杰出的思维能力。图选自《昆山文物精华》。

026　虎丘金鸡墩遗址　1956年考古工作者在距虎丘1公里的长青乡吴埂上村南，采集到新石器时代的石器、陶器等遗物。图为金鸡墩遗址，摄于1985年。

027　"太仓之根"维新遗址　位于太仓双凤镇维新村，是一处良渚与马桥文化的遗址。维新遗址的发现，填补了太仓史前文化的空白，将太仓有据可考的历史上溯至距今4 500年左右，被誉为"太仓之根"。

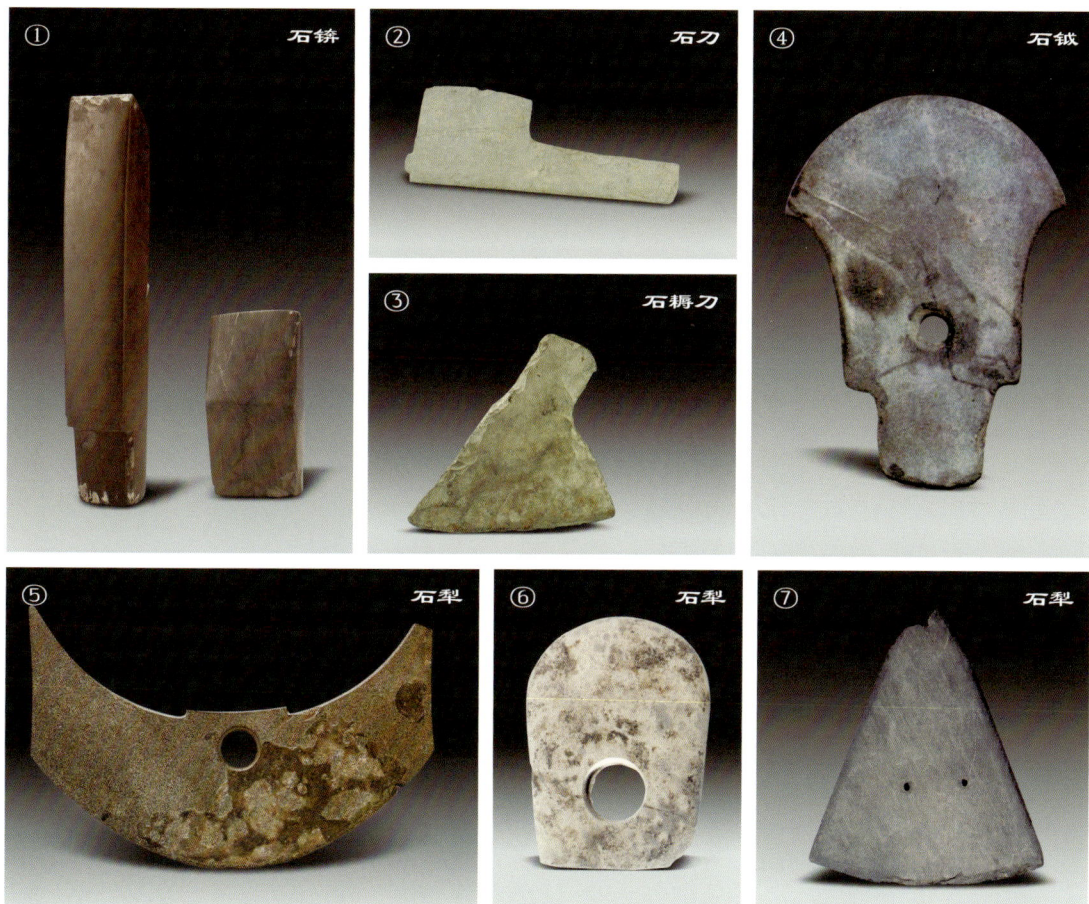

028 新石器时代人类石制农具 这是一组新石器时代晚期，距今5 000—4 000年的崧泽文化至良渚文化时期的石制农具。这些农具的出现，反映了苏州地区在新石器时代农业生产水平已相当发达，可能已经进入了"犁耕农业"的阶段。图为：①1989年吴县（今江苏苏州）太湖公社湖中村出土的石锛，与斧相似，通体磨光；②昆山赵陵山出土的带柄石刀；③周庄太史淀遗址出土的石耨刀；④常熟出土的石钺；⑤⑥⑦光福东崦湖畔出土的一组石犁。图选自《苏州文物菁华》《昆山文物精华》。

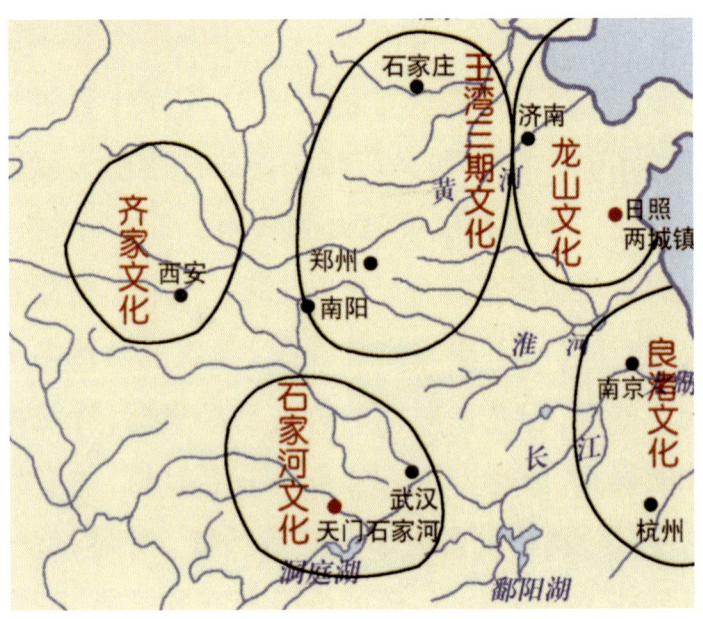

029 **太湖流域史前文明分布**　在悠远的历史长河中，华夏民族史前文明的产生和发展，并不局限于某些单个的区域，而是在广袤的土地上多处展现，群星耀眼。它们在经历了各自的初创阶段之后，通过迁徙与交流，战争与融合，最终孕育诞生出了辉煌的夏、商、周三代文明。

作为人类原始文化之初的旧石器时代，在中国存在了170万年。1万年前，开始进入新石器时代。数千年前，在长江下游的太湖流域，已经出现了丰富的人类活动。

太湖流域新石器时代文化，有前后相承袭的三种文化，即马家浜文化、崧泽文化和良渚文化。马家浜文化以浙江嘉兴马家浜命名，遗址主要在浙江桐乡县罗家角、嘉兴马家浜、吴兴邱城，江苏常州圩墩、武进县潘家塘，上海青浦县崧泽等。苏州地区的遗址有吴县草鞋山、昆山绰墩、少卿山，吴江梅堰和桃源广福村，苏州越城等。这时期的生产工具有石器和骨器，经济生活以农业为主，水稻是当时的主要农作物，家畜饲养业比较发达，草鞋山遗址中还有中国发现最早的纺织品。

崧泽文化以上海青浦崧泽遗址命名，崧泽文化的分布范围大体和马家浜文化的分布一致，即以太湖流域为其中心，但传播的范围比马家浜文化范围广大。苏州地区的遗址有吴县草鞋山、张陵山、澄湖，昆山赵陵山、绰墩、少卿山，张家港徐家湾、东山村等。

良渚文化以1936年发现的浙江余杭良渚镇遗址命名，良渚文化分布的中心地在太湖流域。但受到良渚文化影响的地区很广，北达苏北和鲁南，西到安徽的江淮地区，南抵赣北和粤北。苏州地区良渚遗址有吴县草鞋山、张陵山、澄湖，苏州越城，吴江梅堰，昆山绰墩、太史淀、少卿山等。这时期的石器均通体磨光，制作精致。玉器和其他一些玉饰件表面常有原始型的饕餮纹、云雷纹、鸟纹等。太湖流域农业已较发达，并且发现了丝织品，说明中国在四五千年前就已开始养蚕织绢，中国是世界上养蚕织绢最早的国家。

马家浜文化距今7 000—6 000年，崧泽文化距今5 900—5 300年，良渚文化距今5 300—4 200年。在这之后出现的则是马桥文化（其典型器最早出土于上海马桥），距今3 700—2 900年。良渚文化与马桥文化之间并无传承关系，相比于辉煌的良渚文化，马桥文化要落后许多。这时候，中原地区进入了夏朝时期。

图为《华夏史前文明分布图》，即距今4 500年新石器时代各地区文化分布范围图，选自《话说中国》。

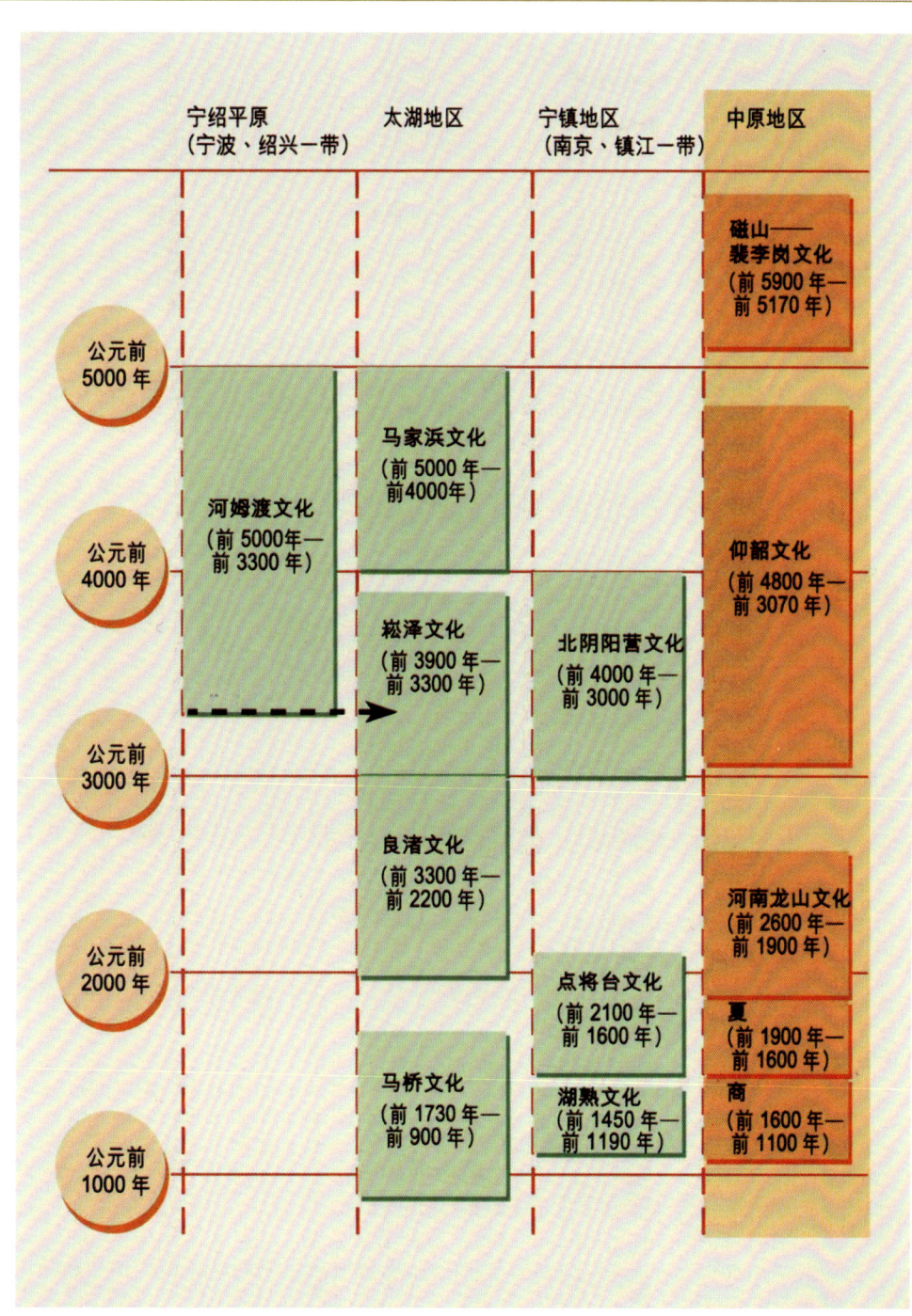

图为《太湖地区新石器时代文化序列对照表》，选自《吴越文化》画册。

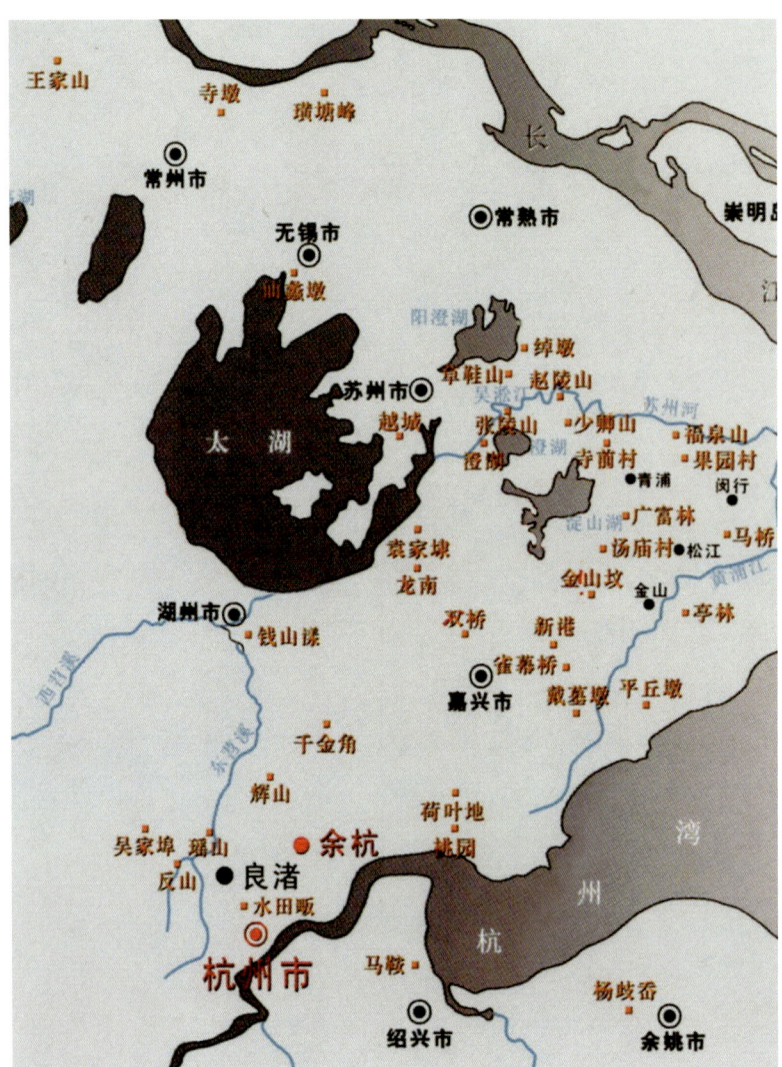

030 中华文明的曙光——良渚文化　　远在5 300年前，位于今江浙两省交界处太湖流域高度发展的史前文明——良渚文化横空出世，犹如天边的彩霞，划破了被漫漫长夜笼罩着的中华大地。在马新、齐涛合著的《中国远古社会史论》一书中是这样表述的："可以说，在群落时代，良渚人是最为先进、最为繁盛的一个群系。无论是经济生活水平，还是社会组织水平，都遥居各群系之首。它首先崛起于太湖周围的长江下游地区，距今5 000年左右，良渚人的势力范围已到达淮河南北两岸。"图为浙江余杭良渚博物馆刊物上所载环太湖流域良渚文化遗址分布图。图中可见，今苏州地区位于良渚文化的重要区域。

东村遗址
张家港市
徐家湾遗址
○常州市
长
钱底巷遗址
江
常熟市
○无锡市
太仓市
罗墩遗址
维新遗址
绰墩遗址
草鞋山遗址
金鸡墩遗址
玉峰遗址
苏州市
窑墩遗址
皇宜山遗址
茶店头遗址
昆山市
治平寺遗址
张陵山遗址
少卿山遗址
太　湖
越城遗址
郭新河遗址
赵陵山遗址
张墓村遗址
摇城遗址
○上海市
吴江市
三山岛遗址
● 新石器时代遗址
龙南村遗址
● 旧石器时代遗址
○湖州市
○嘉兴市

031　苏州古文化遗址分布　史前考古证明，今苏州一带早在1.2万年前的旧石器时代晚期已有人类活动的踪迹，距今6 000—4 000年的新石器时代中晚期就已孕育出当时比较先进的文化。20世纪30年代至80年代，尤其是50年代以后，苏州市区和吴县、吴江、常熟、昆山、沙洲、太仓等地，经过调查发现和发掘清理的各类遗址及文物、化石出土地点在百处以上，为科学研究提供了许多实物资料，也大大丰富了各文博单位的收藏。图为苏州一些重要的古文化遗址分布图，选自《苏州地理》。

032 精美的良渚陶器　良渚先民由于掌握了控制窑内温度和烟熏渗碳的方法，能够烧制出表面打磨光亮呈漆黑色金属光泽的黑皮陶，此外还有部分夹砂红陶和彩陶也很精美。良渚陶器种类繁多，结构合理，造型非常优美。图选自《苏州文物菁华》。

彩绘陶贯耳壶　1974年车坊澄湖遗址出土了一件距今5 300—4 200年的良渚时期完整无缺的彩绘陶贯耳壶，整器造型规整，彩绘色调明快，极为珍贵。

鸟纹阔把黑皮陶壶　2002年昆山绰墩出土，鸟纹阔把黑皮陶壶胎薄如纸，乌黑漆亮，图案神秘繁复，线条流畅伸展，造型极富动态，如此良渚精品可谓世所仅见。

鱼篓形刻陶文贯耳罐　1973年澄湖出土，良渚文化典型器物。可与山东龙山文化的黑陶相媲美，考古界素以"良渚黑陶"称之。罐腹中部表面的四个刻画符号，李学勤先生考释是"巫钺五偶"，比中国最早的文字甲骨文的出现还早了数百年，这足以证明太湖地区也是中华文明的发源地之一。

黑皮陶鳖形壶　1974年澄湖出土，泥制黑皮陶，胎薄质细，扁体空腹，其成型工艺要求极高。这种以鳖为造型的陶器，在良渚遗址中绝无仅有。

江豚形陶壶　吴江梅堰袁家埭出土，国家一级文物，现藏于南京博物院。泥质灰陶，形似江豚，俯首翘尾，尖嘴睁眼，生动逼真，神态可掬，富有动态美。此器制作精美，造型独特，具有强烈的艺术感染力。

033 辉煌的良渚玉器 良渚玉器是中国史前制玉的巅峰，无论是玉器种类、形制，还是制造工艺，都明显地高于同时的红山系和海岱系古玉。其技法有镂空透雕、浮雕和阴线雕刻三类。图载于《苏州文物菁华》。

玉琮

玉璧

玉双龙

神人鸟兽

玉钺

玉镯

玉琮

玉璜

玉杖头

玉琮 良渚文化的典型器，应是祭地的礼器，1973年草鞋山遗址出土。

玉璧 应是祭天的礼器，1973年草鞋山遗址出土。

玉双龙环形佩 玉佩外缘琢一龙嘴，并以嘴唇为界，分别在两边琢出龙头及五官，形成了两龙合一嘴的奇妙构图，1993年常熟罗墩遗址出土。

神人鸟兽透雕玉饰 形为神人鸟兽组合，制作采用了琢磨、钻孔、透雕等方法，通体磨光，精雕细镂，1991年昆山赵陵山遗址出土。

玉镯 良渚时期腕饰，1977年张陵山遗址出土。

玉杖头 这是一件装配在玉权杖顶部的玉饰件，这种权杖当为良渚文化时期部落首领身份的标志，也是权力的象征，1984年张陵山遗址出土。

玉钺 亦称权杖，是良渚文化时期权力的象征，此为玉钺的钺身部分，1977年张陵山遗址出土。

玉琮 1977年张陵山遗址出土。

玉璜 用于祭祀及朝聘的礼器，或用作墓主人的胸部佩饰，1977年张陵山遗址出土。

034 远古时代的歌谣——河阳山歌　传唱于张家港凤凰镇河阳山一带。据考证，最早的河阳山歌，产生于6 000多年前的远古时代，比《诗经》更早，堪称中国民间歌谣珍稀的"活化石"。其《斫竹歌》云"斫竹、削竹、弹石、飞土、逐肉"，与《诗经》中的《弹歌》"断竹、续竹、飞土、逐肉"有着惊人的相似。诗歌描绘了远古人类砍竹、削竹、制弓、弹石、射兽的捕猎场面。上左图为河阳山歌馆；上右图为山歌馆内泥塑的一组远古先人弯弓、弹石、打猎的场景，体现出了《斫竹歌》这首古老歌谣的意境；下图为河阳山（即今张家港市凤凰山）。

035 突然消失的良渚文化　约4 000多年前，良渚文化突然中断，长江下游和太湖流域好似一下由文明初曙转回到了蛮荒草昧之中，陷入了长达近2 000年的沉寂，直到春秋末期吴越立国，才又重新崛起。其原因后世颇多争议，有一种说法比较合理，那就是一场大洪水淹没了良渚文明。良渚先民被迫举族迁徙，其主体向北到达了中原，影响了日后夏、商、周三代文明的勃兴。图为浙江余杭良渚博物院中良渚先民的塑像。

036 江南先民寻祖　　古吴族是江南土著民族,肤色浅黑,有断发文身、黑齿雕题、裸身而饰、喜食水产蛇肉等习俗。古吴族祖先为九黎族,九黎族首领即是蚩尤。文选自《话说中国》。图为浙江余杭良渚博物院内史前江南先民制作陶器的场景。

037 华夏文明诞生之初的太湖流域　　良渚文化中断之后,太湖流域人迹罕见,后来才有外来人口迁居此地,考古界将这一时期的文化命名为马桥文化(因其典型器最早出土于上海马桥)。良渚文化与马桥文化之间并无传承关系,相比于辉煌的良渚文化,马桥文化要落后许多。直到3 100年前,泰伯、仲雍千里南奔,建立勾吴部落,太湖流域文化才又重新开始发展。图为1974年车坊澄湖遗址出土的马桥文化红陶鸭形壶,其年代大约在夏末至商代。

038 大禹治水　　距今4 200年左右,良渚文化在发展到了巅峰阶段时却突然消失,太湖流域人迹罕见,史前文明重又沉入了漫漫长夜。大洪水后,良渚先民被迫举族迁徙,他们的主体北上渡过长江、淮河,后来融进了中原文化之中。在这之后的若干年,即有了大禹治水,太湖流域这才重新出现了生机。此为故宫博物院所藏弘旿《大禹治水图》卷局部。

039 大禹像 《史记》载，尧的时候天下洪水滔天，民不堪其苦，鲧治水不成而被舜所杀。禹继父主持工程，采用疏导的办法，终于制服了汹涌的洪水。

040 禹王庙 大禹治水在吴地留下过许多遗迹和纪念地，在西山就曾建造过四座禹王庙，北在平台山，南在消夏湾，西在角里郑泾口，东在西华峻嘴上。上图为光福平台山禹王庙，下图为西山角里禹王庙。

041 大禹治水疏三江 《尚书·禹贡》云"三江既入，震泽底定"，记载了大禹治理太湖流域的事迹，震泽即太湖古称。但何谓"三江"，历来诸家说法不一。今《上海通史》采用东晋庚仲初《扬州赋注》及顾夷所撰《吴地记》之说，即松江、娄江、东江为三江。图为根据《上海历史地图集》中汉平帝元始二年（公元2年）"三江地图"所绘的示意图。三江水道历经变迁和治理，今存二江，即吴淞江与娄江，东江则约在唐代已湮塞，久失踪迹。

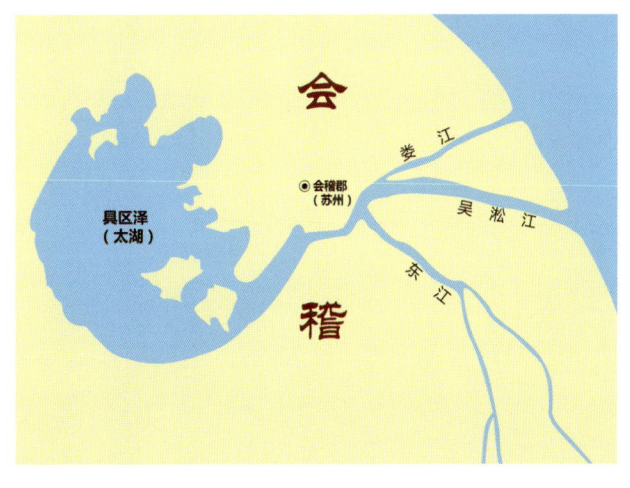

第二章 先秦时期

商末、西周、东周（春秋、战国）
约公元前11世纪—公元前221年

　　商代末年"泰伯奔吴"，南迁到江南的周人断发文身，变服易俗，和当地的土著融合，成为吴国的始祖，至十九世寿梦从无锡梅里南迁苏州，吴国开始强大，到了阖闾、夫差时代俨然已经成为一方强国。然而趁夫差赴黄池与晋侯争霸之时，越王勾践却偷袭吴国都城，吴国从此一蹶不振，夫差二十三年（前473），越国灭吴。《史记》载，140多年后的周显王三十五年（前334），楚国灭越（一说是在公元前306年），越国灭亡后，吴越之地尽归楚国，至楚考烈王十五年（前248），吴地成为春申君黄歇的封地。秦王嬴政二十五年（前222），灭楚国后，设立吴县和会稽郡，吴越地区纳入了大秦帝国的版图。

■ 第一节 先秦时期 政治

　　泰伯奔吴，距今已有3 100多年，至公元前473年夫差失国，勾吴部落与吴国在江南存在了600余年，其间历二十五世。十九世寿梦称王，南迁苏州，吴国开始强大。阖闾、夫差时代吴国西抗强楚，南服于越，北伐齐鲁，并在黄池盟会中争得了霸主地位，然而不久吴国即为越王勾践所打败。越灭吴后，先后两度迁都于吴，公元前334年前后，楚灭越，吴越之地尽属楚。战国后期，楚相春申君封治于吴。

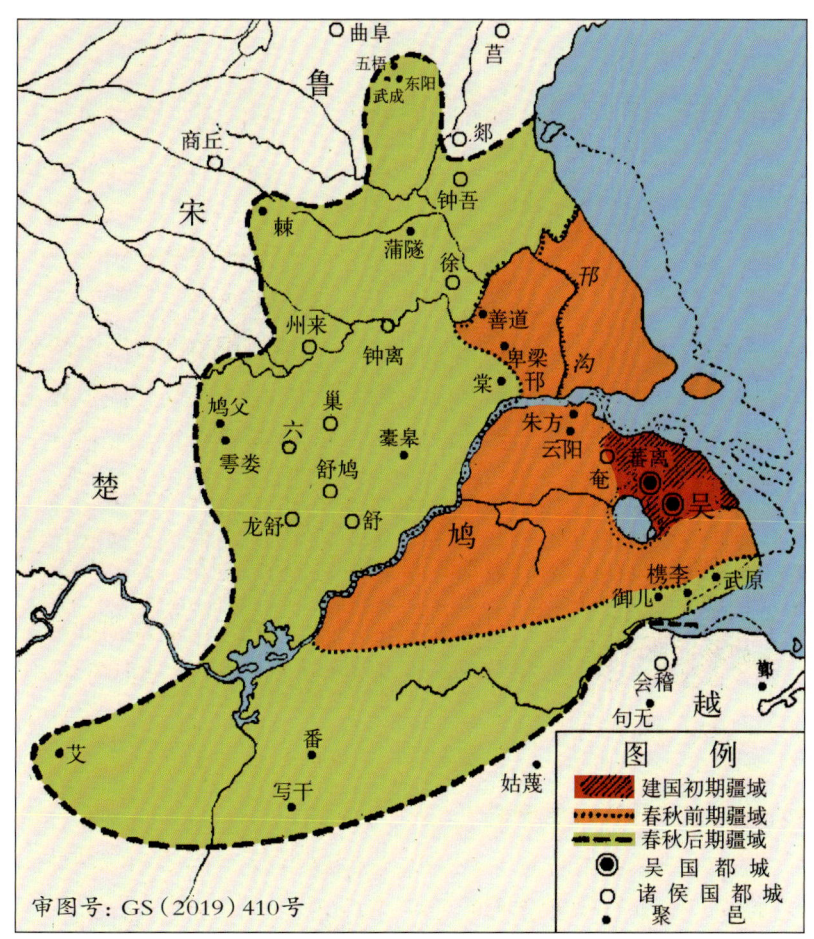

042 吴国疆域示意图（约公元前11世纪—前473年）　　吴国初期疆域，即商末、西周时期在太湖东岸，今江阴、无锡、苏州一带。春秋前期疆域在今淮河以南，长江安徽段以西和嘉兴、杭州以北。鼎盛时期，即春秋后期吴国疆域基本上占有今江苏全境、安徽的长江以南和大别山以东部分，以及浙江与江西的北部。图选自魏嵩山《古代吴立国的发源地及疆域变迁》。

043 周朝奠基人古公亶父　古公亶父，陕西岐山周原部落首领，姬姓，生有三子，长子泰伯、次子仲雍、少子季历，季历生子名"昌"，太王以为周族兴盛当在"昌"。泰伯、仲雍知父之意，便让王出走。后来"昌"即位，即周文王，文王之后为"发"，即周武王。武王伐纣，终于灭殷商建立周朝，开启了中国早期历史文化最为辉煌的周朝和春秋战国时代。图像选自《话说中国》。

044 泰伯奔吴　距今3 100年的商朝末年，位于陕西岐山脚下的周族部落首领古公亶父的长子泰伯、次子仲雍，知父实则看中季历之子"昌"，便避让王位，千里南奔至江南荆蛮之地，断发文身，与土著居民一起，在今无锡梅里建立了勾吴部落。孔子曾有"泰伯其可谓至德也矣，三以天下让，民无得而称焉"的名句。至德者，天下最高的德行也。图像选自《历代名臣像解》。

045 仲雍传后　仲雍为商末周太王次子，与兄泰伯一同避让王位，来到江南建立勾吴部落。泰伯身后无子，仲雍继位，仲雍生季简，季简生叔达，叔达生周章，时武王建周，吴国始入周朝版图。仲雍历来被奉为吴地和常熟的始祖。图为仲雍像，选自《锡山周氏世谱》，清乾隆五十七年（1792）木活字本。

046 **苏州泰伯庙** 在阊门内下塘。系东汉桓帝永兴二年（154）郡守糜豹奉诏所建。初在阊门外，五代后梁乾化四年（914）吴越王钱镠为避兵乱徙庙于今址，北宋元祐七年（1092）诏号至德庙。

047 **无锡泰伯庙** 位于无锡梅村，据明王鏊记载，建于明弘治年间。

048 **鸿山泰伯墓** 位于无锡鸿山山麓，始建于东汉桓帝永兴二年，吴郡太守糜豹奉诏修建，东晋时在墓南建庙，以祀泰伯。

049 **虞山仲雍墓** 位于常熟虞山东岭，始建无考，现有建筑与墓道建于明成化年间。

050 周章封吴国国君　周章（生卒年不详），仲雍曾孙。周武王伐纣灭殷后分封诸弟为诸侯，求泰伯、仲雍之后，得周章（时勾吴已传至第五代），正式封其为吴国国君，吴国由此纳入了西周版图。左图为周章像，选自《锡山周氏世谱》，清乾隆五十七年（1792）木活字印本；右图为常熟虞山周章墓道。

051 寿梦开启强吴时代　吴王寿梦（前620—前561），姬姓，名寿梦，前585—前561年在位。寿梦元年（前585）十九世吴王寿梦即位后便走出国门，考察了中原诸侯国的礼乐制度和风土人情，眼界大开，由此励精图治，奠定了吴国强盛的基础。图像选自《吴氏族谱》。

052 吴王寿梦戈　吴王寿梦自用戈，内部呈镂空的动物造型，刻画一宽体飞龙。此戈精美异常，锋利如初，藏于故宫博物院。

延陵季子像

053 吴国名贤季札 吴王寿梦第四子,多才多艺,仁德谦让。继承泰伯遗风,屡次为回避君位而出走,在历史上传为佳话。封于延陵,称延陵子。在《东吴名贤记》中被列为吴国名贤第一。图像选自《三才图会》。

054 季札挂剑 季札出使晋国,途经徐国,徐国国君很喜欢他的佩剑,季札有心相赠,却因身负使命,不便赠予。后来他返回时,徐君却已病故,季札便挂剑于徐君墓前,怅然离去。图为《延陵挂剑图》局部,明张宏绘。

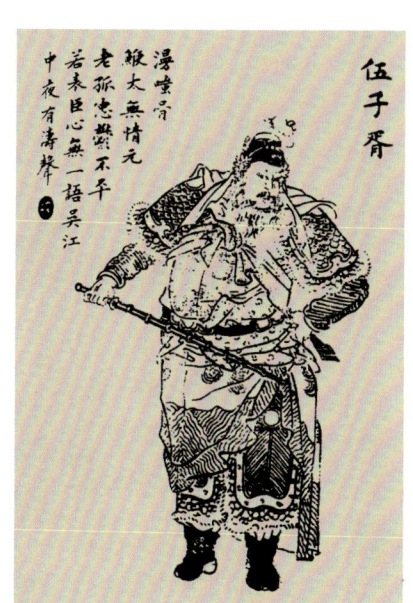

伍子胥

浮雲蔽日
被大無情元
老孤忠默然不平
若秦臣心無一語吴江
中夜有濤聲

055 吴国重臣伍子胥 伍子胥(?—前484),名员,字子胥,楚国人。因楚平王听信谗言,将其父兄杀害并通缉伍子胥。子胥乃逃亡至吴国,投入公子光(即即位后的阖闾)门下,阖闾即位后受到重用。夫差时因劝吴王拒绝越国求和,并主张暂不攻齐而先灭越,遭拒,后被夫差赐死。左图为伍子胥像,选自清刊本《东周列国志》。

056 胥口伍子胥墓 夫差将伍子胥抛尸江中。吴人十分敬重伍子胥忠烈,将其捞起,筑坟埋之。右图为胥口伍子胥庙和墓,摄于20世纪50年代。

057 专诸刺王僚　吴王寿梦有四子,诸樊、余祭、余眛、季札。季札贤,而寿梦欲立之,季札让不可,于是乃立长子诸樊。由此王位依次在四兄弟中传承,至余眛死,季札坚辞,故余眛之子僚得以继承。诸樊之子光为此不服,经伍子胥推荐,壮士专诸乘宴请之际用鱼肠剑刺杀了僚,光由此即位,改名阖闾。图为山东嘉祥县武梁祠汉代画像石。

058 要离刺庆忌　阖闾虽然登上了王位,但王僚之子庆忌逃亡在外,企图借助诸侯国的力量回国讨伐。经伍子胥推荐,阖闾派壮士要离行刺庆忌。为骗取庆忌信任,在要离的请求下,吴王砍断了他的右手,又戮其妻子,要离"诈以负罪出奔"。庆忌果然中计,要离伺机用矛钩刺中庆忌。庆忌临死前制止左右杀要离,他说:"要离天下勇士,岂可一日而杀天下勇士二人?"此时要离后悔不已,乃自断手足,伏剑而死。图为山东嘉祥县武梁祠汉代画像石。

059 王僚葬狮子山　狮子山位于城西,本名崿嵲山,因状如狮,故称。《吴地记》载:"王僚葬此山中,有寺号思益。"图为清末狮子山,山间犹存庙屋。

060 造筑阖闾大城　阖闾登基后,即命伍子胥建造吴国都城。20世纪50年代在大公园发现春秋遗址。1961年《考古》第三期刊登罗宗真《苏州市和吴县新石器时代遗址调查》,文章载:"在苏州公园(即子城遗址范围内)发现了相当于春秋战国时期的以印纹硬陶为代表的遗址。"罗认为,苏州古城的确建于春秋战国时期。图为当时在苏州出土的几何形印纹硬陶花纹拓片。

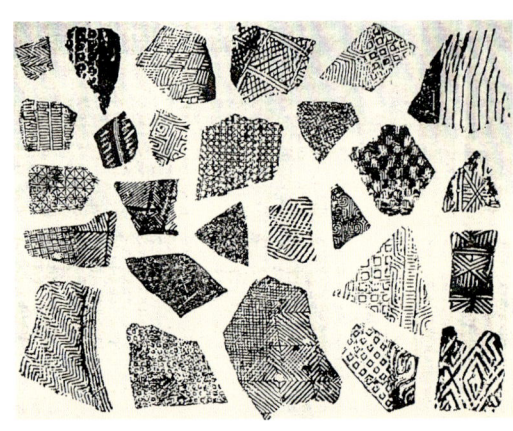

061 苏州古城遥感图 公元前514年，伍子胥受阖闾之命，"相土尝水，象天法地"，建造吴大城。陆门八，以象天之八风；水门八，以法地之八卦。《越绝书》载："南垣长十里四十二步五尺，北垣长八里二百二十六步三尺，东垣长十一里七十九步一尺，西垣长七里一百一十二步三尺，合计为三十七里（史书载四十七里实有误），有水陆城门八座。"今经实测，苏州古城周长15.2公里，面积14.2平方公里。古城建造至今，已历2 500余年。

062 楚国郢都纪南城　楚国国都，在今湖北江陵县城北，因在纪山南，故名。东周时期共有20代国王在此执政，前后达411年。当年伍子胥自楚奔吴，奉阖闾之命造筑吴国都城，当是参照的楚之郢都。图为纪南故城遗址标识碑。

063 吴都与楚都十分相似　楚郢都纪南城址东西长4.5公里，南北宽3.5公里，城墙周长15.5公里，总面积15.7平方公里。有城门8座，并首创2座水门，以控制水患。城内中南区则为子城宫殿区。图为荆州纪南城古迹示意图，其规模、形制、格局与苏州古城十分相似。

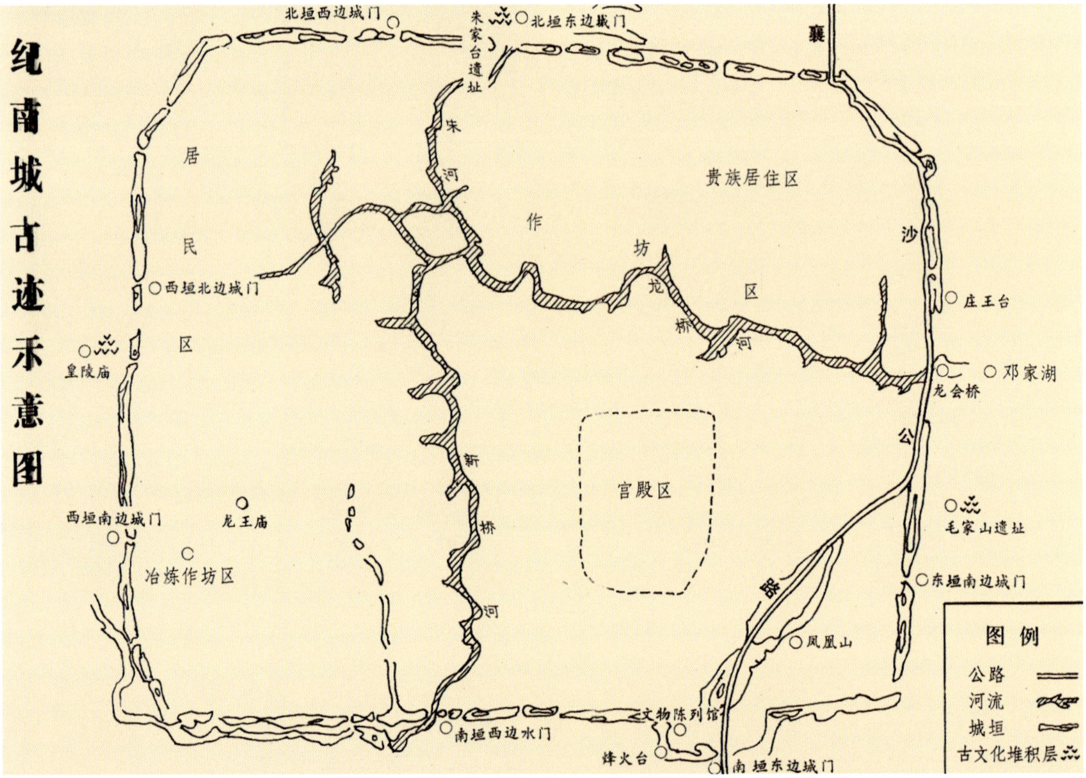

064 孙武拜将 孙武（公元前535—？），字长卿，齐人，隐于吴地。伍子胥与吴王论兵时"七荐孙子"，阖闾看过孙武呈上的《兵法十三篇》，知其能用兵，遂拜为将。曾率领吴国军队大破楚军，占领了楚国郢都。图为孙武像。

065 吴宫教战 阖闾得孙武，欲试其才，让他训练宫女，然而宫女却不听孙武号令。为肃整纪律，孙武不顾阖闾说情，将吴王两个宠姬斩了，由此军纪整饬，这些宫女居然也都被训练成一支能够作战的队伍。图为吴宫教战遗址胥口教场山。

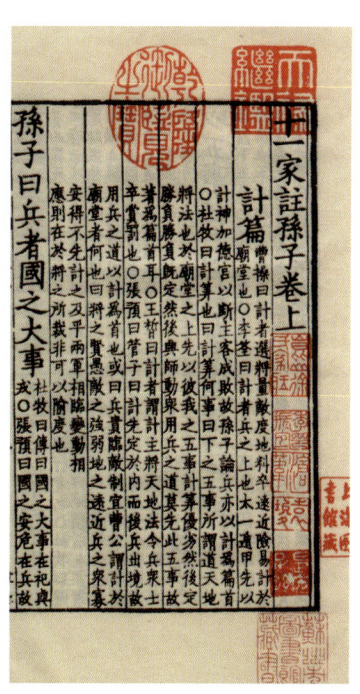

066 "三令五申"的出典 吴宫教战中，孙武三番五次训诫宫女的故事就是成语"三令五申"的出典。图为胥口蒋墩教场山下的二妃墓。

067 《兵法十三篇》问世 孙武所著《兵法十三篇》是我国最早、最杰出的兵书，为后世兵法家所推崇，被誉为"兵学圣典"。李世民说"观诸兵书，无出孙武"。如今，孙子兵法已经走向世界，被翻译成多种语言。图为《孙子兵法》书影。

069 阖闾之死　公元前496年，越王允常去世，勾践继位。吴王阖闾趁越国国丧，发兵攻击。两军在吴越边界檇李（今嘉兴附近）相遇，越军出奇兵大败吴军，阖闾因伤重而死，葬虎丘。图为虎丘剑池，相传池下即为阖闾墓穴。

068 吴楚之战　阖闾九年（前506），阖闾亲自率军，以伍子胥为谋士、孙武为将，长途奔袭，西破强楚。在柏举（今湖北麻城境内）之战中五战五胜，以3万之兵击败了20万楚军，攻入楚国都城郢，楚昭王仓皇出逃。图为清刊本《东周列国志》中的《楚昭王弃郢西奔》图。

071 夫差争霸中原的历史见证　禺邘王壶，河南辉县出土。四周有铭文19字，大意是鲁哀公十三年（前482）夏，吴王夫差与晋定公于黄池会盟争长，晋国代表赵鞅子的傧相遇见夫差，得到夫差的赐金，铸了这件祠器。这是吴王夫差争霸中原的历史证物。图文选自《吴越文化》图册。

070 夫差伐越　阖闾死于越人之手，夫差上台之初，就让人站在宫门口时时提醒自己，不要忘记国耻家仇。夫差二年（前494），吴国在夫椒之战中打败越国，越王勾践被俘，越国成为吴国属国。图为吴王夫差像，选自清刊本《东周列国志》。

072 我国历史上最早的战船 吴地处于太湖流域，湖泊众多，船成为吴地最主要的交通工具。吴国造船业非常发达，尤以制作战船最为著名，在吴国对外的战争中，这些战船更是重要的军事装备。公元前485年，吴王夫差派水军从黄海上对齐国发起攻击。图为吴国战船模型，选自《中国全史》（彩图版）。

073 吴越水军作战图 我国历史上最早的水战出现在吴越春秋时期，吴越水军也是中国海军最初的萌芽。图为汉代画像石描绘的吴越水军交战场景，选自《中国全史》（彩图版）。

074 勾践服役 越被吴打败后，越王勾践和大臣范蠡作为臣隶，跟从吴王回国，大夫文种留守越国。勾践和范蠡在吴国为吴王服役3年，夫差见他们十分勤劳，没有反抗的意思，便放他们回国。左图为《勾践竭力事吴》图，选自清刊本《东周列国志》；右图为灵岩山观音洞，相传勾践当年在此为吴王养马。

076 吴越春秋降下帷幕　越军攻占吴国，吴王夫差在吴都西郊秦余杭山（今阳山）自刎身亡，金戈铁马的吴越春秋，终于在这里降下了帷幕。顾颉刚《苏州史志笔记》载，吴国自泰伯立，至夫差失国，历25主，计624年。图为阳山山麓夫差亭。

075 勾践灭吴　越王勾践回国后卧薪尝胆，经过"十年生聚，十年教训"，于公元前473年率军攻入吴都。夫差逃至秦余杭山（今阳山）被围，求和未成，遂自杀。临死前说："我悔不听伍子胥之言，才遭此下场。"此为《灭夫差越王称霸》图，选自清刊本《东周列国志》。

077 吴国王陵真山大墓　1992年11月，因炸山采石发现了浒关真山大墓。虽然整个墓室已遭到大规模的破坏，但经过发掘，还是发现了许多玉器以及原始青瓷等春秋中晚期的珍贵文物，是目前先秦封土墓中首屈一指的大墓。出土的玉面罩及大批玉饰片、玉珠管等，数量之多、工艺之高也是同时代墓中少见的。因此不少学者认为，真山大墓可能就是吴王墓。图为真山大墓远眺。

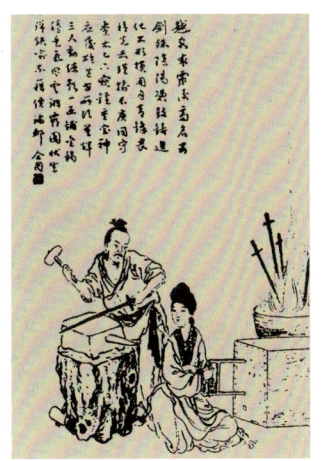

078 干将莫邪铸剑　吴王阖闾为争霸中原，十分重视冶铁业，命干将夫妇铸剑。相传干将、莫邪采集"五山之铁精""六合之金英"，夜以继日地锻炼，鼓橐烧炭，终于铸成双剑，锋利无比。选自清末民初《马骀画宝》。

079 干将墩　位于相门外。1953年春，顾颉刚等几位专家经实地考察，在此发现了半截铁剑和一些古陶范。在结合相关史料之后，他们认为干将墩一带曾是吴国兵器的制造区域。1994年工业园区建设时该区域被平毁。

080 青铜器铸造　中国古代青铜器铸造有两种方法，即块范法与失蜡法，商周器物多用块范法（或称土范法）。本图描绘的是用块范法浇注青铜器的场面，工匠忙着将已焙烧并组合好的范趁热浇注，再将熔化的铜液注入浇口。此图中人物虽多但不杂乱，有人指挥，还有士兵监工，场面有条不紊。图为汉代画像石，选自《话说中国》。

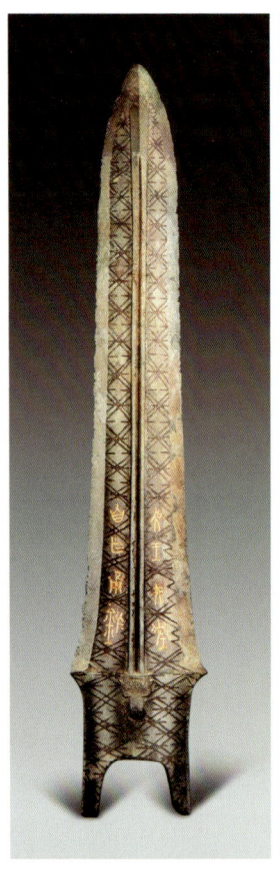
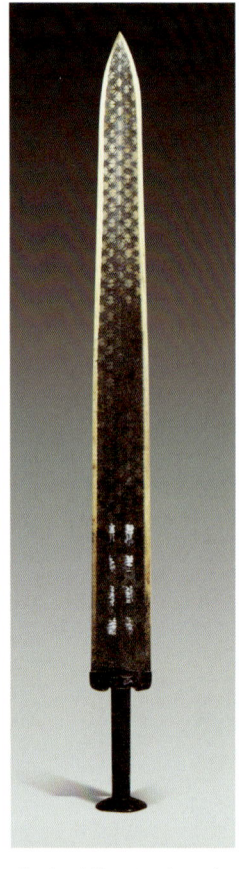

082 吴王光鉴　鉴是盛水器，此鉴为阖闾嫁女（或妹）给蔡国国君蔡昭侯时的陪嫁用具，出土于安徽寿县蔡侯墓。

081 吴王金戈越王剑　春秋时代，周室王权衰落，列国交战连年，吴越两国乘乱世崛起。由于当地有着良好的青铜矿藏，再加上民风强悍，故吴越两国制作的兵器最为精良。左图为吴王夫差矛，1983年出土于湖北江陵马山5号楚墓；右图为越王勾践剑，1965年出土于湖北江陵望山1号楚墓。两件兵器均藏于湖北省博物馆。

083 吴王夫差鉴　器内壁有铭文2行13字，记夫差用青铜作此鉴，为吴宫中御用之物。这些精美的青铜器是当年吴国国力强盛的实物例证。此鉴藏于上海博物馆。

084 "男儿何不带吴钩"　吴国的崛起，不仅靠孙武、伍子胥等战功卓著的将领，还以精良锋利的吴戈、吴钩等兵器称雄。唐代诗人李贺就曾有"男儿何不带吴钩，收取关山五十州"的诗句。图为出土于太湖东、西山湖底的春秋青铜戈与青铜矛，图选自《吴中文物》。

085 木渎春秋城址　考古工作者在木渎、胥口和穹窿山风景区部分地区发现了春秋时期具有都邑性质的城址，该城址曾入选"2010年中国考古新发现"。有专家认为，根据此遗址的相关情形推测，有可能是寿梦时期的城址，或者是强吴时代的军事基地。

086 昆山武城遗址　位于昆山巴城镇武神潭村，孙武所建水寨，吴王赐名为南武城。系运用阴阳八卦原理，结合湖畔地形地貌构筑的卦形水寨，面积约3平方公里。水寨呈出字形，设有12处水道出口，易守难攻。2010年武城遗址在文物普查中被发现。

087　常州春秋淹城　位于常州武进县湖塘乡（今武进区湖塘镇），建于春秋晚期，至今已有2 500多年。遗址由子城、子城河、内城、内城河、外城、外城河三城三河相套组成。关于淹城的性质，有多种说法。有人以为是季札的封邑，或者是吴国的军事城堡。

088　无锡阖闾城　位于无锡胡埭乡（今滨湖区胡埭镇）湖山村与武进雪堰乡（今武进区雪堰镇）城里村境内，1995年版《无锡市志》载："周敬王六年（前514），伍子胥伐楚还师，吴王阖闾令其筑城，故名。"

089 越国迁都于吴 公元前473年，勾践灭吴，越国迁都于吴，6年后将国都自吴徙"琅邪"（今山东青岛市黄岛区琅邪台西北），80多年后的公元前379年，越国又将都城自琅邪迁回吴，至公元前334年（一说是公元前306年）楚灭越，越国国都在吴先后达几十年。2004年在苏州与无锡交界的望虞河西侧鸿山镇一带，发现了7座越国贵族墓地，出土了大量仿青铜器的原始瓷礼器与乐器，还有雕刻精美的玉器。有学者认为，这里应该就是战国时期越国国都迁吴的证据。图为无锡鸿山遗址博物馆。

090 越国入吴后制作的玉凤 出土于无锡鸿山越国贵族墓地，其设计之奇巧，造型之精良，足见越国占领吴国之后，吴地工艺仍然保持了高超的水平。

091 西周土墩石室 苏南、浙北一带，许多丘陵顶部顺着山脊分布着许多土墩石室，民间称为"风水墩""藏兵洞""烽火墩"，其时间为西周中期到春秋中期。图为上方山石室。

43

092　春申君治吴　楚考烈王十五年（前248），楚相春申君黄歇封于吴，他以故吴废都为都邑，着力营建修复城池。左图为春申君像，选自清刊本《东周列国志》。

093　春申君庙　右图为春申君庙，位于王洗马巷，建于明代，因主祀战国楚人春申君黄歇而名。

094　春申君在吴遗迹　黄歇在吴地大力兴修水利，发展农耕，为战国时期江南的复兴做出了贡献，深受吴地民众爱戴，江南至今留有不少有关他的纪念地和遗迹。上海简称"申"，源于黄歇之名；无锡则有黄埠墩古迹；苏州的黄埭镇则是他动员民众兴修水利，构筑堰埭之所在。图为黄埭古镇。

■ 第二节 先秦时期 经济

　　春秋时期,吴国国力日益强盛,吴地农耕生产有了长足进步,《越绝书》云:"吴王夫差之时,其民殷众,禾稼登熟。"为防旱涝灾害、便于交通运输,开凿了许多运河。此时蚕桑业已成为吴国较为重要的经济产业,丝织技术有了提高,冶金和造船处于领先地位。以姑苏台、馆娃宫著称的吴地建筑技艺和以夏驾湖、长洲苑知名的宫苑园林艺术也名闻天下。

095 开胥溪　胥溪又称胥江,伍子胥开凿,自阖闾城胥门起,入太湖,经宜兴、溧阳、高淳,在安徽南部芜湖注入长江,全长约225公里,凿成后吴国水师即由此西进伐楚。上图为胥江横塘段,摄于20世纪50年代;下图为胥江胥口段,摄于2010年。

096 吴凿邗沟 夫差为攻伐齐、晋，称霸中原，于公元前486年下令在邗（今扬州市东）筑城，又开凿邗沟，南引长江水，往北与淮河相通。这样就使漕运能从长江一直到达淮河，邗沟由此成为我国最古老的运河之一。

097 吴国高台建筑 春秋时期已经普遍使用高台建筑技艺，在高大的夯土台上再分层建造木构房屋，成为宫殿建筑的新风尚，著名者如姑苏台。图为刻有春秋时期营造高台建筑的画像石，选自《中华文明大博览》。

098 越开越溪 越来溪，春秋时期越国为攻打吴国而开凿，由太湖经吴江北流入石湖，再北至横塘。越来溪同时也是一条水上运输通道，长期以来对苏州西南部地区的经济发展起到了重要作用。图为石湖行春桥附近的北越来溪，摄于民国初年。

099 春秋时已有士农工商　春秋齐国政治家、思想家管子云："士农工商四民者，国之石（柱石）民也。"这四民指的是读书的、种田的、做工的和经商的，而在四民中其尊卑地位读书为先，农次之，工再次之，商人最后。图为清代年画。

100 采桑养蚕　吴地养蚕植桑历史悠久，古代有文献记载的最早因争夺蚕桑而引发的战争就发生在吴楚之间。吴王僚时因吴国边邑卑梁氏与楚国边邑钟离的小童争桑，由两个家族械斗发展到双方军队介入。楚国先将吴国边邑卑梁灭了，吴王僚则派公子光（即后来的阖闾）攻下了楚国两个边境城邑居巢、钟离，双方这才罢兵。选自清《耕织图》之《采桑》。

101 春秋《毛诗图》　《毛诗》乃西汉时鲁国毛亨和赵国毛苌所辑和注的古文《诗》，亦即《诗经》。其所反映的是西周初年至春秋中叶时期的诗歌。《越绝书》云："吴王夫差之时，其民殷众，禾稼登熟。"图为明代吴门画家周臣《毛诗图》，所绘的是春秋时期农村村落场景，茅舍、竹篱、池塘，村民在村口观看斗鸡。

102 吴地禾稼登熟 《国语·吴语》说，阖闾当年就鼓励农民披荆斩棘，开垦荒地。《越绝书》也说："吴王夫差之时，其民殷众，禾稼登熟。"由于生产技术水平的提高，吴国的农耕稻作生产有了长足的发展。图为出土于苏州越溪前珠村和吴江黎里、震泽等地的东周青铜农具：①青铜镰，这种锯齿镰刀十分锋利，是当时极为实用的生产工具；②青铜斧，此斧为六菱体，中空，不仅作生产生活用具，还可用作武器；③青铜锸，长方銎，中空，可起土翻耕，亦可开沟作垄；④⑤⑥青铜耨，斜直銎，中空，是一种短柄的除草农具；⑦锯齿铜刀，既是生产、生活用具，也作防身武器。图选自《吴中文物》和《吴江博物馆》画册。

103 东周吴冶精美　春秋战国时期，吴人善冶炼，除兵器之外，苏州还出土了不少精美的青铜礼器和生活用具。图为：①1986年相门出土的青铜编钟；②1975年出土于虎丘千墩坟的铜鼎；③1975年出土于虎丘千墩坟的蟠螭三足提梁盉；④出土于吴江同里九里湖的棘刺纹铜尊。图选自《苏州文物菁华》。

①

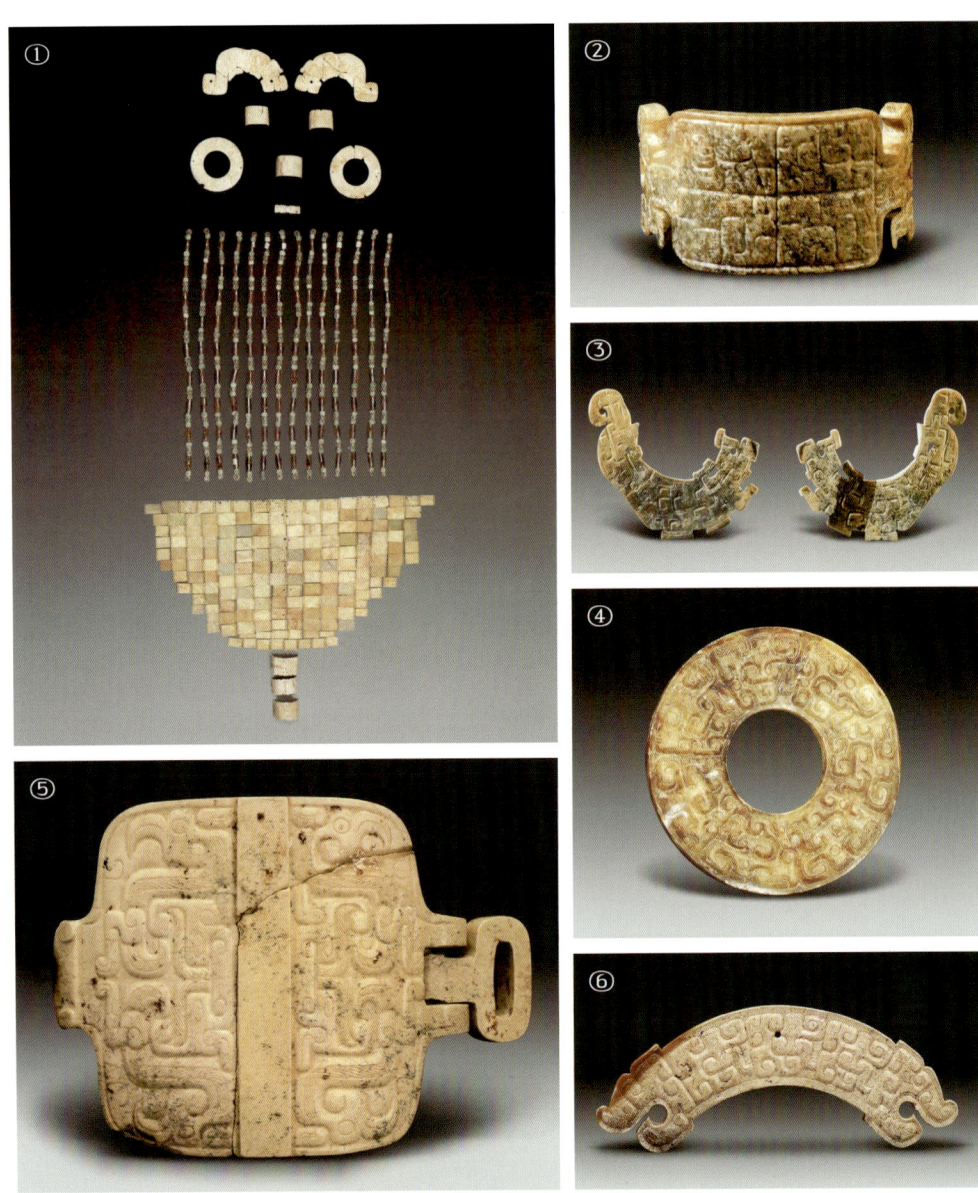

104 吴国玉器也精彩　良渚时期的玉雕技艺达到了那个时代的顶峰。然而到了商代和西周时期，苏州地区却未有玉器发现。直到春秋吴国强盛时期，精湛的玉器重现。图为真山春秋吴国王室墓中出土的①玉殓葬饰件，由玉面饰、珠襦、玉甲和玉阳具饰组成；吴县严山吴国玉器窖藏出土的②鹦鹉首拱形玉饰，③双系拱形起脊玉饰，④蟠虺纹玉璧，⑤蟠虺纹玉佩，⑥蟠虺纹玉璜。图选自《吴中文物》《苏州文物菁华》。

■ 第三节　先秦时期　文化

　　泰伯、仲雍等吴地先贤以自己的道德起到了教化他人的作用，吴人言偃作为南方唯一的孔子弟子，成为开启东南文化的先驱，被后世尊为"南方夫子"。这时的吴地产生了当时最早出现的民间歌谣和诗歌。季札在出访诸侯各国中积极汲取中原文化，尊礼修德，影响深远，使吴人荆蛮之地逐渐也与中原同风。作为中国七大方言之一，使用人口仅次于北方方言的吴语也产生于这个时期，而典型的吴方言又以苏州话为代表。

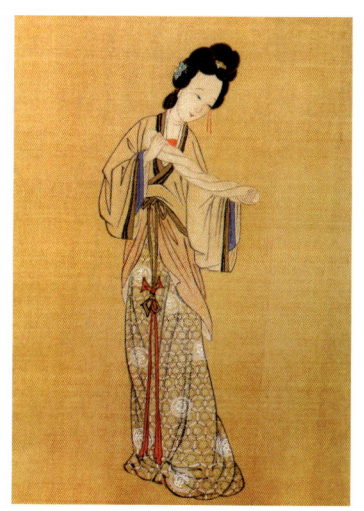

105 西施入吴　相传西施乃越国苎萝山（今浙江诸暨南）浣纱女，越国被吴国击败后，越王将其献给吴王，以施展美人计。清人绘图，选自《中国历代名人画像谱》。

106 一箭泾采香　灵岩山下一溪，似箭直通太湖，名采香泾。范成大《吴郡志》云："吴王种香花于香山，使美人泛舟于溪以采之。"

107 明湾赏月　西山石公山西南濒太湖处有一湾，宛如一钩明月，相传春秋时吴王夫差与西施在此赏月而得名。图为明月湾古村。

108 吴王得大禹素书　《吴地记》等书载，吴王阖闾时有灵威丈人深入林屋古洞，得素书3卷，因不识是何文字，吴王使人询问孔子。孔子回答，此乃大禹治水时所遗下的治水之法。灵威丈人即毛苌，号曰毛公，今西山有毛公坛古迹。图为西山林屋洞石壁文字。

109 吴王拜郊台　位于上方山茶磨屿吴城遗址，系隆起于草丛中一块略带倾斜的巨石。据载此乃吴王郊祭拜天之处。"郊台"两字为李根源1922年题。

110 吴王登高贺重九　天池山北贺九岭，相传吴王登此山庆贺重九，此即重阳登高习俗的由来之一。

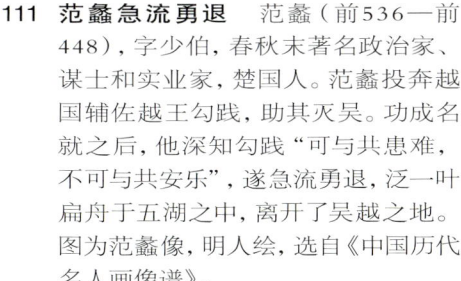

111 **范蠡急流勇退** 范蠡（前536—前448），字少伯，春秋末著名政治家、谋士和实业家，楚国人。范蠡投奔越国辅佐越王勾践，助其灭吴。功成名就之后，他深知勾践"可与共患难，不可与共安乐"，遂急流勇退，泛一叶扁舟于五湖之中，离开了吴越之地。图为范蠡像，明人绘，选自《中国历代名人画像谱》。

112 **蠡墅镇** 范蠡入吴后所居之地，在苏州城南。

113 **蠡口镇** 在苏州城北，相传这就是当年范蠡偕西施出三江之处。

114 **"商圣"范蠡** 越国灭吴后，范蠡毅然弃越奔齐，三次迁徙至陶（今山东肥城陶山），其间三次经商成巨富，又三散家财，因隐居时改姓朱，人称"陶朱公"，被誉为中国儒商鼻祖。世人誉之："忠以为国，智以保身，商以致富，成名天下。"图为范蠡三迁游徙江湖路线图，选自《中华文明大博览》。

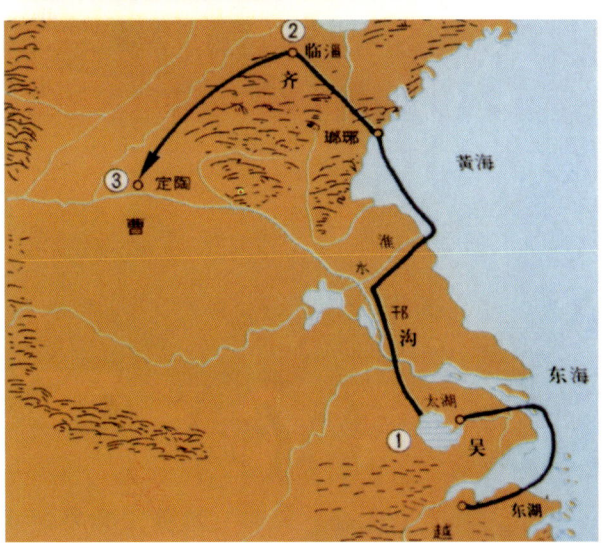

115 《渔父歌》　　春秋战国时期在中国
产生了《诗经》与《楚辞》等伟大作
品，这一时期吴地也产生了当时最早
出现的文学样式——民间歌谣。清代
沈德潜《古诗源》中选入了两首春秋
时代的吴地歌谣，其一为描写伍子胥
亡命奔吴的《渔父歌》。楚平王听信
谗言，杀了伍奢和伍尚父子，并四处追
捕伍子胥，胥乔装改扮奔突流窜，于
吴楚交界处昭关遇到楚人追逐，在老
渔父的帮助下渡过长江。临别胥以剑
相赠，渔父却不接受。歌谣唱道："日
月昭昭乎浸已驰，与子期乎芦之漪。
日已夕兮，予心忧悲。月已驰兮，何不
渡为？事寖急兮将奈何。芦中人，芦中
人，岂非穷士乎！"图为明代吴门画家
钱毂所作，藏于故宫博物院。

116 **吴地端午竞渡由来**　　伍子胥始终认为越国是吴国的心腹大患，谏诤吴王应该先灭越
国，才能安心北上。夫差不听，伯嚭又在吴王面前诬告伍子胥想勾结齐国来打吴国。夫
差听信谗言，赐胥自杀。《清嘉录》中记载，吴地竞渡便是源于纪念伍子胥，苏州因此有
端午水上龙舟竞渡以祭祀伍子胥的习俗。左图为伍子胥自刎图，选自清刊本《东周列国
志》；右图为清代桃花坞木刻年画《端阳竞渡图》。

117 南方夫子言偃 言偃（前506—前443），字子游，春秋时吴国人，孔子门生"七十二贤人"中唯一的江南人士，曾被孔子列为四科中文学一科之首。言子在吴国宣传儒教，对传播中原文化起到了很大的作用，江南历来将其奉为南方文学礼仪的先贤先哲。图为言偃像，选自《吴郡名贤图传赞》。

118 虞山言子墓道 位于常熟虞山东麓，墓修筑于明弘治年间。墓道从山下的北门大街西侧直通半山麓，规模宏大。

119 人不可貌相的澹台灭明 澹台灭明（前512—？），字子羽，孔子弟子，鲁国武城（今山东费县）人。貌丑陋而品行端正，南游吴地，有弟子三百，名显诸侯。当初孔子见他相貌丑陋而不愿收其为徒，后发现他品德高尚，学风端正，于是感慨道："以貌取人，失之子羽。"左图为澹台灭明像，藏于台北故宫博物院；右图为其隐居教学所在地澹台湖，摄于1996年。

第三章　秦汉隋唐时期

秦、西汉、东汉、六朝、隋、唐
公元前221年—907年

  秦汉时期，司马迁描述江南"地广人稀""无积聚而多贫"。魏晋南北朝时期，黄河流域频经战乱，北方人大批迁徙南下，带来了中原先进的生产技术，经济发展加速，六朝时候江南已成为"渔盐杞梓之利，充牣八方；丝绵布帛之饶，覆衣天下"的富庶之区。

  隋朝平定江南，废吴郡而改称苏州。随着大运河的开凿，苏州逐渐成为中国的经济重心与重要州郡。由于经济日益发达，官绅倡导文化，吴人一改六朝之前"好剑尚武"之俗，开始向"崇文"转变，出现了文学家陆机、陆云、张翰、顾况、陆龟蒙，经学家顾野王，书画家陆探微、张僧繇、孙过庭、张旭、陆柬之等一批著名人物。

■ 第一节 秦汉隋唐时期 政治

　　秦、两汉、六朝、隋、唐，公元前221年至公元907年，在这1100多年间，苏州由秦汉时期偏处一隅的落后之地，一跃而成为魏晋南北朝时期南方政权赖以立足的重要地区。其间项羽起兵吴中，刘濞"七国之乱"，孙吴初创江东，梁末侯景反叛，吴中深受战乱之苦。由隋入唐，社会安定，苏州逐渐成为中国的重要州郡。尤其是中唐以后，随着北方人口大量南迁，苏州城市规模和人口数量在江南已首屈一指，被称为雄州和甲郡。

120 秦置会稽郡和吴县　公元前221年，秦始皇统一全国后，采纳廷尉李斯建议，废除分封诸侯制，建立郡县制。将全国分为36郡，原吴越之地置会稽郡。当时的会稽郡辖境相当于现在江苏长江以南、浙江北部、安徽东部地区。在置会稽郡的同时，还建吴县为会稽郡治，这是吴县名称之始。图为苏州市区，即民国时期的吴县县城，摄于20世纪50年代。

121　项羽起兵吴中　项羽（前232—前202），名籍，字羽，楚国下相（今江苏宿迁）人。秦二世元年（前209），继陈胜、吴广起义后，项梁、项羽在会稽郡治吴县杀掉了郡守殷通，起兵反秦，率江东子弟兵八千渡江西去。秦二世三年（前207），项羽经过"破釜沉舟"，在巨鹿之战中最终消灭了秦军主力，自立为西楚霸王。左图为项羽画像，选自《中国历代名人画像谱》。

122　"无颜面对江东父老"　项羽兵败，退至长江边，乌江亭长劝他赶快渡江以图东山再起。他叹道："我在会稽郡起兵，与江东子弟八千人渡江西去，今天除了我，没有一人生还，我有何脸面再见江东父老。"遂返阵继续杀敌，后自刎而死。右图为安徽和县乌江镇凤凰山霸王墓。

123　邓禹隐居光福　邓禹（公元2—公元58），字仲华，今河南南阳人。刘秀为光复汉室，任用邓禹为大将军，后又晋封其为大司徒（相当于后来的丞相）。相传邓禹曾隐居光福，去世后当地百姓在此立祠庙祭祀。左图为邓禹像，选自《历代名臣像解》；右图为光福司徒庙内邓禹手植"清奇古怪"古柏。

124 孙坚开创江东基业　孙坚（155—191），字文台，生于吴郡富春，孙吴政权创始人。孙坚与吴县颇具渊源，《吴书》记载：孙坚母亲怀孙坚时，曾"梦肠出绕吴阊门"。孙坚夫人吴氏也出生于吴郡吴县。孙坚、孙策、孙权在建立东吴政权时，吴郡士族更是起到了重要的作用。左图为孙坚像，选自清刊本《三国志演义》。

125 小霸王孙策　孙策（175—200），字伯符，吴郡富春人，孙坚长子。东汉兴平二年（195），孙策摆脱袁术的羁绊，独自率兵渡江南下。短短三四年间就夺得丹阳、会稽、吴郡、豫章、庐陵等郡，占据江东大片地盘，为孙吴立国奠定了基础，不愧为威震江东的"小霸王"。可惜遭意外袭击，因伤重而死，年仅26岁。此图出自清刊本《三国志演义》。

126 孙氏魂归吴门　孙氏起于浙江富阳，为当时吴郡所辖，吴县为吴郡首邑，故吴门被孙氏视为桑梓之地。孙坚、孙策去世后即葬苏州南门外青旸地。墓碑上书"汉破虏将军孙坚、吴夫人子讨逆将军策之墓"，墓毁于"文化大革命"期间。

127　孙权雄踞江东　孙权（182—252），字仲谋，吴郡富春人，孙坚次子，14岁便随兄长孙策转战南北，孙策去世后接管江东，在周瑜的辅助下，于赤壁之战中大败曹操，使天下成三国鼎立之势。孙权在吴十二年，为东吴立国，北拒曹操、西抗刘备打下了基础。吴主孙权图，选自唐代画家阎立本《历代帝王像》。

128　孙权建瑞光寺　三国赤乌四年（241），孙权为迎接西域康居国僧人性康而建，此为江南佛寺之始。赤乌十年（247），孙权为报母恩又建塔于寺中，今塔为宋代重建。摄于20世纪50年代。

129　孙权之母舍宅建寺　三国赤乌年间，孙权之母吴夫人舍宅建通玄寺，梁武帝时僧正慧始建塔。图为北塔报恩寺旧影，摄于民国年间。

130 "宰相肚里能撑船"的顾雍 孙权掌权后被曹操表为讨虏将军，领会稽太守。但他却一直屯居吴郡城，而任命吴郡士族顾雍（168—243）为会稽郡丞，行太守事。顾雍任丞相长达19年，为孙吴政权的稳定和发展起到了重要作用。由于他官居高位而心胸开阔，故后人称其"宰相肚里能撑船"。图为顾雍像，选自《吴郡名贤图传赞》。

131 小王山顾氏三贤墓 顾雍墓在藏书小王山南麓，图为清嘉庆丙子（1816）顾雍裔孙顾周锡所立"三顾"墓碑。"三顾"分别是顾氏江南始祖、西汉驰义侯顾贵，贵第十四世孙东吴丞相顾雍，以及雍第十二世孙梁建安令顾烜。

132 顾荣接引司马睿南渡 顾荣（？—312），字彦先，吴郡吴县（今江苏苏州）人，顾雍曾孙。曾在西晋入洛任职，因见世事日非而返回江东，避免了如陆机兄弟一样惨死北土的悲剧。顾荣南归后，以江东大族首望的身份，平息了地方叛乱，并接引司马睿南渡，奠定了东晋中兴的基业。左图为顾荣像，选自《吴郡名贤图传赞》；右图为出自明刊本《东西晋演义》的《司马睿建康称帝》图。

133 陆逊智取关羽　陆逊（183—245），本名议，字伯言，吴郡吴县（今江苏苏州）人，孙策之婿。三国时东吴著名的军事家和政治家。陆逊利用关羽骄傲的弱点，连施妙计，偷袭江陵，不战而克公安、南郡，终于挫败关羽，得到了荆州。陆逊因此得拜抚边将军，封华亭侯。清人绘图，选自《中国历代名人画像谱》。

134 火烧连营　刘备为给关羽报仇，亲率大军伐吴，自巫山峡至猇亭（今湖北枝江境内）沿江布列军马40余营，前后连绵700余里。东吴大都督陆逊趁蜀军懈怠，遂从江南、江北同时发起火攻，并趁势掩杀，蜀军大败。后刘备得赵云救应，方领百余残兵退回白帝城。此图出自清刊本《三国演义》插图。

135 吴郡四姓　六朝时期，吴郡士族以顾、陆、朱、张最为著名，这些家族相互提携，相互通婚，往来密切，形成了共荣辱、同进退的吴郡士族集团，并称"吴郡四姓"。图为三国时期世家大族高墙围合的院落模型，图载于《话说中国》。

136 杨素平叛　杨素为隋朝第一名将，封越公，官至太师。隋灭陈后，江南豪族发动大规模叛乱。吴人沈玄懀也起兵反叛，自称天子，署置百官。隋文帝命杨素率军讨伐，平定了江南，巩固了国家的统一。图为杨素像，清人绘。

137 城迁新郭　隋开皇十一年（591），因苏州无险可守，又遭受到相当大的破坏，杨素便空其旧城，把州治迁到横山之东，今名新郭的地方。33年后的唐武德七年（624），州治又复迁回苏州。图为民国时期所绘的石湖新郭村。

138 苏州得名伊始　隋夺取北周政权后，简化地方行政体制，根据"存要去闲，并小为大"的原则，废掉了郡一级地方政府，把原来的州、郡、县三级制改为州、县两级制。开皇九年（589）隋灭陈，占领苏州后，按隋制废除郡一级。因城西有姑苏山，遂将吴州、吴郡改名苏州，别称姑苏，这是苏州得名之始。图为姑苏山，摄于20世纪50年代。

139 侯景之乱　南朝梁武帝末年，羯人侯景投奔梁朝，后又反叛，渡江攻破建康，并三进苏州，大肆烧杀，甚至杀人以食，残酷异常。经此一乱，富庶的三吴地区"千里绝烟，人迹罕见，白骨成聚"，一片萧条景象。图载于《话说中国》。

140 名相陆象先　（665—736），唐朝宰相，吴县（今江苏苏州）人。李旦禅位给太子李隆基（即玄宗）。时太平公主擅权，欲废李隆基另立，遭到宰相姚崇、宋璟和陆象先抵制。后太上皇李旦要求朝廷官员以签名为证，支持他和太平公主。可当李隆基平定太平公主之乱，拿这张名单交陆象先去抓人，陆却将名单烧了。李隆基惊怒，陆却说，"帮太上皇也是忠的表现，不宜追究"。由此避免了另一场内乱，为日后的开元、天宝盛世奠定了基础。

141 名相陆贽　（754—805），字敬舆，唐苏州嘉兴（今浙江嘉兴）人。朱泚占据长安，自称皇帝，德宗被赶出长安，宰相陆贽作为当时名闻朝野的文豪，除了每日为德宗起草数以百计的诏书文告，维持着朝廷的门面，还坚持向疑忌多嵩的皇帝反复进谏，请皇帝下罪己诏挽回民心，终于使唐朝局势转危为安。然而后来却遭德宗猜忌，被贬逐忠州。陆贽去世后，衣冠冢在苏州陆墓（今陆慕）塔莲桥堍，镇也因此而名。左图为陆贽像，选自《中国历代名人画像谱》；右图为陆墓（今陆慕）古镇。

142 白居易治苏 白居易（772—846），字乐天，晚年号香山居士。唐宝历元年（825），白居易任苏州刺史。他办公十分认真，"清旦方堆案，黄昏始退公；可怜朝暮景，销在两衙中"。所行"简科条，均赋税"的新政也使苏州百姓得到了不少好处。左图为白居易画像，选自《中国历代名人画像谱》；右图为山塘街白公祠。

143 白居易与山塘 治苏期间，白居易开凿了一条阊门至虎丘的长堤，堤边夹种桃李，水中栽植莲荷，后人称之为"白公堤"。自此虎丘成为吴中第一名胜，七里山塘也游人如织。图为民国年间的山塘河与西山庙桥。

144 白公堤石幢 后人怀念白居易，称山塘街为白公堤。明万历年间白公堤年久失修，木铃和尚发愿重修，苏州官绅千余人捐资，为纪念这一善举，特于山塘街五人墓旁建此石幢。

145 常熟得名由来　六朝时吴郡一带开凿疏通了不少沿江港浦，清光绪年《常昭合志稿》卷九《水利志》称："高乡濒江有二十四浦，通潮汐，资灌溉，而旱无忧；低乡田皆筑圩，足以御水，而涝亦不为患，以故岁常熟。"梁大同年间海虞县由此改为常熟县，图为常熟旧影，摄于20世纪30年代。

146 昆山设县　秦始建娄县，梁天监六年（507），娄县分置信义县。梁大同初年（535—536）信义分置昆山县。图为昆山县城，摄于20世纪30年代。

147 昆山度城遗址　在昆山淀山湖镇西南复光村，度城为唐乾符五年（878）黄巢农民起义军所筑，后被淹没。

第二节 秦汉隋唐时期 经济

　　秦汉时期江南"地广人稀"，魏晋南北朝时期北方人口大批迁徙南下，苏州成为江南经济中心之一，在农业、工商业、交通、水利诸方面都有较快发展。隋朝开凿大运河，在苏州的发展中厥功至伟。元和塘的开浚、吴江塘路的修筑，便利了水陆交通。随着人口增多，沿江沿湖开始修筑塘浦圩田，开垦耕地，农具也有了较大改进。丝绸纺织业已超过北方，唐代苏州成为丝绸之路的出发地之一。

148 开凿盐铁塘 吴郡濒临大海，地势低平，容易引入海水，晒以为盐，这也是历代政府的重要财源。西汉初年吴王刘濞就在此"煮海为盐"，以至国用富饶。图为西汉时专为运送盐、铁而开凿的盐铁塘，1999年摄于太仓直塘镇。

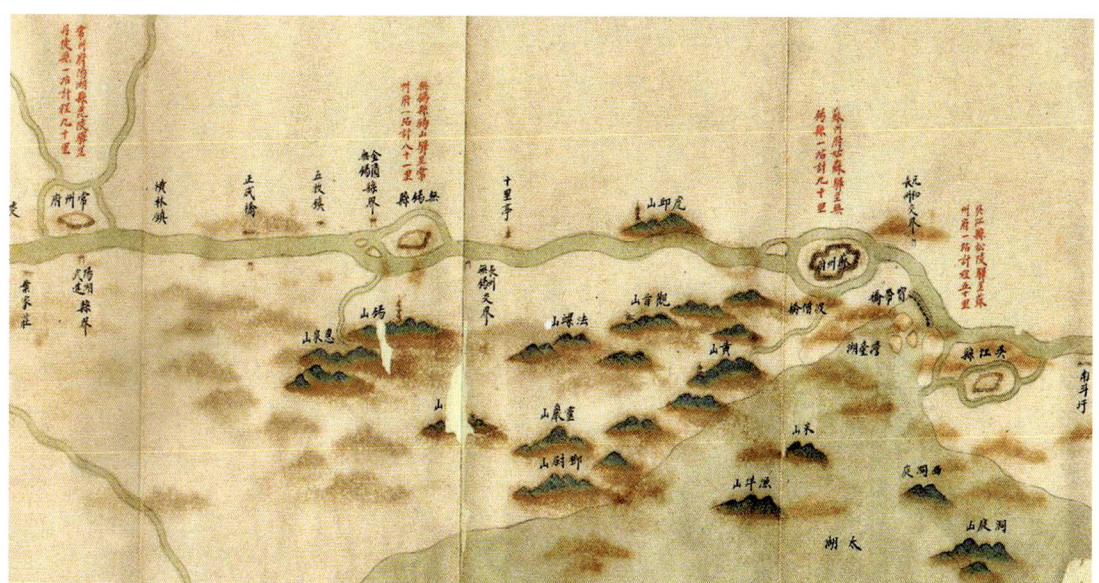

149 隋朝修拓江南运河 隋统一南北后，为了政治和经济上的需要，同时也为了其往南方繁华之地巡游，并学秦始皇东巡祭拜大禹陵，开通了纵贯南北的大运河。大运河途经苏州，从望亭至吴江盛泽，全长80余公里。其绕古城河段即为苏州的护城河，千百年来，苏州城市繁荣昌盛，大运河功不可没。图为大运河常州、无锡、苏州段示意图，选自《运河名城苏州》。

150 江南运河历代开凿　吴郡是江南地区的交通枢纽，这一带的运河水道在先秦时期已基本形成。秦统一全国后为东巡会稽，又重新修治水道。西汉时为便于征调闽越贡赋，从太湖东部沼泽地开通苏州至嘉兴间的河道。东晋南朝时，又在太湖东南开凿了自今吴江平望至湖州的荻塘，其塘岸又成了太湖东南的大堤，使太湖东南沿岸的农田免受洪水侵袭。图为吴江震泽荻塘旧影，摄于民国年间。

151 兴建宝带桥　为了适应漕运需要，唐元和年间刺史王仲舒下令在运河旁广驳纤道，并捐出自己的宝带造桥，桥也由此得名。此桥是我国现存最长的连拱式古桥，共53孔，桥长317米。

152 疏浚元和塘 唐元和二年
（807），苏州刺史李素疏浚了年
久淤塞的苏州齐门至虞山的常
熟塘，次年二月竣工，依宪宗年
号改名元和塘。图为元和塘陆
慕段河景，摄于2008年。

153 建设塘浦圩田 自春秋以来，
人们不断沿太湖开凿溇港，疏
通水系，改造湖滩沼泽，构筑
塘浦圩田，建造了数不清的桑
基圩田和桑基鱼塘，由此催生了
"吴越文化""鱼米之乡""丝
绸之府"和"赋税重地"。唐代
以来，苏州经济获得空前发展，
人口迅速增加，也使耕田的开
垦成为迫切需要。图为吴江七
都镇更楼港。

154 盘门唐井 苏州的水井十分古
老，人们在城内曾发现过不少
战国土井和汉代陶圈井，但都
没有保存下来。目前盘门景区
内的一口唐井，是城内最古老
的水井。

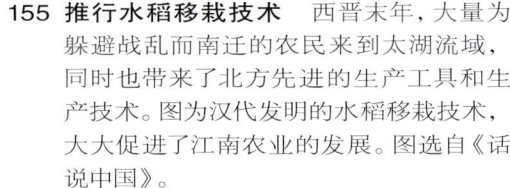

155　推行水稻移栽技术　西晋末年,大量为躲避战乱而南迁的农民来到太湖流域,同时也带来了北方先进的生产工具和生产技术。图为汉代发明的水稻移栽技术,大大促进了江南农业的发展。图选自《话说中国》。

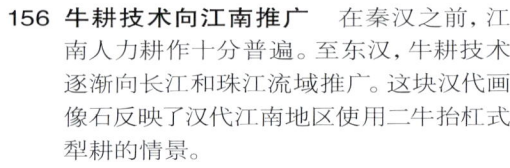

156　牛耕技术向江南推广　在秦汉之前,江南人力耕作十分普遍。至东汉,牛耕技术逐渐向长江和珠江流域推广。这块汉代画像石反映了汉代江南地区使用二牛抬杠式犁耕的情景。

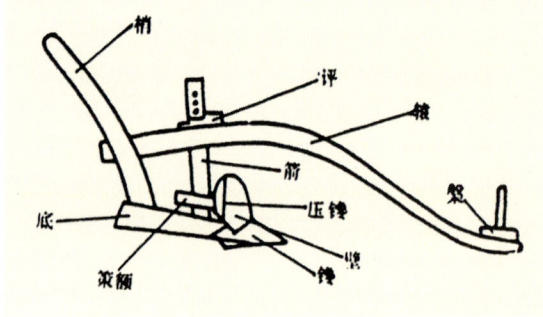

157　"江东犁"出现　唐代江南农业获得了巨大发展,"江东犁"这一新式农具的出现就是明证。"江东犁"又称曲辕犁,以轻巧见长,操作灵活,它与近代农村中的犁已无多大差别,它的出现是我国耕犁发展史上的一次重大革命。图选自《中华文明大博览》。

158　东汉翻车汲水　龙骨水车是古代最先进的排灌机具,创于东汉,千百年来一直流传沿用,结构变化不大。直到20世纪50年代末,在江南农村还能时常见到。最初的水车是用人力转动的,后来又创制了依靠畜力、风力、水力等转动的各种水车。图选自《中国全史》。

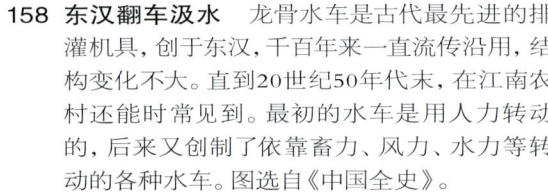

第三节 秦汉隋唐时期 文化

秦汉时期，苏州一带文化比较落后，仅出现了辞赋家严忌、严助、朱买臣等寥寥文士，其学术造诣也未见详细记载。六朝时期至唐代，伴随北方人口南迁，苏州学术文化渐趋发达，涌现出不少学者。其中著名的有顾野王的经学，陆机、陆云、张翰、陆龟蒙、顾况的文学，陆探微、张僧繇的绘画，陆机、张旭、陆柬之、孙过庭的书法。宗教方面，六朝时吴郡佛寺林立，佛学大家辈出，不少名僧都曾住锡于此，苏州成为江南佛教的中心，而道教也于此时逐渐兴起。

159 秦始皇东巡过吴县 公元前210年，秦始皇东巡会稽山（在今绍兴），北还时曾至虎丘山、姑苏台等地游赏，并留下了剑池、秦台山等地名。相传他看见阳山时，认为此山有王者之气，即射出一箭，射中的山峰叫箭阙峰，以示王气已被射破，秦皇射箭处即名射渎。左图为秦始皇像，右图为王翚绘《康熙南巡图》中运河畔的射渎地名。

160 虎丘试剑石 相传秦始皇欲挖剑池，却见一白虎当坟蹲踞，遂拔剑奋力砍虎，不料却误中石头，留下此痕。今试剑石旁刻有元代顾瑛的一首诗："剑试一痕秋，崖倾水断流。如何百年后，不斩赵高头。"

162　"覆水难收"的出典　朱买臣妻崔氏因不安于贫困，另行改嫁。朱买臣至会稽任太守，其妻十分后悔，跑来苦苦哀求，希望允许自己回家。朱让人端来一盆水，泼于马前说，若能将地下的水收回来，就答应她的要求。崔氏惭愧，遂自缢而死。民间据此编出了"马前泼水"的故事，成语"覆水难收"即出典于此。图为穹窿山朱买臣读书台和朱公祠。

161　朱买臣负薪读书　朱买臣（？—前115），西汉吴县（今江苏苏州）人。出仕前家贫，然好读书，常常一边挑柴一边读书。中年时由同乡严助推荐为汉武帝"说春秋，言楚辞"，被拜为中大夫，与严助一起当汉武帝的文学侍从，后任会稽太守。图为《买臣负薪图》，明蒋嵩绘。

163　辞赋家严忌　西汉初年，苏州的文学开始发展。严忌、严助、严匆奇以及朱买臣等人，都是当时著名的辞赋家。严忌曾先后与著名文士邹阳、枚乘等共同游历吴王、梁王幕府，"皆以文辩著名"，时人尊称为严夫子。图为严忌墓，在吴江严墓镇（今铜罗），摄于20世纪30年代。

164 商山四皓隐居吴中 秦末曾隐居于陕西商山的四位白发皓首的老人，名角里公、东园公、绮里季和夏黄公，因辅助刘邦之子汉惠帝而知名于世。后云游天下，相传最后到了太湖西山，其隐居地即今西山的角里、东村、绮里和慈里。图为《商山四皓图》手卷，宋苏焯绘。

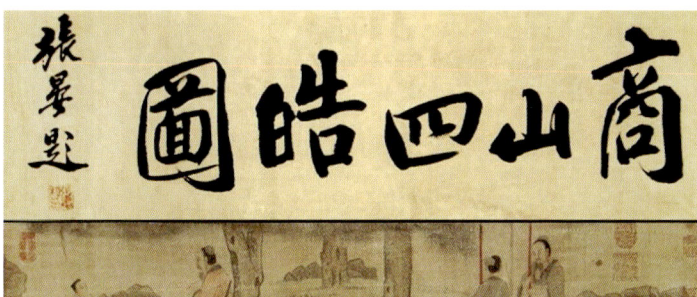

165 东园公隐居地东村 西山东村建于秦末汉初，因商山四皓之一的东园公曾隐居于此而得名。古称东园村，旧有东园公祠，左图为东村栖贤巷门。

166 孝子自种菰米 顾翱，人称西汉孝子，会稽吴人，居城西横山。翱少年失父，事母至孝。母好食雕胡（即菰米，亦即茭白所结的果实，像米，很稀有）饭，翱便常率子女躬自采撷，以供养母亲。继而又凿沟引水，在家自种。其家近太湖，湖中由此自生雕胡，周边杂草不生，虫鸟不至，雕胡得以丰收。人都以为此乃其孝心所致，事见晋葛洪《西京杂记》。右图为顾翱像，选自《吴郡名贤图传赞》。

167 传奇人物东方朔 汉武帝刘彻即位，下诏征求人才，经金殿对策，合格者各授官职。吴县有严助、严匆奇、东方朔等人中选。东方朔是山东惠民人，长期在吴中书馆当教师，故被推举。他非常有才气，而且诙谐滑稽，被召去与汉武帝聊天，总是让人很尽兴。传说东方朔本是西王母的邻家小孩，十分顽皮，经常到西王母桃园偷桃吃。图为《东方朔像》轴，明唐寅绘，画其在瑶池偷桃后逃跑的情形。

168 梁鸿孟光流寓吴中 东汉高士梁鸿，作诗讥讽皇亲国戚大兴土木，不恤民力，受到朝廷通缉，偕妻孟光逃至吴中，在议郎皋伯通家打工。皋议郎发现每次孟光为夫送饭，都不敢于鸿前仰视，知其非寻常人物，便接到府里当作宾客。梁鸿在此潜心写作，病故后埋骨于阊门城下，与要离墓为邻。图为《高士图》轴，五代卫贤绘，描绘了梁鸿、孟光夫妇相敬如宾、举案齐眉的故事，藏于故宫博物院。

169 "烈士要离 汉梁伯鸾"碑 出土于专诸巷，吴昌硕认为系宋碑。要离刺庆忌，成为吴国烈士；东汉梁鸿，字伯鸾，娶妻孟光，迁吴，后葬要离冢旁。

170 "南朝四百八十寺" 六朝时期佛教兴盛，尤其是梁武帝萧衍，更是一个虔诚的佛教徒，在他的提倡下，江南佛教风靡一时，寺院大兴。在苏州建于梁代的寺院即有寒山寺、宝积寺、永宁寺、雍熙寺、灵鹫寺、禅兴寺、龙兴寺等。有感于此，唐代杜牧才有了"南朝四百八十寺，多少楼台烟雨中"的诗句。图为《梁武帝舍身佛寺》，选自明刊本《帝鉴图说》。

171 王珣、王珉舍山建虎丘寺 东晋司徒、书法家王珣，司空王珉兄弟俩据虎丘为别墅，后舍宅为东、西虎丘寺。唐会昌年间合二为一，北宋改律为禅，称云岩禅寺。太平天国时寺毁，后陆续修复。图为清末云岩禅寺。

172 纪念王珣的东山庙 在虎丘，祀舍宅为寺的晋司徒王珣，址在今万景山庄。摄于民国年间。

173 陆玩舍别业为灵岩寺 陆玩（278—342），东晋吴县（今江苏苏州）人。其为人器量宽厚儒雅，官至吏部尚书、尚书令和司空。晚年隐居木渎灵岩山，后舍宅为寺，创灵岩寺。摄于民国年间。

174　支遁南来支硎山　支遁,又名支道林,东晋高僧,河南开封陈留人。成帝咸和九年(334)南来建立支山寺,聚众讲学,阐发玄理。支遁精通老庄学说,时人称他为"身披袈裟的名士"。北宋御史大夫钱俨称誉道:"天下之名郡言姑苏,古来之名僧言支遁。以名郡之地,有名僧之踪,复表伽蓝,绰为胜概。"枫桥支硎山因有支遁驻迹而名扬天下。图为支硎寺,摄于20世纪20年代。

175　支遁爱马　《红兰佚乘》载:支遁好乘马,曾牵一匹名叫"频伽"的宝马,经过苏州城时,马在桥下喝水,又随地撒了一泡尿,马溲处忽生莲花,人异之。这就是饮马桥桥名的出处。图为《神骏图》卷,唐韩幹绘,描绘的就是支遁爱马的故事,藏于辽宁省博物馆。

176　生公虎丘说法　东晋高僧竺道生(355—434),巨鹿(今河北平乡)人。他主张佛性人人"本有",即使是断了成佛善根的人,只要顿悟也可成佛。此说却受到"旧学僧党"的攻击,他被逐出建康之后南来吴地,在虎丘讲经,人无信者,乃聚石为徒,与谈至理,石皆点头,"生公说法,顽石点头"典故即源于此。生公的"顿悟成佛"之说,后来在南北朝初期曾风行一时。图为虎丘生公讲台。

177 昆山华藏寺 在昆山马鞍山巅，原称慧聚寺。山顶有凌霄塔，与寺同建于梁天监十年（511）。太平天国战争时寺毁，摄于清末。

178 苏州寒山寺 建于梁天监年间，原名妙利普明塔院。相传唐代名僧寒山曾由天台山来此住持，改名寒山寺，是我国十大名寺之一。摄于民国。

179 常熟兴福寺 位于常熟虞山北麓，南齐间邑人郴州刺史倪德光舍宅为寺，始名大慧寺。梁大同三年（537）改名兴福寺，为江南名刹。

180 陆绩怀橘奉母　陆绩（187—219），字公纪，出身于吴郡陆氏，是汉魏之际经学研究代表人物。童年时随父拜见袁术，袁术拿出橘子给他吃，陆绩暗地里藏了三个在怀中，不料临别跪拜时橘子却突然滚了出来。袁术不解，陆绩道："我想带回家给母亲吃。"袁术听闻后大为感叹。后来"怀橘奉母"便成为二十四孝故事之一。图为《陆绩怀橘遗母图》，清王素绘。

181 苏州廉石　陆绩任郁林（今广西玉林）太守，返乡时因两袖清风，没多少行李，以致船轻无法渡海，便以巨石压舱，这便是苏州"廉石"的由来。廉石今在苏州碑刻博物馆。

182 文学家张翰　张翰，字季鹰，西晋吴郡吴县（今江苏苏州）人，文学家。世人称其"有清才美望，博学善属文，造次立成，辞义清新"。其诗文"黄华散如金"句，最为后人所称赏，李白有"张翰黄花句，风流五百年"之语。左图为张翰像，选自《吴郡名贤图传赞》。

183 莼鲈之思　张翰在洛阳齐王司马冏处任幕僚，因见天下大乱，预料齐王必败，便以秋风起，思念家乡的莼菜、鲈鱼为由，辞官返回吴中。不久齐王果然在八王之乱中被杀。后人将莼鲈之思视为知机归隐的出典。右图为纪念张翰的吴江三高祠，摄于1938年。

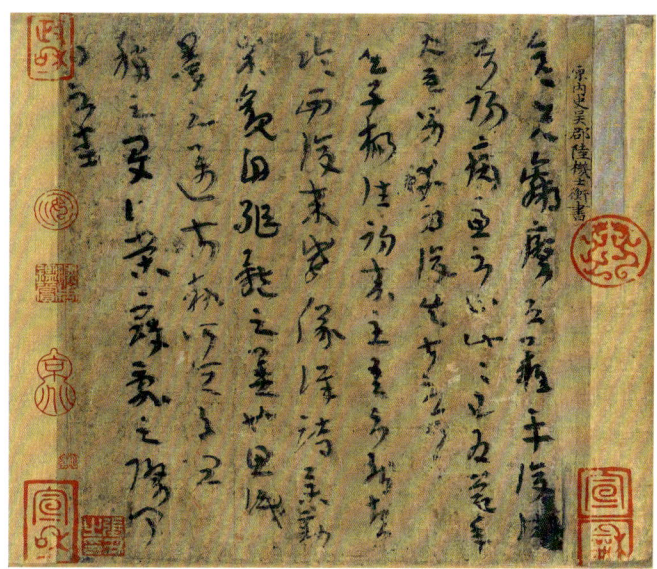

184 太康之英陆机 陆机（261—303），字士衡。吴县（今江苏苏州）人，名将陆逊之孙，西晋文学家。他的诗歌"才高辞瞻，举体华美"，对当时有深刻的影响，被誉为"太康之英"。其所作《文赋》，堪称中国文学批评史上第一篇完整而系统的文学理论之作。图为陆机像，选自《吴郡名贤图传赞》。

185 最早的墨迹《平复帖》 相传为西晋陆机写给朋友问候疾病的书札，草书，9行，84字，是我国保存至今最早的墨迹。《平复帖》笔法朴实厚重，点画苍劲有力，是由汉魏向唐过渡的优秀作品。

186 开六朝文学先声的陆云 陆云（262—303），字士龙，陆机之弟，与兄齐名。以短篇见长，为文清新自然，旨意深雅，语言清新，感情真挚。主张"文章当贵轻绮"，开六朝文学先声。图为陆云像，选自《吴郡名贤图传赞》。

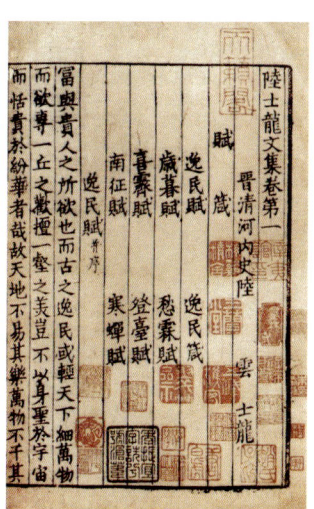

187 龙驹凤雏 西晋文学家陆云与兄陆机齐名，时人称为"二陆"。东吴尚书闵鸿见到少年时的陆云才能出众，就说："这小儿如果不是龙驹，就应是凤雏。"后来陆云果然在16岁时被举贤良，为太子舍人，又历任尚书郎、太子中舍人等职。后世就以"龙驹凤雏"比喻才华出众的孩子，此词常用作恭维语。右图为宋刻本《陆士龙文集》书影。

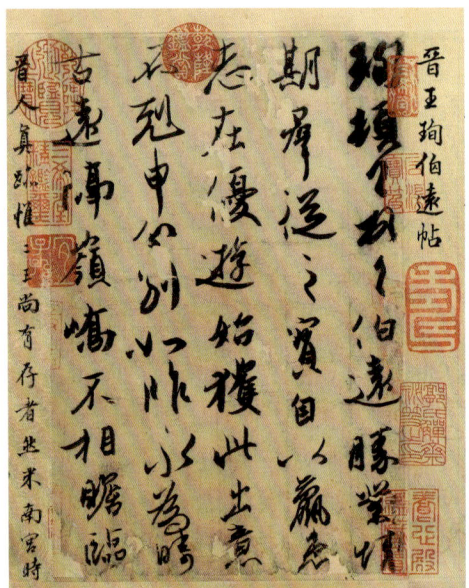

189 玄墓山得名　东晋时青州刺史郁泰玄晚年隐居光福，去世后葬此，人称玄墓山，与邓尉山本属一山。图为郁泰玄墓旧影，摄于1936年。

188　"三希"之一的《伯远帖》　王珣的一封信函，带有较浓的隶书笔意，体现出东晋时书体由隶至楷演变的趋向。清高宗弘历以此帖与王羲之《快雪时晴帖》、王献之《中秋帖》喻为"三希"，珍藏于养心殿中，命名"三希堂"。藏于故宫博物院。

190　左思《三都赋》洛阳纸贵　西晋太康年间，临淄人左思耗时10年，写成《三都赋》。描写了魏都邺城、吴都建邺、蜀都成都的繁华景象，立刻蜚声文坛，豪贵之家竞相传抄，一时洛阳为之纸贵。其中《吴都赋》写的虽然是建邺，却揉进了不少吴都苏州的历史和场景，如"有吴之开国也，造自太伯"，"郛郭周匝，重城结隅，通门二八，水道陆衢"，"造姑苏之高台，临四远而特建"，"带朝夕之濬池，佩长洲之茂苑"。曾经讥笑过左思的陆机看了《三都赋》后也由衷地表示赞叹，觉得不该小看别人。他本来也打算写《三都赋》，想想超不过左思，就放弃了。图为苏州古城盛景，选自明仇英《清明上河图》。

192 楷书字典鼻祖顾野王
顾野王（519—581），字希冯，南朝陈吴（今苏州）人，梁陈之间著名学者。在历史、地理、文学、书法、绘画等方面有很高的造诣。图为顾野王像，选自《吴郡名贤图传赞》。

191 娄县县令祖冲之　祖冲之（429—500），字文远。南北朝时期范阳郡遒县（今河北涞水县）人。我国杰出的数学家、科学家，其主要贡献在数学、天文历法和机械三个方面。南朝宋孝建年间任娄县（今昆山）县令，任内推行农田水利，兴利除弊，造福一方。

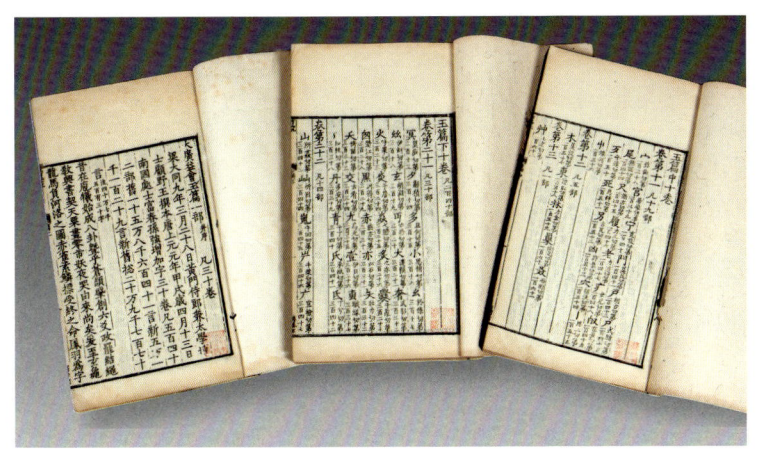

193 最早的楷书字典《玉篇》　顾野王语言文字成就更为突出，他曾搜罗考证古今文字的形体和训诂，著成《玉篇》30卷，这是我国现存最早的一部楷书字典，在中国文字学史上占有重要地位。图为《玉篇》书影。

194 顾野王舍宅为寺　梁天监二年（503），陈黄门侍郎顾野王舍宅为寺，称光福讲寺。图为光福寺旁的顾野王祠。

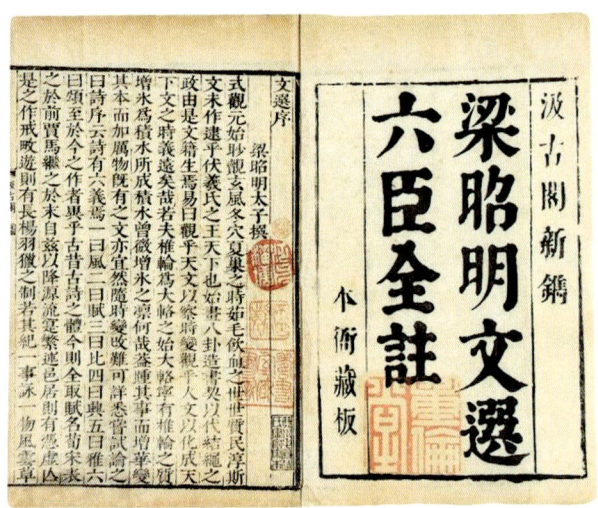

195　萧统与《昭明文选》　　梁武帝之子萧统爱好读书，尤醉心于文学，曾编辑了一部诗文辞赋选集，名为《文选》。这部书精选了梁以前历代具有代表性的文学作品，成为后学必读的经典。萧统谥号"昭明"，故其所编《文选》后称《昭明文选》。左图为萧统像，右图为《梁昭明文选六臣全注》书影。

196　昭明太子读书台　昭明太子的封邑在贵池，但他早年却在常熟研读，因此虞山有他的读书台，"书台怀古"也就成为"虞山十八景"之一。

197 "画龙点睛"的张僧繇

在画史公认的六朝三大家中，除顾恺之外，陆探微和张僧繇均著籍吴郡。张的绘画形象逼真，尤其擅长绘制宗教人物和飞禽走兽。《历代名画记》载"画龙点睛"故事云："张为金陵安乐寺画四条龙，不点眼睛，每云点睛即飞去。人以为妄诞，固请点之。须臾雷电破壁，两龙乘云腾空上天。另有两龙未点睛者见在。"图为《五星二十八宿神形图卷之镇星神》卷局部，唐张僧繇绘，藏于日本大阪市立美术馆。

198 陆探微和"一笔画"

陆探微（？—485），南朝刘宋吴郡人，著名画家。长于人物画，其塑造的人物形象注重真实，具有强烈的艺术感染力。最奇的是陆独创的"一笔画"法，笔势连绵不断，一气呵成。《古画品录》尊其"包前孕后，古今独立。非复激扬所能称赞"。陆探微绘画今已不存，图为与陆探微画风相似的南朝竹林七贤画像砖，藏于南京博物院。

199 李白作《苏台览古》　"旧苑荒台杨柳新，菱歌清唱不胜春。只今惟有西江月，曾照吴王宫里人。"这是诗人游览吴中，有感于吴越春秋夫差失国这段著名历史而写。苏台即姑苏台，也正由于此诗，中华词坛上才出现了"西江月"这个著名的词牌名称。左图为李白像，选自《历代名臣像解》；右图为灵岩山上吴王井旧址。

200 沈既济与《枕中记》　沈既济（约750—800），吴县（今江苏苏州）人，唐代小说家。其代表作《枕中记》，写一个落魄少年卢生，在邯郸旅店里遇见道士吕翁时，诉说了自己的穷困之苦。道士授给他一个枕头，卢生睡在枕头上做了一个梦，历尽荣华富贵，可醒来后发现自己仍在旅店床上，这时店主所蒸的黄粱尚未熟，"黄粱美梦"典故即由此而来。图为故事发生地河北邯郸的卢生祠和黄粱梦碑。

201 张继与《枫桥夜泊》 张继，字懿孙，湖北襄州（今湖北襄阳）人。枫桥寒山寺，初建于梁天监年间，唐代诗僧寒山曾居此，故名。天宝年间，张继途经，题《枫桥夜泊》诗，自此诗韵钟声，名扬海内外。左图为明文徵明集字书碑，藏于寒山寺；右图为除夕夜听钟声活动时的枫桥与寒山寺宝塔夜景，摄于2005年。

202 "苏州司业诗名老" 张籍（约766—约830），字文昌。原籍苏州，迁居和州乌江（今安徽和县乌江镇），曾任国子监司业，是中唐杰出的新乐府诗人，深得白居易推崇。他的诗歌继承了杜甫的现实主义传统，较为广泛、深入地反映了当时的社会矛盾，其《野老歌》《促促词》《牧童词》《征妇怨》等都是劳动人民生活的真实写照。"苏州司业诗名老，乐府皆言妙入神。看似寻常最奇崛，成如容易却艰辛。"这是宋代王安石赞扬唐代诗人张籍的诗文。图为《张司业集》书影。

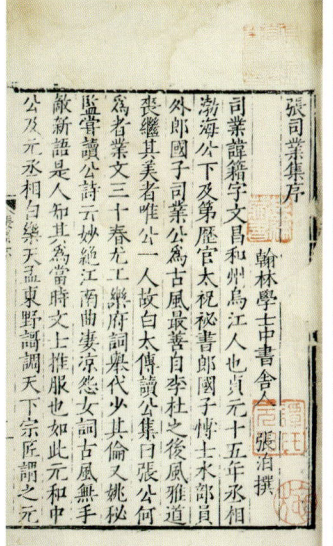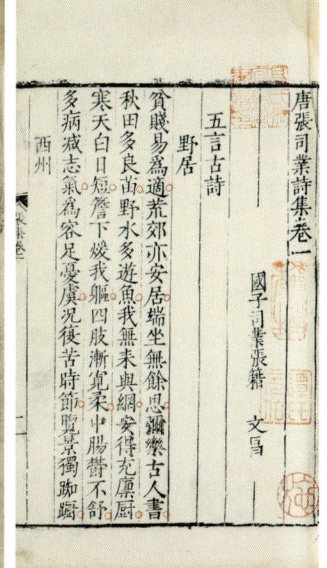

203　"苏州刺史例能诗"　　白居易送刘禹锡赴任苏州刺史时曾诗曰："何似姑苏诗太守，吟诗相继有三人。"刘禹锡也赋诗道："苏州刺史例能诗，西掖今来替左司。"白诗中的"三人"，指的是贞元年间的韦应物（737—792）、宝历年间的白居易（772—846）和太和年间的刘禹锡（772—842）。三位诗人都曾在苏州担任刺史，他们均对苏州情有独钟，且都自称为"某苏州"。后人将他们合称"三贤"，并立祠纪念，这已成为苏州文坛的佳话。图为白居易、韦应物、刘禹锡像，选自《历代名臣像解》。

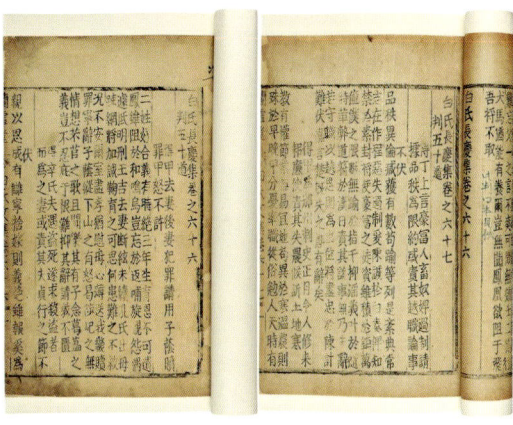

204 白诗送藏南禅寺 　白居易对苏州十分怀念，回洛阳后曾在《忆旧游》词中云："江南旧游凡几处，就中最忆吴江隈。长洲苑绿柳万树，齐云楼春酒一杯。阊门晓严旗鼓出，皋桥夕闹船舫回。修蛾慢脸灯下醉，急管繁弦头上催。六七年前狂烂漫，三千里外思徘徊。"白公对苏州一往情深，诗文读来，至今仍催人泪下。他还将诗集《白氏长庆集》另录一本，送苏州南禅寺千佛堂（今工人文化宫址）留存。左图为《白氏长庆集》书影，右图为南禅寺旧影。

205 白居易《太湖石记》 　中唐以后中国的园林艺术开始兴盛，兴起赏石之风。白居易认为可供欣赏的奇石最好的是太湖石，天竺、罗浮石在其次，为此他写了一篇《太湖石记》。这是中国赏石文化史上第一篇全面阐述太湖石收藏、鉴赏方法和理论的散文。图为太湖石开采地东山镇三山岛板壁峰。

206 韦应物在苏州 　韦应物（737—792），唐代著名诗人，京兆长安（今西安）人，少时曾做过唐玄宗侍卫官，出任过滁州、江州、苏州刺史，晚年罢职，寓居苏州永定寺，并终老于此，其文集也名《韦苏州集》。韦应物在苏时，常放舟吟诗于今斜塘龙墩山北的河荡之间，故后人将此地称为大吟浦、小吟浦，并建有韦应物山庄、吟诗亭。图为韦应物终老永定禅寺的所在地永定寺弄。

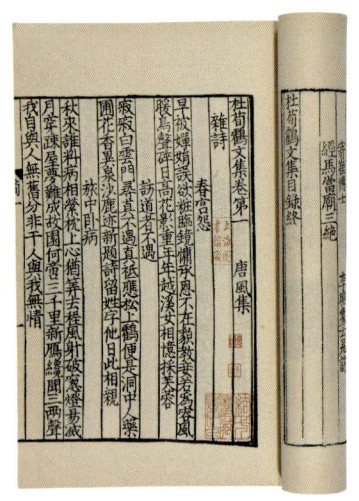

207 杜荀鹤咏苏州 杜荀鹤（846—904），池州人，晚唐现实主义诗人。他虽然没到过苏州，却通过想象描绘了苏州的风物景致。其中"君到姑苏见，人家尽枕河"两句，更成为描写苏州的千古名句。图为《杜荀鹤文集》书影。

208 "皮陆"在苏州 皮日休（约834—约883），湖北襄阳人。咸通九年（868）出任苏州刺史崔璞的军事判官，家住皮市上，与家住临顿里的陆龟蒙诗文唱和，交往甚密，时称"皮陆"。皮的诗继承白居易新乐府传统，但尤擅小品文。鲁迅称赞皮陆的小品文是"泥塘里的光辉和锋芒"。图为皮日休曾居住过的皮市街旧影，摄于1996年。

209 甫里先生 陆龟蒙（？—881），字鲁望，别号甫里先生等，吴县（今江苏苏州）人，唐代著名文学家。曾隐居故乡甫里（今甪直）。与友皮日休齐名，世称"皮陆"。陆诗多写闲适隐居生活，散文则不乏批评现实之作，其小品文成就胜于其诗，自成一家。《全唐诗》录存其诗14卷，《全唐文》录其文2卷。左图为陆龟蒙像，选自《历代名臣像解》；右图为甪直保圣寺陆龟蒙墓前的清风亭、斗鸭池。

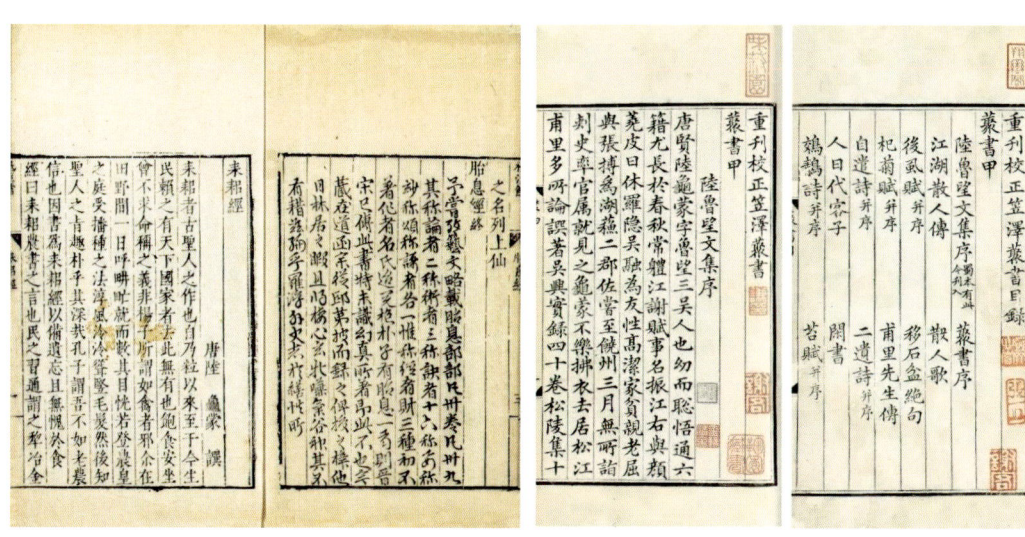

210 农学家陆龟蒙 陆龟蒙在甫里除读书写作之外，还经常与农民一起劳动。他根据亲身参加农业生产的实践经历，撰写了一部《耒耜经》，详细记述了犁、耙、碌碡与江南农具的发明、沿革、制作和使用方法，为后人留下了珍贵的古代农业生产技术的资料，晚年因贫病去世。左图为《耒耜经》书影，右图为《笠泽丛书》书影。

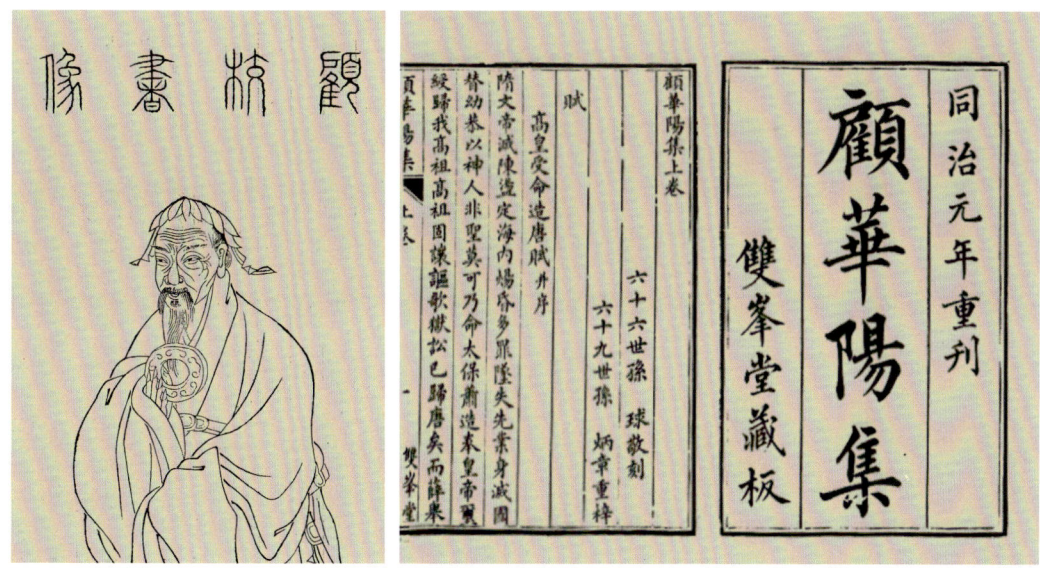

211 顾况父子诗人 顾况（727—815），苏州人，唐中期著名诗人，进士入朝，任著作郎。因性诙谐，傲侮朝官，被贬。晚年隐居茅山，自号"华阳山人"。其诗质朴平易，不避俚俗，喜用口语，活泼生动。《全唐诗》录存其诗4卷。其子顾非熊，也是诗人，因常凌辱权贵子弟，一直没有中举。唐武宗久闻其诗名，亲阅试卷，追榜及第。《全唐诗》录存其诗75首，《全唐文》选入其文3卷。图为顾况像和《顾华阳集》书影。

212 "草圣"张旭 张旭（658—747），字伯高，苏州吴县（今江苏苏州）人，初为常熟尉，后为金吾长史。精楷书，更以草书闻名，世人谓之"草圣"。他往往大醉后呼叫狂走，下笔如神，甚至"以头濡墨而书"，人称"张癫"。左图为尤求绘《白描饮中八仙图》卷中的张旭；右图为张旭像，选自《历代名臣像解》。

213 张旭祠 2010年建于平门内苏州市名人馆南侧。

214 张旭草书《古诗四帖》 此帖雄强奇伟，笔势纵逸，董其昌评说，"有悬崖坠石，急雨旋风之势"，极为珍贵。

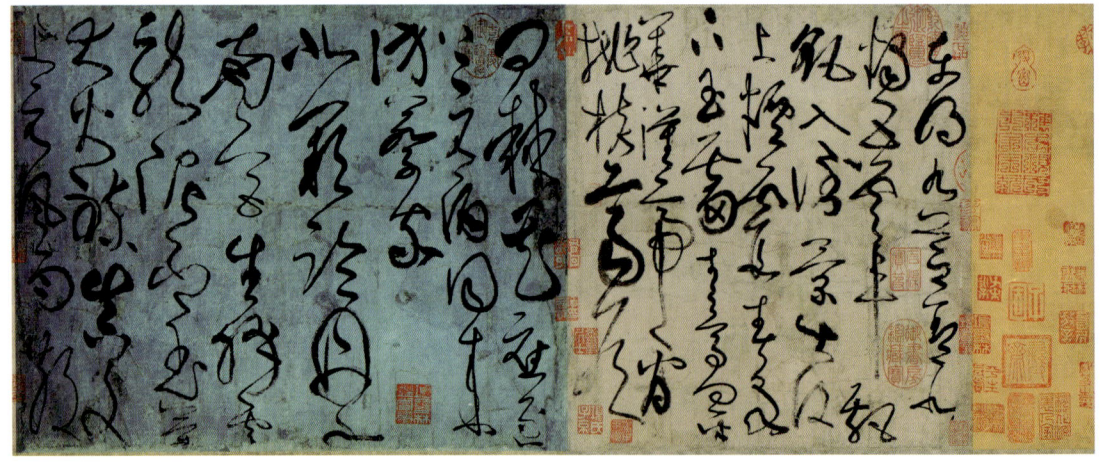

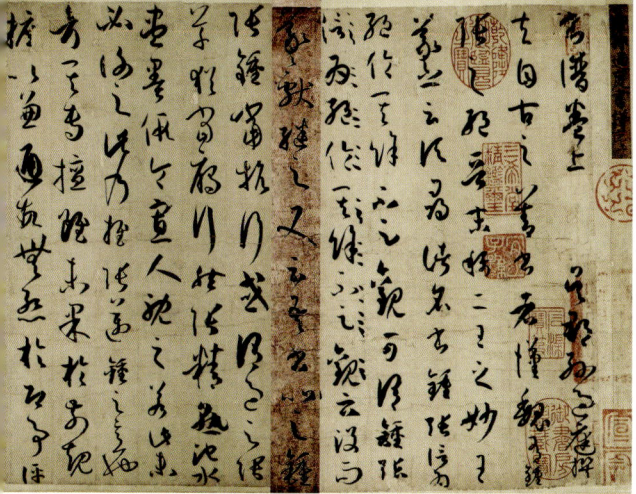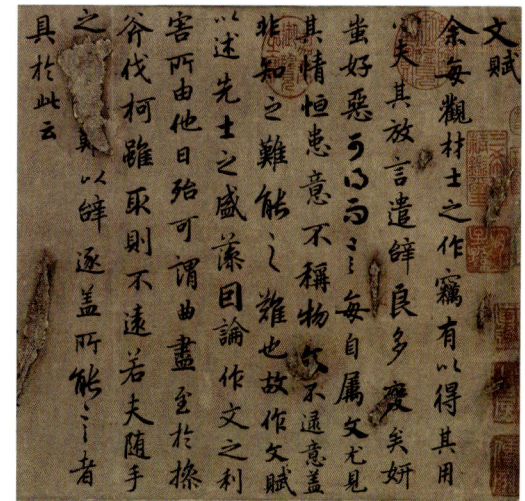

215 孙过庭《书谱》　　孙过庭（646—691），唐书法家，擅草书，自称"吴郡孙过庭"。其所著《书谱》2卷，论述书法变迁和正草书的运笔方法，见解精辟，是我国书法史上的重要理论著作。南宋高宗赵构认为《书谱》不但文辞华美，且草法兼备。藏于台北故宫博物院。

216 陆柬之书法　　陆柬之（585—638），唐代吴县（今江苏苏州）人，虞世南外甥，而世南书法来自王羲之的七世孙智永禅师的亲授，因此他的书法多从王羲之《兰亭集序》中来，但有所创新。图为陆柬之书陆机《文赋》，藏于台北故宫博物院。

217 "双管齐下"的张璪　　张璪，字文通，唐代吴县（今江苏苏州）人。盛唐时期著名山水画家。张作画才情横溢，生动逼真。相传他画松时曾手握双管一时齐下，一为生枝，则润含春泽，一为枯枝，则惨同秋色，成语"双管齐下"即典出于此。张璪技法受王维水墨画影响，但在唐人心目中，张璪的画却还高于王维。张璪已无作品存世，今借用王维《长江积雪图》聊以说明，图藏于美国火奴鲁鲁艺术博物馆。

218 鉴真东渡　唐天宝十二年（753）农历十月二十九日，60岁高龄的鉴真携带大量佛经和艺术品从黄泗浦（今张家港鹿苑）入海，开始了第六次东渡，历经千难万险，终于在次年抵达日本奈良，实现了东渡凤愿。左图为干漆夹纻的鉴真塑像，藏于日本奈良唐招提寺御影堂；右图为日本人民欢迎鉴真的场景，图选自《话说中国》。

219 黄泗浦遗址　鉴真到达日本后，在奈良修建唐招提寺，授戒传律，成为日本律宗始祖。他在日本度过了生命中的最后10年，对日本的宗教、医学、美术、文学、书法、建筑都做出了重要贡献，受到了日本人民的尊敬。今黄泗浦遗址已辟为东渡风景区。

220 日僧空海参拜寒山寺　日僧空海随日遣唐使入中国求法，于唐贞元二十年（804）农历十一月二十二日至苏州，二十三日参拜寒山寺，然后北上到达长安。空海遣唐，步鉴真东渡之后，带去了中国盛唐文化，并成为日本佛教密宗创始人，去世后被醍醐天皇追赐"弘法大师"谥号。图为寒山寺弘法堂内的空海铜像。

221 铜观音传奇 宋康定元年（1040），村民张惠在光福寺旁取土，挖得唐代铜观音像一尊，送给光福讲寺，人们争相前来礼拜，寺庙自此改称铜观音寺。"文化大革命""破四旧"时铜观音流落民间，被融宗法师在废品收购站发现并购回，今藏于圣恩寺。

222 《老子画像》三绝碑 立于玄妙观三清殿西楹，画像出自唐代吴道子手笔，上方文字为唐玄宗所题御赞，由颜真卿手书，故此碑有"三绝"之称。

223 "天下罗汉两堂半"唐塑之一 紫金庵创建于唐代，大殿现存"释迦三世"三尊佛像，保存了唐代塑像丰腴的特点，尤其是其慧眼如活，令人惊叹。世人称紫金庵佛像为"天下罗汉两堂半"唐塑中的一堂。

224 塑圣杨惠之 唐吴县（今江苏苏州）人，开元年间与吴道子一起学画，因耻居其下，转而学习雕塑，遂成雕塑名家，时有"道子画、惠之塑，夺得僧繇神笔路"之说。他的雕塑遍及长安、洛阳、汴州、临潼、凤翔，今存角直保圣寺的"半堂罗汉"，据说就是他留存的作品。

225 归家一门五状元　隋炀帝开科取士，是中国科举之始。至唐代，苏州中进士者已达73名，尤其是归家在36年间出了5名状元：归仁绍、归仁泽、归黯、归佾、归系，这在科举史上绝无仅有，因而获得了"天下状元第一家"的称号。图为宋人绘科考场景，图选自《话说中国》。

226 陆羽品泉处　虎丘"天下第三泉"，位于剑池南，即唐代陆羽所品天下第三泉处。左图为陆羽像，选自《历代名臣像解》；右图为虎丘"天下第三泉"之三泉亭，明万历间申用懋建。剑池旁旧有陆羽石井，久湮塞。

227 《柳毅传书》　唐代李朝威著《柳毅传书》故事脍炙人口，今湖南洞庭湖与太湖洞庭山皆有相关古迹，可谓传奇。柳毅乃吴人，吴地自古多水仙庙，庙中供奉的即是柳毅，其墓相传即在阊门内五峰园。左图为东山启园内的柳毅井；右图为胥门外泰让桥南堍水仙庙旧址，摄于1995年，2003年拆迁。

228 真娘魂归虎丘　唐时吴门绝代红颜真娘，去世后葬于虎丘，时人比之杭州苏小小，唐宋以来诸名士各有题咏，几与昭君之青冢、太真之马嵬并传。图为真娘墓。

第四章　五代宋元时期

吴越国、北宋、南宋、元
公元907年—1368年

　　苏州在朝代更替中经过短暂的破坏，而能较迅速地得以恢复，经济日趋繁荣，农业产量大幅度提高，由此产生了"苏湖熟，天下足"的谚语。这时手工业产品增多，技术精湛，尤以纺织、造船、造纸、印刷等最为知名。农村集镇也大量涌现，加强了城市与农村的联系，促进了城乡经济共同发展。贸易开拓，商品丰富，街市喧阗，苏州之繁华已"为浙西第一"，"上有天堂，下有苏杭"的称誉不胫而走。与此同时，府县学教育发达，科举兴盛，文学、绘画、建筑、园林、医学和水利学等皆有成就。范仲淹、胡瑗、叶梦得、卫泾、朱长文、范成大、郏亶、黄公望、葛乾孙等许多人物都知名于世。

■ 第一节 五代宋元时期 政治

　　唐末军阀混战，钱镠建吴越国，偏安江南。北宋时社会安定，苏州敕升平江府，人口80多万。城内划分坊市，宋初如唐时，仍为60坊，后又增加5坊，农村则有74乡都镇。北宋末因土地不断兼并，赋税沉重，加上朱勔负责"花石纲"，惹得民怨沸腾。南宋建炎年间金兵南侵，苏州惨遭屠戮，城内"无一屋存者"。之后城市开始重建，城乡逐步恢复。元朝统治江南，实行民族压迫政策，政治黑暗，吏治腐败，因此起义不断。元末张士诚据苏，自立为吴王，国号周。朱元璋率军围城10个月，城破，苏州大城满目疮痍，子城一片荒草废墟。

229 钱镠占领苏州　　唐末藩镇割据，承平日久的苏州也被卷入了混战的旋涡。自光启二年（886）起，钱镠、孙儒、杨行密等军阀争夺苏州，战火连续燃烧了10多年。光化元年（898），混战以钱镠夺得苏州而告终，从此苏州成为吴越钱氏立足江浙、维持割据的重要基地。左图为吴越王钱镠像，选自《历代名臣像解》。

230 钱元璙父子守苏六十年　　苏州是浙西中心之一，吴越重镇，钱镠派第六子钱元璙（887—942）任苏州刺史，后升任中吴军节度使。钱元璙在苏期间兴修水利，在沿长江各港口建闸门，还大兴土木，建造了苏州南园园圃。后其子钱文奉继任，父子俩共守苏60年，把苏州治理得井井有条。右图为钱元璙与钱文奉像赞。

231 范仲淹知苏　范仲淹（989—1052），字希文，吴县（今江苏苏州）人，宋代著名的政治家、军事家、文学家和教育家。宋仁宗景祐元年（1034）出任苏州知州，任职期间，兴办教育，注重兴修水利，造福故里，恩泽千年。图为范仲淹像，选自《历代名臣像解》。

232 我国最早的义庄　北宋皇祐年间，范仲淹在家乡苏州创立义庄，购置义田千亩，作为宗族公产，用以周济族人。范氏义庄是中国最早的义庄，自公元1049年设立，至1949年结束，整整延续了900年之久。其间不断有范氏后裔为之捐输补充，全盛时拥有义田4 000余亩。历代帝王和官府也都予以维护，这在中国慈善历史上堪称奇迹。右图为位于范庄前的范义庄旧址。

233 天平山范坟　北宋庆历四年（1044），参知政事范仲淹因祖坟在天平山，于是奏请以白云庵改功德香火院。仁宗赐寺额及山，天平山因而又名赐山，俗称范坟山。范仲淹曾、祖、父三世都被追赠国公，故范坟又呼三太师坟，图为天平山范坟牌坊。

235 叶梦得体恤百姓 叶梦得（1077—1148），字少蕴，吴县（今江苏苏州）人。宋徽宗时官至翰林学士，在颍昌府（今河南许昌）主持政务期间非常体恤百姓疾苦，曾发放常平票赈济灾民，以抗拒宦官杨戬等人的搜刮，同时惩治当地的贪官污吏。宋高宗即位后担任江东安抚制置大使等职，致力于抗金防务及筹措军饷。左图为叶梦得像，选自《吴郡名贤图传赞》；右图为故居地叶家弄。

234 王禹偁减税 王禹偁（954—1001），字元之，山东巨野人。宋雍熙二年（985）出任长洲知县，到任后见姑苏虽为名邦，号为繁富，百姓却十分贫苦，皆因朝廷仍因袭吴越国钱氏旧规"亩税三斗""田赋且全"，便请求朝廷减免成"亩税一斗"，令苏州得以休养生息，为日后的繁荣奠定了基础。图为王禹偁像，选自《吴郡名贤图传赞》。

236 程师孟筑广州城 程师孟（1009—1086），字公辟，号正议，吴县（今江苏苏州）人，广州知府。宋时广州因没有城墙而经常被掠夺，百姓不能安居乐业。一些地方官员认为广州城外土质里混杂有螺蚌，不能筑城，唯独程师孟认为可以。宋神宗据此下令筑城，10个月之后城墙便修缮一新，程师孟等人因此受到神宗的表彰和赏赐。文选自《中华文明大博览》，图为广州城墙旧影。

237 丁谓一举三得　丁谓（966—1037），字谓之，一字公言，长洲（今江苏苏州）人，官至户部侍郎、参知政事。宋真宗时大修皇宫和道观，工程浩大。丁谓策划工程一举三得，即先让民工开挖皇宫前面的大路，取土运入工地，由此大路便成为深沟，与河道相通后运来了建筑材料，完毕后吩咐将建筑垃圾填入深沟，又将深沟修整成为大路。如此精密的筹划，减少了劳民伤财，让人赞叹不已。图为丁谓画像和其在苏州的故居地——阊门外南丁家巷，2010年拆迁。

238 朱氏父子采办花石　北宋末，宋徽宗穷奢极侈，朝政腐败，为造"艮岳"，蔡京保举朱勔在苏州设立应奉局。于是朱冲、朱勔父子在民间大肆搜刮，根本不把地方官放在眼里，附之者得官，不附者立刻罢去，时号"东南小朝廷"。朱勔一家趁机掠夺田地30万亩，其他财物更是不可胜数。图为朱家园朱勔故居地的巨井。

239 "花石纲"误国　朱勔专门搜罗江南的奇花异卉、珍木怪石，通过运河运往东京汴梁。运花石的船每十只组成一组，号称"花石纲"。"花石纲"激起民怨，最终导致方腊在浙东以"等贵贱，诛朱勔"为口号宣布起义。图为《宋徽宗任用六贼》，言宋徽宗宠信蔡京、梁师成、李彦、朱勔、王黼、童贯而导致国破被掳的悲剧发生。选自明刊本《帝鉴图说》。

240 金兵毁城 南宋高宗建炎四年（1130）二月，金兀术率军攻取临安后，返程途中进犯苏州，从盘门直入城中，"劫掠官府民居、子女金帛、廪库积聚，纵火延烧，烟焰见二百里，凡五昼夜"，"士民得脱者十之二三，而迁避不及遭杀者十之六七"。自唐代以来素称"风物雄丽，为东南之冠"的苏州城，旦夕之间"一城殆空"，战后收尸，竟达20余万。此为纪念当年城毁后收尸数万的里人蔡隆兴而构建的龙（隆）兴庵旧址，在桃花桥弄，1996年拆迁。

242 盛泽岳武穆祠 即岳庙，在盛泽关帝庙西侧。

241 寒山寺岳飞书迹 相传为岳飞从抗金前线奉旨返回杭州，途经苏州留宿寒山寺时所书。

243 韩世忠在苏州　韩世忠（1089—1151），字良臣，陕西绥德人，两宋之际名将。建炎三年（1129），苗傅、刘正彦发动兵变，强迫宋高宗赵构退位，立赵构三岁儿子为帝，让太后垂帘听政。韩世忠在苏州结集兵马进行讨伐，在浙江消灭了苗、刘叛军，维护了国家稳定。五年后，朝廷将沧浪亭一带的土地赏赐给韩世忠。韩去世后即葬灵岩山麓，其儿子韩彦古也两次担任平江知府。韩世忠的后裔则在西山横山岛避世自安，至今已有数百年。图为韩世忠像，选自《历代名臣像解》。

244 灵岩山下韩墓　韩世忠在苏州时得北宋苏舜钦构建之沧浪亭，被削去兵权之后，这里成为他的退隐之地。韩世忠去世后葬于灵岩山麓，宋孝宗追认其功绩，封他为"蕲王"，谥"忠武"，并把灵岩山作为赐山，墓前还立万字巨碑，碑额镌宋孝宗御笔题书"中兴佐命定国元勋之碑"。民国时李根源云："绍兴名将，以岳韩为最，一葬西湖，一葬灵岩，苏杭山水为之增色不少。"图为宋孝宗御题韩墓巨碑碑文。

245 韩世忠提兵过吴　南宋初韩世忠抗金路过平江，曾在昆山歇马桥稍事休息，歇马桥小镇因此得名。图为小镇今貌。

246 慈云公主重建震泽塔
宋徽宗女儿慈云公主
为避靖康之难到吴江
震泽，重建此塔，盼父
早归。摄于2007年。

247 锦溪陈妃水冢　宋室
南渡，陈妃病殁，葬于
镇南五保湖之口，陈
墓由此得名，今改称
锦溪。

248 高宗驻平江　金兵南侵，宋高宗赵构分别于建炎、绍兴年间两次进入平江，一度还准备将此地作
为行在，并按建设都城的设想进行城市规划，《平江图》即是证明。图为仇英临萧照《中兴瑞应
图》之高宗射兔，藏于故宫博物院。

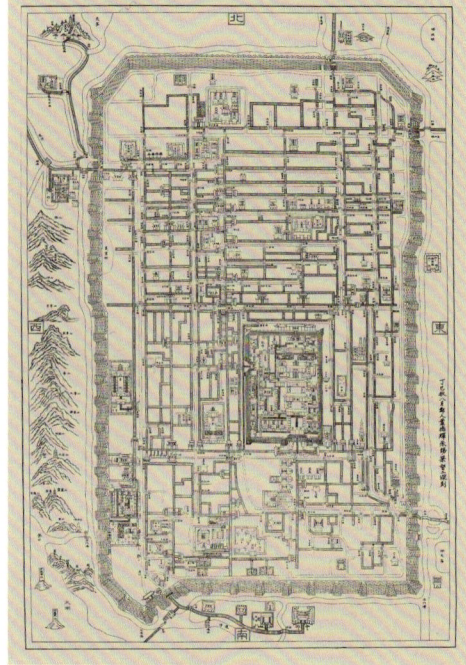

250 王晚建姑苏馆　绍兴十四年（1144）三月，秦桧荐妻弟王晚为平江知府。王晚到任，发现苏州到处是瓦砾场，便下令凡进城船只，出城必装满碎砖断瓦，倒至郊外，然后开始大兴土木。他首先在古胥门营建姑苏馆，辟百花洲，并将春秋姑苏台等名胜移至胥门，还对府署做了整修，重建了西楼和齐云楼等。《吴郡志》云："姑苏馆体势宏丽，为浙西客馆之最。"图为《平江图》中重建于胥门城头的姑苏台。

249 苏城首创街巷制　唐宋时期，中国城市的建筑类型是里坊制，比如长安、洛阳、汴京等。金兵南下毁临安（今杭州），绍兴初年高宗赵构准备把都城从临安迁苏州，故曾按照都城要求对苏州城进行规划重建，沿街设店，跨街建坊，一改原来的里坊制，而采用街巷制。这是中国城市建设的一个新的变化。它对元大都城和明清北京城的城市布局产生了重大影响。元大都城一改城市里坊制的相互封闭阻隔，而形成了大街胡同相互通畅，利于人员流通、商业兴旺的格局，这就是苏州城街巷制的继承和发展。文字参考《中华文明大博览》之《苏州城街巷制兴起》；图为南宋《平江图》，其中街巷互通，并有大城和子城，可以窥见，重建后的苏州城确实已经有了皇城的格局和规模。

251 吴江设县　后梁开平三年（909），吴越王钱镠割吴县南地和嘉兴北境置吴江县。"吴江"本为江名，即吴淞江，建县时即取其名，县治设松陵镇。图为吴江松陵镇仅存的盛家库老街。

252 宋室南渡与太湖古村落
北宋灭亡后，宋高宗赵构渡江南迁，北方人口大量南移，太湖东、西山成为北方望族的迁居地，仅在西山即有徐、陆、沈、蔡、蒋、马、屠、劳南渡八大宗族。由此形成的太湖古村落在明清时代，为苏州经济文化的发展起到了重要作用。图为宋代著名词人秦观五世孙秦益迁居之地秦家堡。

253 后埠南宋古井　里人徐氏开凿于南宋淳熙年间。元代，井上建亭。徐氏原为北方望族，此井原先采用辘轳汲水，这是西山主要氏族来自北方的重要实物证据。

254 太尉王皋迁吴　宋建炎三年（1129），太尉王皋护送高宗赵构南渡，驻跸平江府。因见此地风光甚好，民风淳朴，日后便安置家族于阳澄湖边荻扁（今相城太平街道）定居。王皋由此成为三槐堂王氏迁吴始祖。图为太平镇太平禅寺（旧为王皋祠堂），寺前古树相传为王皋之子王铎所植。

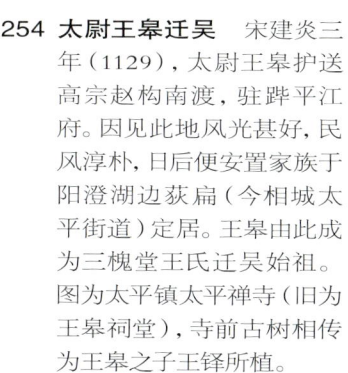

255 文天祥守苏 南宋末元兵进军江南，德祐元年（1275），朝廷起用文天祥为兵部尚书，后改派为浙西、江西制置使兼平江知府。十月，文天祥来苏指挥，部署兵力作久守计。时元军轻骑袭击独松关（今浙江余杭西），威胁杭州，于是朝廷急令文天祥移兵勤王，文天祥被迫匆匆离开苏州。事隔三天之后，苏州守将王矩之就投降了元军。图像选自《中国历代名人画像谱》。

256 文山寺与文丞相弄 后人为纪念文天祥，遂在阊门内建文天祥忠烈祠。明代祠迁旧学前，旧址改为文山寺，地名亦称文丞相弄。相传当年文天祥守苏，家属曾居此。图为文山寺俯瞰。

257 文天祥作《平江府》 文天祥虽然只做了40天的平江知府，却对苏州怀有情感，他后来奉命出使与元军谈判，被元军扣押，途中逃脱，南下路过苏州，百感交集，写下了《平江府》诗："楼台俯舟楫，城郭满干戈。故吏归心少，遗民出涕多。鸠居无鹊在，鱼网有鸿过。使遂睢阳志，安危今若何。"明代苏州人将文天祥忠烈祠从阊门内迁建到旧学前，图为原祠内文天祥石像，今藏于碑刻博物馆。

258 昆山僧人创建白莲宗　南宋绍兴年间，昆山僧人茅子元（法名慈照）在流行的净土结社的基础上，在淀山湖创建新教门白莲宗。图为昆山淀山湖小镇。

259 郑虎臣怒杀贾似道　郑虎臣（1219—1276），字景兆，苏州人，南宋末任会稽尉。时奸臣贾似道误国殃民，被革职放逐。景召为监送人，至漳州木棉庵，景召曰："吾为天下杀似道，虽死何憾！"遂诛杀之。后郑在福州被捕，毙于狱中。景召宅在鹤舞桥东（今白塔西路皮市街口附近）。图为漳州木棉庵内郑虎臣雕像与纪念碑石。

260 元军进入苏州　南宋德祐二年（1276），元军占领苏州，违反了"不杀一人"的诺言，乱杀无辜，戮及童稚，事后"检骨十余万"。西山甪里人郑士昌为躲避元军，将五女（贞、素、淑、雅、新）藏入地下密室，后五女皆死，墓在郑公山南，即著名的五女坟。图为西山甪里村。

261 郑思肖以画抗元　宋末诗人郑思肖（1241—1318），字忆翁，号所南，福建连江人。元兵南侵时，上书言国事，言辞直切，为执政者所不满。宋亡后隐居苏州，平日坐向必向南，逢年过节朝南痛哭，以表示对宋室的怀念和哀悼。擅画兰花，但不画土，因国土已被夺去之故。明崇祯时，承天寺浚井，得郑思肖铁函《心史》，内缄封："大宋孤臣郑思肖面拜封。"左图为郑思肖像，选自《历代名臣像解》；右图为《墨兰图》，藏于日本大阪市立美术馆。

262 张士诚据吴 张士诚（1321—1367），本名九四，泰州白驹场（今属江苏大丰）人。元末张士诚在苏北起兵反元，至正十六年（1356）占领苏州，改平江府为隆平府，建立大周政权，继而自称吴王。张士诚在苏期间革除元朝苛政，打击豪强，积极恢复和发展农业生产，兴办工商业，还大力兴修水利，使人民得到了实惠。图为张士诚像，选自《吴王张士诚载记》卷首。

263 张士诚纪功碑 碑亭位于北寺塔后，深浮雕石碑画面为张士诚在平江称王时接待元朝使臣的场面。图中人物排列有序，殿阁清晰壮丽，旌旗招展，祥云缭绕。整个画面气氛隆重，形象逼真，是苏州稀有的元代石雕艺术作品。

264 斜塘张士诚墓 墓在斜塘镇北，民间称张王坟。墓西侧原有张王庙，摄于1996年。

265 徐达围攻苏州　元末红巾军领袖朱元璋在南京建立政权后，于至正二十六年（1366）派大将徐达、常遇春领兵20万围攻苏州。因苏州城防坚固，徐达采用"销城法"，筑长围以困，又架木塔三层，监视城中动静，并日夜炮轰。张士诚固守10个月，城破被俘，押送南京，自缢死。图为《徐元帅平定姑苏》，出自《皇明英烈图》，选自《话说中国》。

266 徐达护城与汤和戮城　杨循吉《吴中故语》载：苏州被朱元璋军队攻占，徐达部进城后"不戮一人"，而信国公汤和因为围城日久，破城后从葑门进入，两岁小儿亦被砍为三段，至为惨烈。徐达听说后急派人捧令牌传达"杀降者斩"，这才阻止了更大规模的杀戮。左图为围城攻占苏州后"不戮一人"的徐达，右图则为进城后戮城屠杀的汤和，图选自《中国历代名人画像谱》。

第二节　五代宋元时期　经济

　　五代以来，"太湖七十二溇港"不断开凿，塘浦圩田逐渐扩展，由此出现了"苏湖熟，天下足"的局面，苏州成为宋元时候国家的粮仓。水利的兴修，农具的改进，土壤的改造，良种的培育，有力地推进了苏州粮食与经济作物的生产，苏州成为缴纳国家赋税最多的地区。手工业兴盛，尤以纺织、造船、造纸等最为著名，丝织品的数量和质量均超过前代。农村小集镇不断涌现，城乡市场繁荣，洞庭商帮开始萌芽。海运大规模开展，对外贸易发达，出现了一批富商巨贾。苏州之繁华，已"为浙西第一"。

267 钱元璙筑砖城　五代至北宋，苏州上承吴越国70年安宁，又连绵160余年太平盛世，城市之富甚于唐代。城市建设方面，在城区不仅将唐时草棚瓦顶的民居换成了砖墙房屋，连近郊窄巷里的建筑也都用砖砌就。五代龙德二年（922），钱氏即开始大兴土木，用青砖包裹城墙，里外均有深壕，面貌焕然一新，气势非常雄伟。图为阊门外北码头城墙修复时发现的五代砖城遗迹，摄于2010年。

268 阊门瓮城碑　碑高3尺，宽1.8尺，碑名《新建瓮城记铭》，记载天佑四年（1357）张士诚据苏时新建阊门瓮城始末。1928年瓮城被拆时发现，有石工陈姓欲将其磨毁，后由李根源购藏。碑藏何处今已不明，图为碑铭拓片。

269 城门增置瓮城　元军占领苏州，"城池悉命夷堙，故民杂居遗堞之上"，至元末各地起兵抗元，遂于至正十一年（1351）重建城墙。张士诚占苏后，各城门增置瓮城，亦称月城，图为盘门瓮城。

270 **"苏湖熟，天下足"**　从魏晋南北朝开始，中国经济中心南移，至宋代，长江下游和太湖流域的两浙路成为全国的粮仓，"苏湖熟，天下足"已成为当时的谚语。因南宋时皇室南迁，带来大批好食面的北方移民，于是刺激了小麦生产，而佃客的种地传统——只要交秋粮，夏收则归己，更促使冬麦晚稻两熟制得到大面积推广。图为宋佚名《耕获图》，描绘了江南农村大忙时节的田园景象，选自《中国风俗通史》。

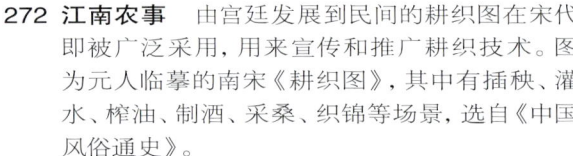

271 **插秧灌溉**　根据元代农学家王祯的《农书》所绘的《耕织图》之一，描绘了江南农民田间劳作的场景，选自《话说中国》。

272 **江南农事**　由宫廷发展到民间的耕织图在宋代即被广泛采用，用来宣传和推广耕织技术。图为元人临摹的南宋《耕织图》，其中有插秧、灌水、榨油、制酒、采桑、织锦等场景，选自《中国风俗通史》。

273 丝织业重心南移 唐代南方的丝织业已超过北方,诗人罗隐有"吴蚕万机"之语。包括苏州在内的两浙所产丝绸从运河运至长安,再经西域销至中亚、欧洲或经海路运至东南亚等地,因此苏州也是丝绸之路的出发地之一。图为南宋《耕织图》中江南妇人缫丝机织的场景。

274 蚕桑风俗 宋佚名《蚕织图》卷,反映了宋代的蚕桑风俗,选自《中国风俗通史》。

275 轩辕宫机圣庙 自唐之后,吴地蚕桑丝织日益发达,成为朝廷丝帛赋税来源的重要地区,丝绸手工业也由农家分化出来,进入郡城。北宋元丰年间,手工业者在城内祥符寺巷建轩辕宫,又称机圣庙,兼作机业议事之所。

276 棉花种植　除粮食生产之外，苏州的经济作物种植也有较大发展。南宋时棉花从闽粤引入苏州，至元时已大盛，常熟、太仓地区地处海滨，壤皆沙土，因而广种棉花，苏州成为国家棉花的重要产地。图为清宫旧藏，嘉庆年间绵亿绘《棉花图》册中的《采棉图》。

277 棉织机引进　元代松江民妇黄道婆从海南带来了棉织技术，经过传授，棉织技术迅速传至太仓、常熟一带，苏州由此成为棉织业的重要地区。图为清嘉庆年间绵亿绘《棉花图》册中的纺线场景。

278 元代农耕与纺织　元朝建立之后，原始的游牧习惯被带入中原，到处圈地放牧，对当地的农业生产破坏很大。后来在江南高度发展的农业经济影响下，不得不放弃原来的做法，恢复农业生产，而其本身也在这个过程中逐步汉化，开始接受传统的男耕女织的生产方式。这幅图展示的就是元代江南农村的耕织情形。图选自《话说中国》。

279 沈万三父子迁周庄　周庄镇，今属昆山，本为荒村，南宋时北人南下侨居，人烟渐密，元末沈万三之父沈祐由南浔徙居于此。周庄以村落而辟为镇，实沈万三父子之功。图为周庄水巷。

280 因寺而兴的甪直　甪直镇位于吴县东部，地处吴淞江要冲，古名甫里。镇东有直港可通六处，故名六直，后谐音称甪直。镇内保圣寺，建于南朝梁代。图为甪直古镇。

281 临江繁荣的鹿苑　鹿苑在张家港中部，原属常熟。相传为吴王夫差养鹿之地，故名。宋代已是临江小镇，地处交通要道，昔有渔港，商市繁荣。镇西北1公里许有古黄泗浦，是唐代鉴真东渡日本起航处。图为鹿苑弘济老街。

282 运河古镇平望　唐开元年间在此建驿站，至北宋熙宁年间已成镇之雏形，南宋建炎年间设巡检司署。街区沿大运河而设，约1公里，两岸邸肆间列，以便行旅，大商巨舶，货物充溢。平望、枫桥是以粮食加工贩运为主的粮食业市镇，且在明末已成为江南粮食集散中心。图为平望跨运河的安民桥。

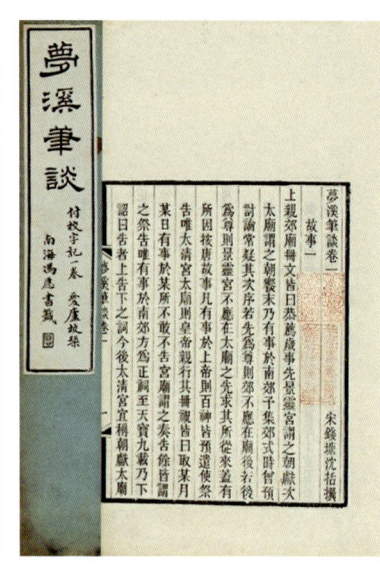

283 科学家沈括　沈括（1031—1095），字存中，原籍杭州，因生母为苏州人，于嘉祐八年（1063）入籍苏州。举进士，历任翰林学士、鄜延路经略使等。沈括博学善文，天文、地理、律历、医药、音乐等无所不通。一生著作达30多种，晚年所作《梦溪笔谈》是中国古代科技史上最重要的著作之一。图为宋学士文正括公像。

284 《梦溪笔谈》　沈括晚年所作《梦溪笔谈》，以大量篇幅记述了当时的政治、军事、法律、人事以及一些传闻轶事、艺文掌故等，对赋役扰民、西北与北方军事利弊及典制礼仪的演变和古代音乐均有详细记载，世人称之为"中国科学史上的里程碑"，也被西方学者称为中国古代的百科全书。

285 水利专家郏亶　宋神宗熙宁三年（1070），昆山进士郏亶（1038—1103），上书建议治理苏州水利，提出浚水、修堤、筑浦、置闸的整体治理方案。后出任司农寺丞，负责兴修两浙水利，著有《吴门水利书》。左图为郏亶像，选自《吴郡名贤图传赞》；右图为郏亶墓。

286 筑至和塘立乙未亭 至和塘，即娄江，经吴县、昆山至太仓浏河入长江。宋至和二年乙未（1055），经疏浚改称至和塘。乙未亭，位于唯亭镇下塘南街，始建于宋至和乙未年，清道光十五年乙未（1835）重建。亭内置有《重建至和塘乙未亭记》，乙未亭碑文是研究吴地水利史的重要资料。

287 运河古纤道 在吴江城南运河西岸，始筑于唐元和五年（810），称松江堤。元至正六年（1346）整修时在堤上覆以巨石，长九里，名"九里石塘"，堤上还有多座纤桥。

288 吴中第一长桥垂虹桥 位于吴江松陵镇，初建于北宋庆历八年（1048），为石墩木桥。南宋毁于兵乱后即予重建，元泰定二年（1325）改建为连拱石桥，共有62孔，桥两端与中间各建亭一座，全长500米。因桥"环如半月，长若垂虹"，故名。毁于1967年，今存东西两端16孔，摄于20世纪30年代。

289 创立海运　连年战乱，导致大运河山东段淤塞。元朝立国后为此开辟了海运，首先通过海道运输漕粮，从苏州刘家港取海道抵达直沽（今天津）。元初海舟巨舰还可经吴淞江、青龙江（今上海青浦附近）取道直抵苏州城东葑门湾停泊。图为海运漕粮船，选自《姑苏繁华图》。

290 朱清与张瑄　元代海运漕粮，其中有朱清和张瑄被朝廷委以重任，侨居太仓负责漕运事务。起初每年运粮至京都4万吨，后增至300万吨。图为朱清和张瑄曾居住过的苏州平江路朱张巷，后讹为邾长巷。

291 造船业　苏州地处水乡泽国，造船业素称发达。隋朝时民间多造3丈以上的大船，宋代朝廷在江南诸州设造船工场，平江府造船场还专门承造八橹战船与四橹海鹘船两种，"八橹"通长8丈，"四橹"通长4.5丈。元代由于海运需要，又开始建造与修理海船。图为太仓半泾湾出土的元代漕运船残骸。

292 太仓"六国码头" 元初太仓还是一个不满
百户的村落，到了元代中叶，苏州的对外贸易
主要通过太仓港（今浏河）进行，从刘家港到
太仓一线成为一港口式城镇，连绵30余里。当
时诸国海船齐集于此，故太仓有"六国码头"
之称，图为浏河古镇。

293 太仓铁锚弄 太仓最早闻名于世的手工业
是造船业和与之相关的冶炼锻造业。图为
武陵桥南堍的铁锚弄旧影，这里是当年锻
制打造船锚的地方。

294 马可·波罗到苏州 元代初年，意大利威尼斯人马可·波罗沿着丝绸之路来到中国，大约在至元
年间后期到了苏州。他说道："苏州城漂亮得惊人，方圆有32公里。居民生产大量的生丝制成的
绸缎，不仅供给自己消费，使人人都穿上绸缎，而且还行销其他市场，他们之中有些人已为富商
大贾。这里人口众多，稠密得令人吃惊。"他还说苏州人"民性善良怯懦，他们只从事工商业，在
这方面的确显得相当能干。如果他们的勇敢和他们的机智一样优越，那么就凭他们众多的人口，
不仅可以征服全省，而且还可以放眼图谋更远的地方"。左图为马可·波罗像，绘于1600年左右；
右图为明仇英《清明上河图》中的苏州街景。

295 设立织造局　宋朝丝织中心随着蚕桑业的重心南移，也从北方移到了江南，尤其是太湖地区已跃居全国首位。宋徽宗时专在苏州设立织造局，用来生产绫、锦、罗等高级丝织品与其他手工艺品，以供皇家消费。元代也在苏州设织染局，丝织品繁多，花样新颖。图为南宋吴地缂丝名家沈子蕃的缂丝《花鸟图》轴，藏于台北故宫博物院。

296 宋代名产苏绣　宋代纺织品名目繁多，色彩艳丽，其中蜀锦与定州缂丝、苏州苏绣一起成为宋代纺织品的三大名产。图为1956年虎丘云岩寺宝塔中发现的宋代绣品残片，藏于苏州博物馆。

297 真珠舍利宝幢　1978年在瑞光塔第三层天宫中发现，宝幢主体用楠木构成，分须弥座、佛宫、刹三个部分。其构思独特，综合了当时木雕、描金、玉雕、穿珠以及金银细工等多种工艺，整个宝幢用了4万余颗珍珠。藏于苏州博物馆。

298 彩绘四天王像 瑞光塔内发现，画于真珠舍利宝幢的木函外壁，为罕见宋画精品。藏于苏州博物馆。

299 宋代泥孩儿 早在宋代，苏州就有泥人生产，《岁时广记》中说"惟苏州极工，为天下第一"。图为1976年镇江五条街出土的宋代苏州泥人，形象活泼，神采如生。藏于镇江博物馆。

300 宋代白玉发冠 此玉冠是官吏的绾发用具，造型似一朵盛开的荷花，反映出宋代玉雕高超的雕琢技艺及别具一格的设计理念，出土于灵岩山毕沅墓。

301　宋元金银器制造　苏州的金属冶炼、制造与加工享有盛名，唐宋时已打破官府对金银业的垄断，民间私营的金银手工业逐步兴盛，并结成行会，同业店铺往往聚于一处，市列为行。朝廷在苏州设有"造作局"，专门打造金银等物。图为1959年出土于虎丘山北的元代宣慰副使吕师孟夫妇墓中的如意纹金盘，藏于南京博物院。

302　银作名匠朱碧山　把酒具制作成槎形，是元代著名银匠朱碧山所创。朱乃嘉兴人，后移居吴县木渎开银作铺。传世作品仅有槎杯一种三件，一件藏于北京故宫博物院，一件在英法联军火烧圆明园时流落海外，还有一件出土于吴县藏书乡社光村。图中此件是唯一出土品，最为可靠，背面槎尾上刻"至正乙酉朱碧山造"，可知此器制于公元1345年。藏于苏州市吴中区文物管理委员会。

303　江南金银器发达　元朝统治者为满足炫耀权势和财富的需要，在以苏州为中心的长江下游地区，大力发展金银器手工业。其加工工艺极为高超，不仅应用广泛，数量巨大，而且形成了一股历代王朝无法比拟的繁盛风气。图为元末张士诚父母墓中出土的女金冠、金镯和银镜架，藏于苏州博物馆。

304 虎丘千人石经幢 宋代以后，随着经济发展，苏州建筑中的许多木构件被石构件取代，由此出现了许多石雕作品，其中不乏精美之作。

305 宝带桥石塔 位于宝带桥北端，建于宋代。石塔高4米，五级八面，每面有佛龛及小佛像，底座正方形，刻海浪云龙纹。

306 双塔浮雕石柱 双塔正殿遗址现存四周石制檐柱，有雕花圆柱、瓜棱柱、八角柱3种，通体浮雕纹饰，为宋代建筑石雕艺术精品。

307 镇湖万佛石塔 位于镇湖西京村，濒临太湖，始建于南宋绍兴年间，元大德十年（1306）由高僧昕日重修。塔由石块垒成，高11.4米，在1.7米的须弥座上环筑10层武康石，浮雕高不足5厘米的小佛像，每排180尊，60排，共万余尊，故名万佛宝塔。

308 玄妙观石栏 玄妙观五代"钉钉石栏杆"，是现存年代最久，纹饰多而精美的石栏杆，栏板下部的人物浮雕依旧清晰传神。

309 寿星桥 江南水乡桥梁众多，唐代桥梁大多用木材，至宋代桥梁发展进入全盛时期，造桥技术日臻完善，木桥逐步被石桥代替。图为官太尉河上的宋代寿星桥。

310 永宁桥 位于娄门外，始建于北宋崇宁初年，明弘治十一年（1498）重建。然如此古桥，2008年被拆除。摄于20世纪80年代。

311 觅渡桥 位于葑门外，跨京杭运河，始建于元大德二年（1298）。摄于20世纪30年代。

312 **吴江香花桥**　位于吴江八都南港村，建于南宋。三孔梁式结构，长16.1米，宽2.09米。桥外侧凿成弧形，稳厚又显逸秀。

313 **吴江东庙桥**　位于吴江七都东庙桥村，建于南宋绍兴年间，梁式三孔，长21.5米，宽2.1米。桥上雕刻如意云图案，颇为精致。

314 **太仓"海门第一桥"**　太仓有5座元代石桥被列为省级文保单位，其中坐落于东门城河上的周泾桥号称"海门第一桥"。建于至顺元年（1330），桥长17米，3孔。太仓古桥，见证着元代以来海运的发展和古港的兴盛。

315 **浒关众缘桥**　位于浒墅关青灯村，建于宋代。由一块长4.88米、宽0.9米、高0.5米的整块武康石建造而成。

316 光福寺桥　位于光福铜观音寺前，始建于宋代，为武康石单孔平桥。宽2.44米，长16.55米，跨上下街，雕凿有双龙戏珠和卐字纹饰。

317 虎丘"断梁殿"　即虎丘云岩寺二山门，建于元至元四年（1338），其建筑继承宋式，斗拱雄伟，翼角飞翘，庄重优美。内部梁架分配承袭宋《营造法式》，脊梁中分，由左右二段接合，形似"断裂"，因此俗称"断梁殿"。

■ 第三节 五代宋元时期 文化

　　自范仲淹创办府学之后，县学、书院纷纷设立，崇文重教成为苏州风气。教育的发达带来了学术的进展，朱长文撰写《吴郡图经续记》，记录了不少宋代史料；而以范成大《吴郡志》为代表的方志编写，是最为突出的史学成就。文学则以诗词、散文见长，范仲淹、范成大、叶梦得、顾瑛等本土作家大量涌现。黄公望以绘画为元四大家之一。入籍苏州的沈括晚年所作《梦溪笔谈》，是中国古代科技史上最重要的著作之一。郏亶著《吴门水利书》，葛乾孙有《十药神书》传世，令科技也呈兴盛之貌。《天文图》《地理图》《平江图》等宋碑的出现，就体现了这一时期苏州的科技水平。以桥、塔、园林为标志的建筑艺术，也名闻中外。

319 范仲淹庆历兴学　　宋仁宗庆历三年（1043），范仲淹将教育改革主张上书朝廷，揭开了庆历兴学的序幕。其措施主要有：一、诏令州县兴学；二、振兴太学；三、改革科举考试方法。庆历兴学激发起地方办学的热潮，自此全国州县办学成为常态，其传统一直延续至今。图为苏州府学泮宫牌坊。

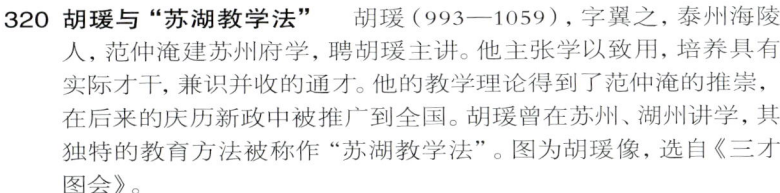

318 范仲淹创办府学　　宋景祐二年（1035），范仲淹任苏州知州后的第二年，将已购拟作私宅的钱氏南园之地捐建州（府）学，初创时规模较小，后经历代扩建，至明清时规模宏大，号称"东南学宫之首"。图为明人绘范仲淹像，藏于南京博物院。

像之翼胡

320 胡瑗与"苏湖教学法"　　胡瑗（993—1059），字翼之，泰州海陵人，范仲淹建苏州府学，聘胡瑗主讲。他主张学以致用，培养具有实际才干，兼识并收的通才。他的教学理论得到了范仲淹的推崇，在后来的庆历新政中被推广到全国。胡瑗曾在苏州、湖州讲学，其独特的教育方法被称作"苏湖教学法"。图为胡瑗像，选自《三才图会》。

321　吴郡登科题名碑　碑上刻有北宋端拱元年（988）至南宋绍兴十五年（1145）总计462名的苏州进士题名。其中有丁谓、范仲淹、元绛、范成大、郑戬、李弥大、沈括、程师孟、蒋堂、叶梦得、叶清臣等，藏于苏州文庙。

322　文庙府学合而为一　范仲淹在创办府学之初，即已形成了"左庙右学，前有泮池，旁有斋室"的建筑格局。庆历四年（1044），宋仁宗听取范仲淹建言，诏"天下皆立学"，并把"左庙右学"和"庙学合一"作为定例。金兵南侵，苏州府学被毁，绍兴十一年（1141）重建，增建大成殿，殿宽7间，规模仅次于玄妙观三清殿。图为重建于明成化十年（1474）的文庙大成殿。

323　长洲文庙　创立于南宋咸淳元年（1265），元明几经重修，此即所谓旧学，址在旧学前。明嘉靖二十年（1541）迁现址，即新学前。清雍正三年（1725）后为长洲、元和二县县学。1992年该处并入干将路，现存县学大成殿重建于清光绪年间。

324 太仓建学宫 元延祐二年（1315），太仓地方即建有学宫，后为孔庙。明代时"学宫巢鹳"是太仓十景之一。图为太仓文庙旧影，摄于20世纪50年代。

325 吴江文庙 在松陵镇东门外，为历代祭孔所在地，宋绍兴年间始建，图为大成殿和崇圣祠。

326 常熟文庙 常熟文庙（县学）址在今学前街，北宋至和年间设立，此为常熟设学之最早记载。图为常熟文庙（县学）。

327 宋人科举考试　苏州经济富庶，社会安定，教育兴盛，促进了科举的发达。唐代苏州中进士者达73名，宋时高达707人。苏州在唐宋时期为国家输送了众多人才，如唐代陆扆官至宰相，北宋丁谓任中书门下平章事，南宋卫泾和范成大官至参知政事（副宰相）。图为苏州府学泮池。

328 "潮至唯亭出状元"　史载，唯亭至宋绍兴中始有潮汐，宋淳熙初忽有大潮过唯亭。有道人云游到此，曾谶云"潮至唯亭出状元"。淳熙十一年（1184），果然有昆山石浦人卫泾状元及第，乡人便将唯亭镇上塘东街原章家桥改名为状元泾桥。左图为卫泾像，选自《吴郡名贤图传赞》；右图为状元泾桥，2005年因建至和塘大桥而拆除。

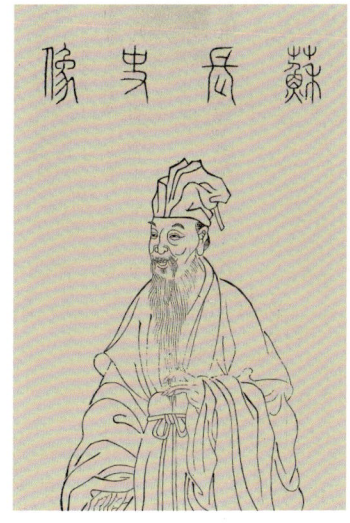

329 苏舜钦与沧浪亭 北宋庆历四年（1044），诗人苏舜钦（字子美）因遭贬谪流寓吴中，遂以四万钱购得五代广陵王钱元璙南园池馆旧址，傍水构亭，名"沧浪"，并作《沧浪亭记》，园名因而大著。左图为苏舜钦像，选自《吴郡名贤图传赞》；右图为《沧浪图》卷，清陈敏绘。

330 梅尧臣寓苏 梅尧臣（1002—1060），北宋诗人，字圣俞，安徽宣城人。在北宋诗文革新运动中，他与欧阳修、苏舜钦齐名，并称"梅欧"或"苏梅"。苏舜钦建沧浪亭，时梅尧臣亦卜筑于沧浪亭西，"两公朝夕往还，酌酒赋诗，相得甚欢"。后人将梅尧臣所居之处以梅家桥和梅家桥弄名之。左图为梅尧臣像，选自《历代名人像赞》。

331 梅家桥旧址 今新市路西段原名梅家桥弄，梅家桥则位于西大街45号与46号之间。桥于1983年拆除，图中近处即旧时梅家桥所在地，摄于1996年。

332 "不到虎丘，即到阊丘"　苏东坡被贬黄州团练副使时，与黄州太守阊丘孝终交往甚密，友谊深厚。后阊丘辞官回苏，居阊丘坊，苏东坡亦常去探视，并云："苏州有两丘，不到虎丘，即到阊丘。"此话流传后世，遂变成了"到苏州不游虎丘，乃憾事也"。图为苏东坡像，选自《历代名臣像解》。

333 苏东坡与苏州　苏东坡虽未任官苏州，却与苏州颇有缘分。他与定慧寺住持僧定钦友好，往来必寄寓寺中，轼贬谪惠州，定钦遣徒卓契顺携带其长子苏迈书信，长途跋涉至惠州探视。苏轼和诗八首答谢，又书陶渊明《归去来辞》回赠。清道光年间林则徐、李彦章等于寺北倡建苏公祠。图为定慧寺大殿，摄于1998年。

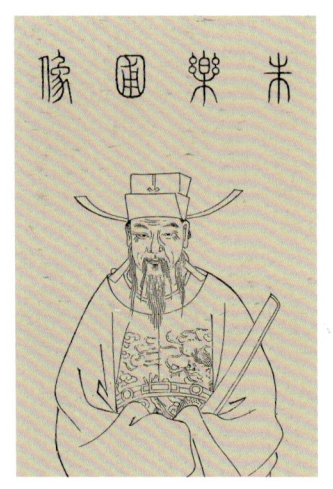

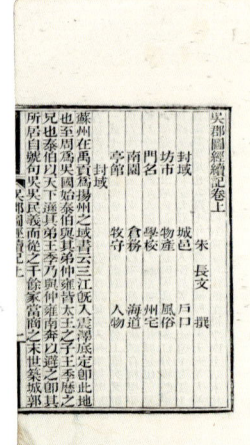

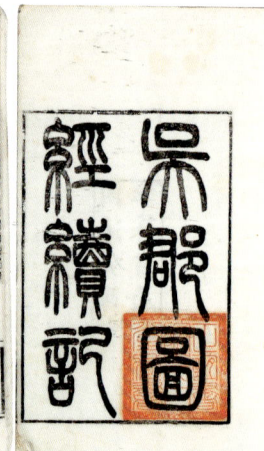

334 朱长文与《吴郡图经续记》　朱长文（1039—1098），字伯原，自号潜溪隐夫，苏州人。《吴郡图经续记》是继李宗谔的《图经》之后应地方官邀请撰写，该书内容丰富，凡城邑、户口、坊市、物产、风俗、园林、寺观、山水、桥梁、碑记等无不罗列，旁征博引，给后人留下了不少宋代史料。左图为朱长文像，选自《吴郡名贤图传赞》；右图为《吴郡图经续记》书影。

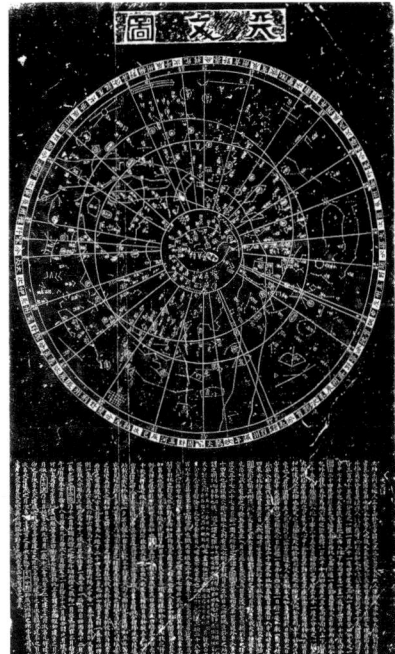

335 宋刻《天文图》 宋代有不少科学成果在世界上处于领先地位，天文学便是其中之一。中国科学家早在11世纪就知晓了1 500颗恒星，并做了精确定位，而欧洲直到此后的300年还远未达到这样的成果。左图为藏于苏州文庙的石刻《天文图》，南宋绍熙元年（1190）黄裳绘制，淳祐七年（1247）王致远立石。上半部为星象，下半部为文字说明。这是世界上最古老的石刻星图之一，也是天文教学的实物模型。

336 宋刻《地理图》 中图是文庙内保存的石刻《地理图》，共绘当时中国山脉120多条，长江、黄河、珠江等江河60多条，以及全国各级路、府、州、县的方位，反映了地图学上的成就。刻图的目的在于"思祖宗境土半陷于异域而未归"，具有爱国主义教育的意味。南宋绍熙元年（1190）黄裳绘制，淳祐七年（1247）王致远立石。

337 宋刻《帝王绍运图》 右图是一幅我国3 300余年历代帝王世系图表，所谓"绍运"，即上承下继之意。此图表下文字概述历代治乱之道。这种历史沿世图表的形式，至今仍在沿用。南宋绍熙元年（1190）黄裳绘制，淳祐七年（1247）王致远立石，碑藏于苏州文庙。

133

338　"月儿弯弯照九州"　　"月儿弯弯照九州，几家欢乐几家愁。几家夫妇同罗帐，几家飘零在外头？"这是一首流行于江南的吴歌，出自南宋高宗建炎年间，述金兵南侵，民间所遭受的离乱之苦。图为《招仙图》卷，明张灵绘，画中虽然是皓月当空，可晚风袭起的寒意，烘托了女子寂寞萧索的氛围，使之与那首吴歌有了异曲同工的凄凉之感。藏于故宫博物院。

339　诗词横塘　　横塘，春秋时为吴越征战的疆场。自南宋范成大晚年退居石湖，写下了"年年送客横塘路"之后，横塘之名就不断出现在诗词之中。范成大、杨万里、姜夔、贺铸以及元明时代的郑元祐、吴宽、沈周、高启、文徵明、唐寅等都有诗作问世，石湖与横塘俨然成了文人聚会、诗词咏吟的胜地。图为石湖山水，摄于20世纪50年代。

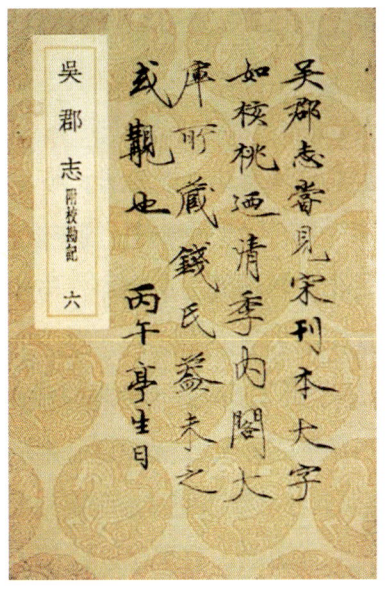

341 地方志定型之作《吴郡志》 范成大晚年作《吴郡志》，该志是宋代方志体例定型化的代表作，对后世修志有很大影响。《四库》馆臣称其"征引浩博，而叙述简赅，为地方志之善本"。该志对研究苏州的历史、经济、文化均有重要价值，图为民国版《吴郡志》书影。

340 石湖居士范成大 范成大（1126—1193），字致能，号石湖居士，吴县（今江苏苏州）人，曾出使金朝，不辱使命而归。淳熙五年（1178）为参知政事、资政殿大学士，因与孝宗意见相左，任职两月即去职。晚年隐居石湖，其以反映农村社会生活内容的诗文作品成就最高，自成一家，与尤袤、杨万里、陆游齐名，共称"中兴四大诗人"，"南宋四大家"之一。图为范成大像，选自《历代名臣像解》。

342 "几时真有六军来" 绍兴年间，范成大以资政殿大学士身份出使金国，为改变接纳金国诏书礼仪和索取河南"陵寝"地事，在金主面前不畏强暴，慷慨抗节，几近被杀，不辱使命而归，维护了宋廷的威仪，为朝野所称道。使金途中所作绝句："州桥南北是天街，父老年年等驾回。忍泪失声询使者，几时真有六军来？"刻画了沦陷地百姓盼望官军收复失地的强烈愿望，读来荡气回肠，让人潸然泪下。图为石湖范文穆公祠。

343 贺铸作《青玉案》　贺铸（1052—1125），北宋词人，字方回，卫州（今河南汲县）人。他是唐代贺知章的后裔，晚年退居苏州横塘，后定居城内昇平桥企鸿轩。他的那首《青玉案》"凌波不过横塘路"，描写的便是横塘。其末尾道："飞云冉冉蘅皋暮，彩笔新题断肠句，试问闲情都几许？一川烟草，满城风絮，梅子黄时雨。"像选自《于越先贤像传赞》，清任熊绘。

344 "重过阊门万事非"　贺铸夫人姓赵，夫妻感情深厚，然早于他20多年去世，贺铸为此哀痛欲绝，在苏州写下了千古绝唱《鹧鸪天》："重过阊门万事非，同来何事不同归？梧桐半死清霜后，头白鸳鸯失伴飞。原上草，露初晞。旧栖新垅两依依。空床卧听南窗雨，谁复挑灯夜补衣！"图为阊门城楼。

345 吴文英灵岩怀古　吴文英（约1212—1260），号梦窗，四明（今浙江宁波）人。南宋诗人，长期居住苏州、杭州等地。30岁时在苏州登灵岩，写下千古名作《八声甘州》。其后半阕曰："宫里吴王沉醉，倩五湖倦客，独钓醒醒。问苍波无语，华发奈山青。水涵空、阑干高处，送乱鸦、斜日落渔汀。连呼酒，上琴台去，秋与云平。"图为灵岩山琴台，摄于20世纪50年代。

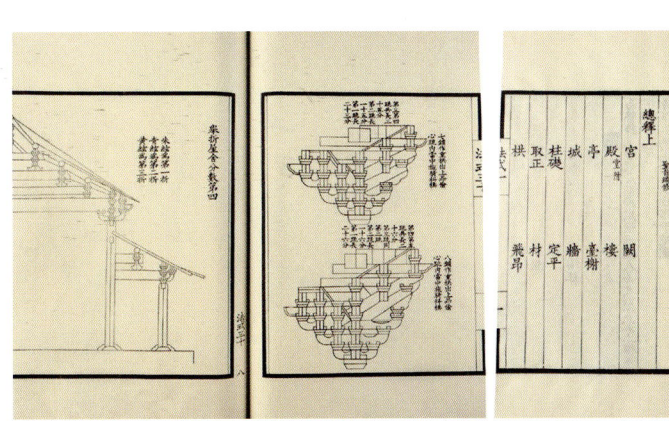

346 姜夔流落江南　　姜夔（1155—1221），字白石道人，饶州鄱阳人，南宋后期词人、诗人。早岁孤贫，中年之后踪迹不出太湖流域。其著名词作《点绛唇》，是宋孝宗淳熙十四年（1187），姜夔自湖州往苏州见范成大途经吴淞时所作，云："燕雁无心，太湖西畔随云去。数峰清苦，商略黄昏雨。第四桥边，拟共天随住。今何许？凭阑怀古，残柳参差舞。"图像选自《中国历代名人画像谱》。

347 名诗《过垂虹》　　"自作新词韵最娇，小红低唱我吹箫。曲终过尽松陵路，回首烟波十四桥。"宋光宗绍熙二年（1191）除夕，姜夔由石湖范成大家乘船归湖州，路过吴江垂虹桥时创作此诗。诗中小红乃范成大家妓，因姜夔是当时不可多得的作曲家，而小红也善乐艺，故范将小红赠之。两人一路弄曲吹箫，曲终回首，松陵已远，恍如仙境。图为《垂虹亭图》卷，明文嘉绘，藏于苏州博物馆。

348 王晚重刊《营造法式》　该书是北宋官方颁布的一部建筑、设计、施工的规范书，也是我国古代最完整的建筑技术宝典，崇宁四年（1105）刊印于开封府。绍兴十五年（1145），秦桧妻弟、平江知府王晚在重建苏州城时重刊《营造法式》。后世的各种抄本、版本全部来源于绍兴本，该书得以传世，王晚功不可没。

元高士黄公望
少挚神童博综群艺善写山水法蒙
通繇
乙卯人日陵学王鉴录立百名贤图音唐千

349 元四家之冠黄公望 黄公望、倪瓒、王蒙和吴镇被称为"元四家",他们都是元代中后期生活在江浙一带卓有成就的文人画家。四家中以常熟人黄公望(1269—1354)最年长,成就最高,对后世,特别是明清文人画影响最大,被称为"元四家之冠"。图为黄公望像,清王鉴绘。

350 传奇的《富春山居图》 《富春山居图》是黄公望的代表作,被称为"中国十大传世名画"之一。明末传到收藏家吴洪裕手中,吴极为喜爱,临死前甚至下令将此画焚烧殉葬,被吴的侄子从火中救出。但此画已被烧成一大一小两段,较长的后段现藏于台北故宫博物院。图为前段《剩山图》,现藏于浙江省博物馆。

351 紫金庵 在东山西卯坞,明郑杰《洞庭纪实》载:"昔有胡僧沙利各达耶于此结庵修道,玄宗时诏复修殿宇,装金佛像,焕然重新焉。"现庵内尚有碑刻"唐示寂本庵开山和尚诸位觉灵之墓"。庵内现存唐塑观音和宋塑罗汉像。

352 紫金庵塑像 紫金庵佛坛十八罗汉像左右分列,系南宋雕塑名家雷潮夫妇所作。塑像具有西域民族丰额高鼻、粗眉大眼的特点,各有传神之妙。

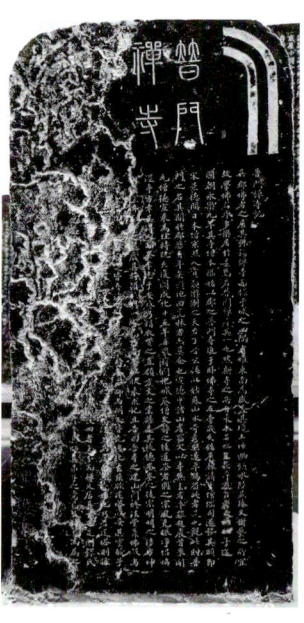

353 绍隆驻虎丘　南宋临济宗十二祖绍隆禅师卓锡虎丘讲经，元代之后此派传入日本，称虎丘派。日本禅宗四十六派中，出于绍隆者三十六。绍隆骨塔建于虎丘东山浜，明末重修，毁于"文化大革命"期间。图为绍隆禅师像，清苏州玛瑙经房刊《佛祖道影》。

354 日僧寂照居留吴门　宋景德中日本僧人寂照来京师朝贡，愿留中国。苏州人丁谓（时为三司使，后为丞相）曾言"姑苏山水奇秀"。寂照愿居吴门，卓锡普门禅院（在报恩寺旁），直至圆寂。图为《普门禅寺碑记》。

355 碛砂大藏经　北宋时期，苏州是全国刻书中心，南宋时苏州印刷业又有较大发展。平江府陈湖（今苏州澄湖）延圣禅院（后改名为碛砂禅寺）在南宋绍定四年（1231）至元至治二年（1322）间刻成《碛砂藏经》6362卷。《碛砂藏经》是全面、系统的佛教经典汇编，在中国佛教史上占有至关重要的地位，为宋刻八部大藏经之一。图为《碛砂藏经》卷首图。

356 重建三清殿 玄妙观创建于西晋咸宁二年（276），南宋建炎四年（1130）金兵掠平江，观毁。南宋初经过历任知府相继重建，"雄杰甲于浙右"。图为南宋巨构三清殿。

357 寂鉴寺 位于藏书镇天池山，寺址原为六朝刘宋会稽太守张裕弘私第。元至正十七年（1357）创建寂鉴禅庵。图为寂鉴寺石屋，是江苏省唯一的元代石构仿木建筑。

358 轩辕宫正殿 位于东山镇杨湾村，创建于唐贞观二年（628），初祀伍子胥。民国时期正殿改祀东岳大帝，殿名改为轩辕宫。正殿建筑年代陈从周考证为元至元四年（1338），现殿内构件大多为元代遗构。

359 碎而又合的花山大佛 花山（又称华山）大接引佛像，高约9米，为吴中第一大佛。元代至正年间，选取整块山崖刻凿而成，体魄浑厚，法相庄严。"文化大革命"期间被炸成四块，后经花山景区陈惠中修复。图为20世纪50年代和2012年所摄的两幅大佛照片。

360 玄妙观元塑 正山门左右两侧分列有"辟非""禁坛"两将军，及"马、赵、温、王"四大天王塑像，系元代作品，"文化大革命""破四旧"时被毁。图为"辟非""禁坛"两将军塑像，摄于20世纪50年代。

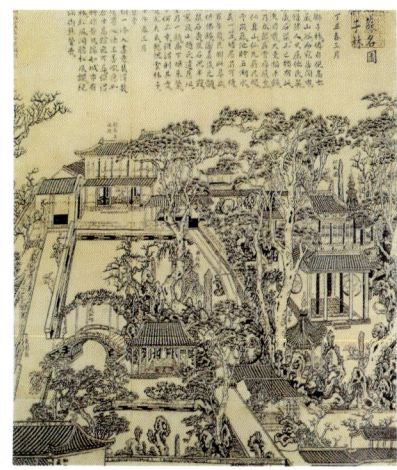

361 天如禅师筑狮子林 宋徽宗时太湖石被搜罗运送汴京，适金兵入汴，部分异石散置此处。元至正二年（1342），天如禅师惟则在苏弟子买其地，结屋为天如居。惟则好聚奇石，有状如狮子者，且因惟则师倡道于天目山狮子岩，又取佛经中佛陀说法称"狮子吼"，故名狮子林。左图为天如惟则像，清苏州玛瑙经房刊《佛祖道影》；右图为作于清乾隆年间的狮子林图。

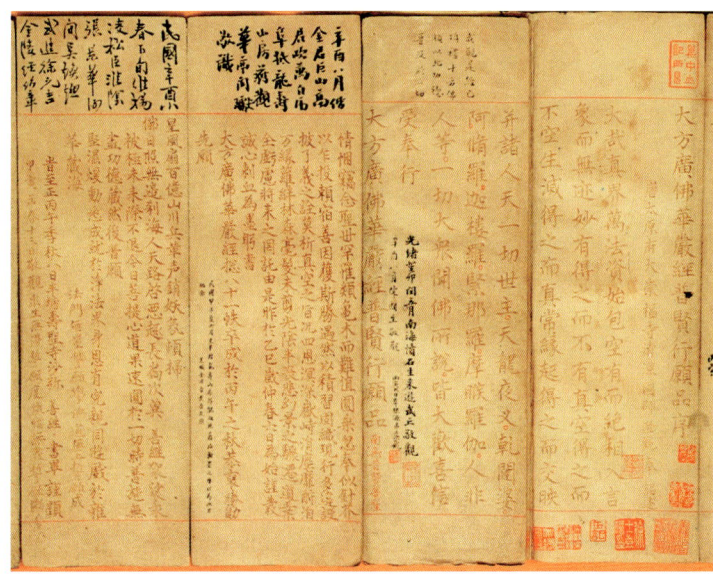

362 元僧善继血书《华严经》 元至正二十五年（1365），释善继所书血经《大方广佛华严经》共80卷，系其从十指端刺出鲜血，盛于清净器中，养以温火，澄去血液，取其真纯，蘸以霜毫，笃志缮写，以报佛恩，藏于半塘寺寿圣教寺（又名龙寿山房）。此血经曾有400多位名家为其题跋，如宋濂、毛晋、归庄、宋荦、曹寅、钱大昕、潘奕隽、石韫玉、黄丕烈、韩崇、翁同龢和康有为等，实为世所罕见。左图为善继禅师像，清苏州玛瑙经房刊《佛祖道影》；右图为血书《华严经》，今藏于西园寺。

第五章　明代时期

公元1368年—1644年

　　明代初年，朱元璋打击豪强，迁徙富户，将民田抄没为官田，同时课以重赋，吴民深受其患，江南经济萧条，社会动荡不安。宣德年间，朝廷知其弊端，委派周忱、况钟在江南对洪武模式进行了重大改革，苏州社会经济文化全面繁荣，百业兴旺，尤其是丝绸行业形成的"机户出资，机工出力"的商品货币关系，苏州成为全国最早出现资本主义生产经营方式的地区之一。在吴商走天涯的同时，各地商贾纷纷来苏经营，苏州又是全国财货集散、转运和信息交流的中心。此外苏州的吴门画派、吴门书派和文学、昆曲以及建筑技艺、造园艺术、手工业等也都出类拔萃，其间出现的著名人物恰如群星璀璨，在中国文化艺术的天空中闪耀。

第一节　明代时期　政治

　　明初朱元璋整顿吏治,其残忍程度千古未有,苏州深受其患。朝廷借打击豪强地主,强迁苏州府人户去凤阳、淮扬等地。同时还强征重赋,社会由此动荡不安。直至60年后的宣德年间,明宣宗派遣周忱、况钟赴苏履任,调整洪武模式,清理赋税,减轻负担,安抚民众,苏州才得以休养生息,为明代中后期的繁荣昌盛奠定了基础。然而自嘉靖年起倭寇入侵,又极大地破坏了社会安定。此时朝政混乱,官吏腐败,朝廷又加强了经济掠夺,引起尖锐的社会矛盾,苏州出现了"五人义"和葛成领导的市民抗暴斗争。文人学士则成立复社,积极参与政治活动。

363 阊门洪武赶散　朱元璋攻下苏州后,不惜采用各种手段,强迁苏州、松江、嘉兴、湖州和杭州等江南诸府人口40万,填充安徽凤阳和苏北淮扬等地,民间称之为"洪武赶散"。由于当年的移民都集中到苏州,从阊门码头启程迁往各地,故阊门日后便成为中国仅次于山西洪洞县大槐树之后的第二个寻根之地。图为"阊门寻根纪念碑"。

364 吏治严酷　明代建立后,朱元璋立严刑,置酷法,整肃吏治,其残忍程度实千古未有。时每个州县都建有皮场庙,并制定严酷的"剥皮楦草"刑罚,将贪官剥皮塞草,摆放在公堂内以作警示。图中远处石柱即为盛家浜皮场庙牌坊遗址。

365 知府被杀、被谪、被逮　明初官员都被严密监督，稍涉贪腐或偶有过失即被严处。洪武年间苏州知府30人，其中被谪、被逮和去职者半数以上。知府金炯想均平官民田税，引起朱元璋不满，遭诛杀；有姑苏贤太守之称的知府魏观，则因重建被张士诚焚毁的子城建筑而被杀。图为自魏观死后荒废的子城遗址王废基，摄于1928年。

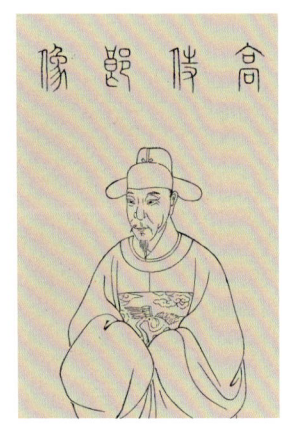

366 诛杀高启　高启（1336—1374），字季迪，周仲达婿。明初，朱元璋专制淫威渗透到思想文化领域，实行文化高压政策。明初，"吴中四杰"之一的苏州诗人高启因苏州知府魏观在张士诚王府旧址构造府署所作《上梁文》中有"龙盘虎踞"的赞语触犯朱元璋忌讳，受到腰斩极刑。左图为高启像，选自《吴郡名贤图传赞》；右图为明代酷刑画面《死刑施行图》，选自《话说中国》。

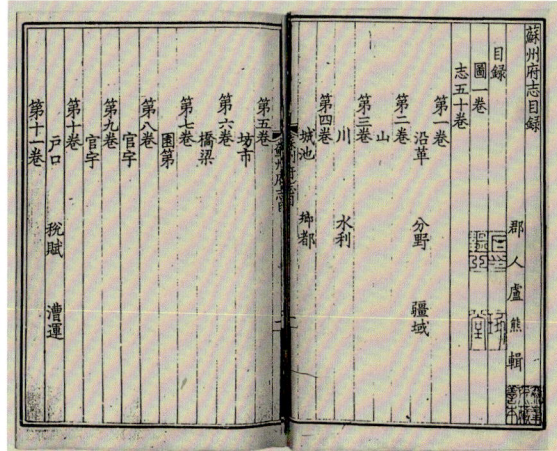

367 因一字而丢了性命的卢熊 卢熊（1331—1380），字公武，昆山人。任吴县教谕时所辑《苏州府志》后成为苏州名志。后因人品和才学，被吏部推荐至山东兖州当知州，然因朱元璋所授官印将"兖"误作"衮"，卢熊上书更正，朱元璋大为恼火，即借故将其斩首。左图为卢熊像，选自《吴郡名贤图传赞》；右图为《苏州府志》书影。

368 因富而流放的沈万三 沈万三，名富，字仲荣，世称万三，昆山周庄人，具有理财天赋。其巨大的财富主要来源于海外贸易。沈家常"由海道运米去燕京，获利无数"，"赀巨万万，田产遍天下"，为"江南第一富家"。朱元璋为了子孙江山稳定，在滥杀功臣的同时，打击富户，掠夺民间财产。苏州富户豪强纷纷被牵入政治大案，遭到毁灭性的打击。洪武初"征取天下富户，以苏州沈万三为首"，沈家祖孙四代，被三次抄家、斩杀，直至倾家荡产，家破人亡，沈万三则被流放云南等地。图为位于贵州安顺屯堡的沈万三故居。

369 永乐心腹谋臣姚广孝　姚广孝（1335—1418），幼名天僖，长洲（今江苏苏州）湘城人。14岁为僧，法名道衍。洪武年间随燕王赴京，成为朱棣心腹谋臣。建文帝即位，决意削藩。燕王与道衍密谋举兵"靖难"，挥戈南下攻取南京。朱棣夺得皇位，改号永乐。道衍论功第一，赐名广孝，拜太子少师。左图为《姚广孝像》轴，藏于故宫博物院；右图为北京房山姚广孝灵骨塔。

370 湘城灵应观　始建于宋咸淳二年（1266），明洪武初归苏州玄妙观管理，住持席应真。时妙智庵小和尚道衍（姚广孝）拜席为师，成为精通佛、道、儒和兵法的高僧，后辅助燕王朱棣夺得皇位。

371 永乐御祭姚广孝　永乐十六年（1418）三月，姚广孝去北京朝见皇帝，二十八日病逝于庆寿寺，终年84岁。皇帝为之辍朝三日，亲自治丧，并追封荣国公，谥"恭靖"，赐葬京郊房山东北（今崇各庄乡长寺村），建九层骨塔。图为位于湘城妙智庵内的永乐皇帝御祭文碑。

372 郑和刘家港七下西洋 明永乐时国家强盛，明成祖主张"内安诸夏，外抚四夷"，命郑和为钦差正使宣慰各国，起航出使西洋。自永乐三年（1405）起至宣德五年（1430），郑和七次从太仓刘家港起航。图为太仓浮桥镇郑和公园内的郑和雕像与"宝船"，选自《苏州地理》。

373 航海家费信 费信（1388—？），字公晓，祖籍昆山。通晓阿拉伯语，信奉伊斯兰教，随郑和五次下西洋，负责翻译和外交工作，历时25年。他将各地的地理位置、山川物候、民俗风情著成《星槎胜览》，此书成为后人研究15世纪初亚非各国基本情况和中西交通关系的珍贵史料。图为费信著《星槎胜览》书影。

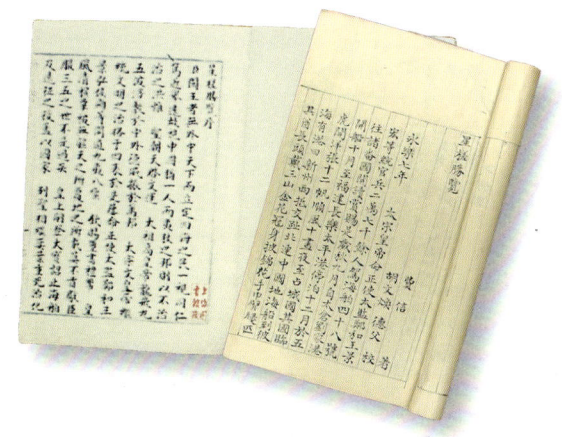

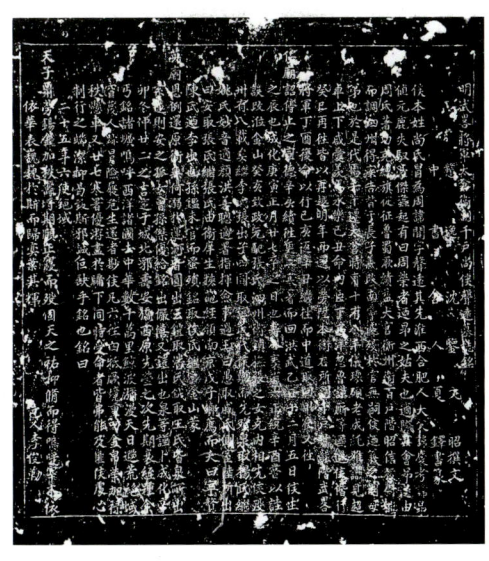

374 跟随郑和下西洋的苏州人 刘家港所在的太仓州和苏州府，历来为经济发达、文化昌盛之邦，它拥有远洋所需的各种人才，比如有熟悉夷情、懂得番语的昆山人费信，有太仓卫右所副千户周闻、太仓卫百户刘兴，随船的医士则有苏州的陈良绍、太仓的郁震和常熟的匡愚等人。其中匡愚为常熟惠民局医士，随郑和三下西洋，归途中曾访问了三佛齐，绘岛屿图，成《华夷胜览》一书。图为六次跟随郑和下西洋，因功擢升为太仓卫右所副千户周闻的墓志铭。

375 蒯祥与北京宫殿　蒯祥（1398—1481），字廷瑞，吴县（今江苏苏州）香山人，出身木匠世家。永乐十五年（1417），参加北京宫殿的设计和建筑，被任命为"营缮所丞"。正统年间负责重建皇宫三大殿及文武诸司，擢工部侍郎，被誉为"蒯鲁班"。图为北京紫禁城的设计图，上绘有蒯祥像，图载于《话说中国》。

376 "蒯鲁班"故居地　蒯祥建筑技艺高超绝伦，因此迁工部侍郎，授二品官，食从一品俸，永乐帝则称他为"蒯鲁班"。他将苏州陆墓御窑金砖和苏式彩绘等引入皇宫建筑，使整个建筑气势宏伟壮观，色彩绚丽多彩。上图为位于胥口镇渔帆村的蒯祥故居地建筑；下图为蒯祥墓园。

377 出任朝廷首辅的苏州人 明代朱元璋为加强中央集权，废丞相，罢中书省，仿宋朝制度设立大学士。明中期后大学士成实际宰相，为"辅臣"，首席大学士为"首辅"。明代出任首辅的苏州人有徐有贞（5个月，吴县人）、申时行（9年，长洲人）、王锡爵（2年，太仓人）、顾鼎臣（1个月，昆山人）、顾秉谦（2年，昆山人，因率先趋附魏忠贤，被人称为"庸劣无耻"，是一个遭人鄙视和唾骂的首辅）、周道登（半年，吴江人，宋朝理学鼻祖周敦颐后裔）、瞿式耜（南明，2个月，常熟人）。图为故宫俯瞰图，选自《清史图典》。

378 首辅申时行 申时行（1535—1614），字汝默，号瑶泉，吴县（今江苏苏州）人，嘉靖四十一年（1562）状元。万历十一年（1583）成为内阁首辅后政务宽大，能容纳人，世称长者。左图为明人绘《申时行小像》；右图为位于马医科的申时行祠，祠前牌楼于1978年移至北塔报恩寺前。

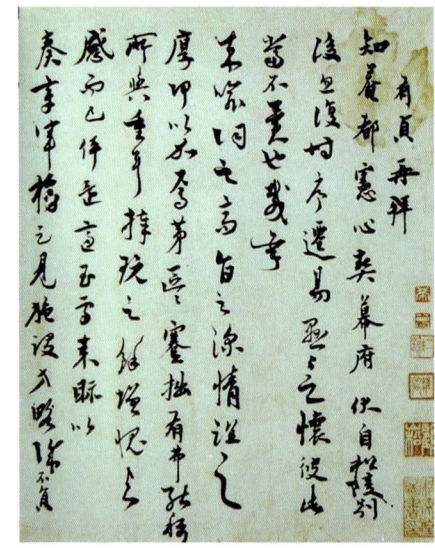

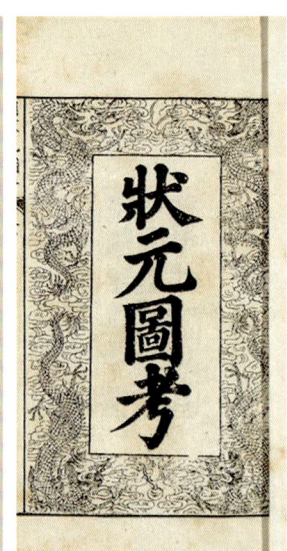

379 徐有贞助英宗复辟

徐有贞（1407—1472），字元玉，号天全翁，吴县（今江苏苏州）人。正统十四年（1449），英宗在"土木之战"中被蒙古人俘虏，后放回。徐因拥戴英宗复辟有功，升兵部尚书，得英宗倾心委任，独揽朝中大权，诬杀名臣于谦。然他才华也绝世，凡天文、地理、兵法、水利、阴阳、方术等无不谙究。并工书法，擅山水，名重当时，曾提携过吴宽、祝允明。图为徐有贞书法。

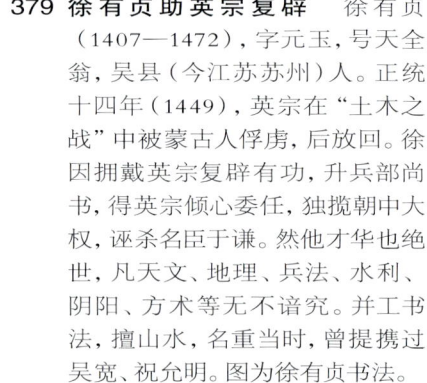

380 惠及家乡的顾鼎臣

顾鼎臣（1473—1540），字九和，昆山人。弘治十八年（1505）状元，后以礼部尚书兼文渊阁大学士入参机务。其在任上作为虽不多，但对东南税赋之重能如实上疏，并提出免税减税建议，为帝所允。他还亲自撰写"昆山修筑砖石城墙"的奏折，被获准建造。后又带头捐金，筑城以抵抗倭寇。告老还乡后继续仗义执言，为民解难。左图为顾鼎臣像，选自《吴郡名贤图传赞》；右图为顾鼎臣、顾祖训编《状元图考》书影，光绪九年（1883）印本。

381 性格刚直的王锡爵

王锡爵（1534—1611），字元驭，号荆石，太仓人，北宋真宗时宰相王旦后裔。嘉靖四十一年（1562）会试第一，廷试第二。万历十二年（1584）为礼部尚书兼文渊阁大学士，成为宰辅。他上书万历帝，疏远谄媚之臣，禁止钻营求官，戒除虚浮，节约开支，广开言路，这些意见均被采纳，并受到神宗褒奖。他在减轻云南贡金和赈济河南饥荒等方面皆有施行。图为万历年佚名绘《王锡爵像》轴，选自《明清肖像画》，藏于故宫博物院。

382 苏州"五同"在京雅集　图描绘了明弘治年间五位苏州籍高官在北京的雅集活动，绘画者为浙江人丁彩。所谓"五同"，即同时、同乡、同朝、同志、同道。图中官员（从右至左）依次为：吴宽、李杰、陈璚、王鏊、吴洪。图选自《明清肖像画》，藏于故宫博物院。

礼部尚书 吴宽

吴宽（1435—1504），字原博，号匏庵，长洲（今江苏苏州）人。成化八年（1472）状元，会试、廷试皆第一，授修撰。历宪宗、孝宗、武宗三朝，弘治十六年（1503）升礼部尚书，翌年卒于任，谥文定。《明诗评》说："文定力扫浮靡，一归雅淡，诗如杨柳受风，熙然不冽。"

礼部侍郎 李杰

李杰（1443—1518），字世贤，号石城雪樵，常熟人。成化二年（1466）进士，后官至礼部尚书。

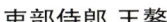

南京副都御史 陈璚

陈璚（1440—1506），字玉汝，号成斋，长洲（今江苏苏州）人。成化十四年（1478）进士，历官庶吉士、给事中、南京左副都御史等，博学工诗，曾与杜琼、陈顼等合纂府志，有《成斋集》。

吏部侍郎 王鏊

王鏊（1450—1524），字济之，号守溪，吴县（今江苏苏州）人。成化十一年（1475）进士。官至吏部左侍郎，入阁参与机务，晋户部尚书，迁文渊阁大学士。后归籍，致力于地方文献著述，编有《姑苏志》，著有《震泽集》等。

太仆寺卿 吴洪

吴洪（1448—1525），字禹畴，号立斋，吴江（今江苏苏州）人。成化十一年（1475）进士，历任广东副使、福建按察使等，正德年间官至南京刑部尚书，不顺从操纵朝政的太监刘瑾，后人称赞其："职司嘉石，威慑中宫。严以持法，奸人胆寒。"

383 周忱抚苏改革赋役　周忱（1381—1453），字恂如，号双崖，江西吉水人。明朝前期名臣，以善理财知名。明洪武年间，以官田为主的苏州府因受重赋压力，年税粮达280多万石，致使户口逃亡，赋税拖欠，引起国家财政危机，社会动荡不安。明宣宗痛下决心，派遣并大力支持周忱、况钟履任，重在清理赋税。周忱任江苏巡抚21年，与况钟一起不负重托，厉行改革，整治弊政，调整了洪武重税。此后百余年，苏州府税粮负担基本上保持在200万石左右，为明代中后期苏州的岁丰人和、繁荣富裕奠定了基础。为感谢周忱惠政，苏州人在山塘街普济桥西改建周文襄公祠堂。像选自《三才图会》，明王圻辑，万历刻本。

384 "况青天"治苏　况钟（1383—1443），字伯律，江西靖安人。时苏州赋役繁重，民困吏奸。宣德五年（1430）明宣宗委任况钟为苏州知府，并赋予他当兴当革，不必事先奏请的特权。况钟到任后就采取一系列改革措施，除奸吏、减税赋、重学校、礼文儒，兴利除害，深受百姓爱戴。正统六年（1441），任期已满，本应迁往别处，然苏州吏民2万余人向朝廷请求他连任。明英宗顺应民意，诏况钟进三品，留任苏州。况钟三任知府，在苏13年，最后逝于任上。吏民为其立祠，誉之为"况青天"。左图为况钟像碑，藏于碑刻博物馆；右图为西美巷况公祠旧影。

385 海瑞兴修水利　海瑞（1514—1587），字汝贤，号刚峰，海南琼山（今海口市）人。隆庆四年（1570）二月，应天巡抚海瑞召集饥民疏浚吴淞江及白茆港。他以工代赈，既救活了许多灾民，又兴修了水利，一举两得。同时还开垦了吴淞江两岸40多万亩熟田，又救活饥民10多万人，被当地百姓编入歌谣以颂扬。左图为《历代名臣像解》中海瑞像，右图为海瑞在苏州的纪念地海红坊。

386 "惠为天下太守第一"　吴惠（1400—1468），字孟仁，号天乐道人，吴县（今江苏苏州）东山人。宣德二年（1427）进士，宣德七年（1432）擢桂林知府时，广西义宁与湘南侗苗少数民族起事为乱，朝廷准备征剿，惠则请先招抚，并单独前往抚谕，说服首领归顺。在郡十年，农业丰收，狱吏无事，一方安宁。吏部考察，称"惠为天下太守第一"。图为吴惠像，选自《吴郡名贤图传赞》。

387 倭患袭扰　明嘉靖年间的倭患，是以徽商王直为首的一些从事走私贸易的中国商人逃亡海上，与日本国内战败的武士相互勾结的一批海盗。倭人借华人为耳目，华人则以倭人为爪牙，彼此依附，出没海岛与沿海地区进行掳掠抢劫。图为《明军抗倭图》卷局部，明仇英绘。

388 朱纨抗倭招祸自杀　朱纨（1494—1550），字子纯，号秋崖，吴县（今江苏苏州）人。明朝大臣、抗倭名将，嘉靖年间提督浙闽海防，巡抚浙江，防御倭寇。曾指挥明军打败了葡萄牙人与倭寇联军，获"双屿大捷"。因上书朝廷言倭寇乱源在闽浙大姓，遭到闽浙籍官僚攻击，吏部奏改其为巡视，以弱其权。后因俘获诛杀海盗96人，御史劾其擅杀，遂被革职。朱纨愤而服毒自杀，朝野为之叹息。朱纨死后，"罢巡视大臣不设，中外摇手不敢言海禁事"，因此海防日益废弛，倭寇再度危害东南沿海。左图为朱纨像，选自《三才图会》；右图为朱纨故居地朱进士巷，1997年拆迁。

389 郑若曾及其《筹海图编》　郑若曾（1503—1570），字伯鲁，昆山人。荐入国子监贡生，善言兵事，为总督胡宗宪征聘入军中幕僚，辅佐平倭事宜。著作有《日本图纂》《筹海图编》等，对后世产生了深远的影响。特别是《筹海图编》一书，明确将钓鱼岛编入《沿海山沙图》，纳入了明朝的海防范围。

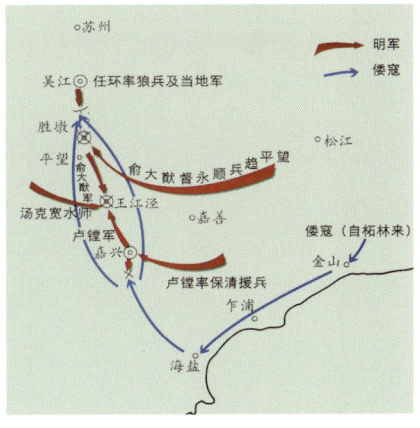

390 明军王江泾大捷　明嘉靖三十四年（1555）五月，倭寇4000余人突然进犯嘉兴府。南京兵部尚书张经调兵遣将，予以迎击。倭寇败走王江泾，遭到俞大猷以及由苏州赶来的任环兵马的夹击，倭寇被斩1980多人，被烧死和溺水而死的更是不计其数。王江泾大捷是明军抗倭战争以来最大的一次胜利。左图为《明军抗倭图》卷局部，明仇英绘；右图为王江泾之战示意图，出自安徽绩溪胡宗宪纪念馆。

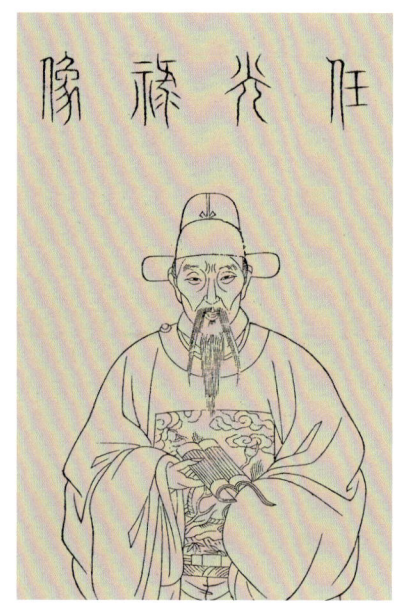

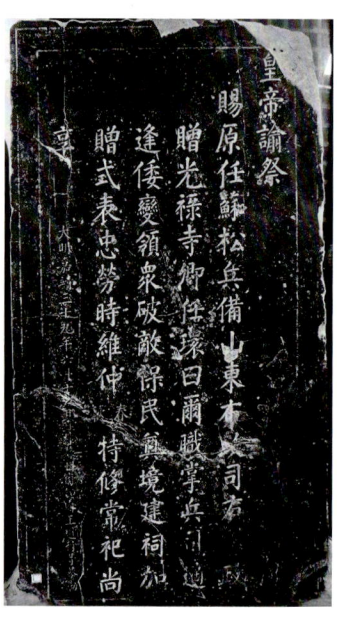

391 任环抗倭　任环（1519—1558），字应乾，号复庵，山西长治人。明嘉靖中，倭寇频繁骚扰东南沿海，苏城备受侵袭。任环担任苏州府同知、苏松兵备副使，领导军民在苏州、太仓、昆山、吴江等地抗击倭寇。左图为任环像，选自《吴郡名贤图传赞》；右图为嘉靖皇帝御祭任环的碑石，藏于苏州碑刻博物馆。

392 铁铃关　枫桥铁铃关，明嘉靖年间为抗击倭寇入侵而建造的关隘敌楼，摄于20世纪30年代。

393 木渎敌楼 嘉靖三十六年（1557），巡抚御史尚维持在木渎镇东建抗倭敌楼，摄于20世纪30年代。

394 胜墩敌楼 位于平望胜墩运河之东。嘉靖三十四年（1555）正月，吴江县令杨芷在盛墩袅腰桥北建敌楼御倭。四月，吴江水兵毙伤流窜平望盛墩的倭寇300人，盛墩由此改名胜墩。摄于1930年前。

395 云山塔埋倭寇 太仓浮桥镇陆公市云山塔，埋葬有被百姓奋勇击杀的倭寇尸体，堆土为丘，其上建塔镇倭，以保平安，是珍贵的抗倭纪念地。

396 苏州"恶少"作乱　苏州豪绅权贵的子女依仗权势与流氓地痞相勾结，危害社会治安，被讽称为"恶少"。嘉靖年间倭患日重，官府召集义兵抗倭，恶少们又自称"雄杰"，乘机聚众剽劫钱财，并持刀进攻吴县、长洲县署、苏州卫和都察院，劫狱纵囚。官府率兵缉捕，恶少们不敌，直冲葑门，逃入太湖，后被俘获。文载于《中华文明大博览》。图为明代苏州府守城和缉捕匪盗的兵丁，选自仇英《清明上河图》。

397 流氓地棍猖狂　流氓地棍是明末社会的主要危害和丑恶现象，其活动五花八门，主要以打、抢、讹、骗为主，苏州还出现了专门打人的流氓地棍组织"打行"。他们打人有特殊伎俩，或击胸肋、击腰背、击下腹，中伤者从受伤到身亡各有期限，或3月，或5月，或10月，或1年。有的团伙还导致种种欺骗、坑害顾客的行径发生，如用假银、卖假药和假酒等卑劣行为，危害社会。文载于《中华文明大博览》。图为明代苏州街市，选自仇英《清明上河图》。

398 周顺昌怒骂奸臣　周顺昌（1584—1626），字景文，号蓼洲，吴县（今江苏苏州）人。天启初擢吏部文选员外郎，因得罪权贵辞官归籍，惠德于乡，民众感戴。魏忠贤诬害东林党人，致其被削籍逮捕，激起苏州数万市民抗暴斗争，致五人就义。周顺昌被押解北京，在狱中遭受酷刑致死。崇祯元年（1628），诛魏忠贤，得昭雪，谥忠介。图为周顺昌像与明刊本《顺昌吃血骂奸臣》书影。

399 义风千古 明代天启年间，阉宦魏忠贤专权，搜括财富，残害忠良。天启六年（1626），苏杭织造李实勾结巡抚毛一鹭逮捕罢官居家的前吏部主事周顺昌，激起民变。魏阉派兵镇压，捕捉起事者颜佩韦、沈扬、杨念如、马杰、周文元。五人大义凛然，挺身而出，惨遭杀害。左图为山塘街五人之墓，右图为张溥撰写的《五人墓记》碑。

400 葛成挺身反税监 明万历二十九年（1601）六月，税监孙隆横征暴敛，激起民变，民变首领昆山人葛成"攘臂而起，手执蕉叶扇，一呼而千人响应"。事后挺身自首，独自承担责任，被关押12年。苏州郡守朱爕元改其名为葛贤，人呼葛将军。后遇赦得释，因钦佩五人之高风，在五人墓侧结庐而居，去世后亦葬其旁。东林党人状元文震孟书"有吴葛贤之墓"。

401 复社领袖张溥 张溥（1602—1641），字天如，号西铭，太仓人，明末文学家。曾写过脍炙人口的《五人墓记》，被收入《古文观止》，为最后一篇。张溥与同邑张采均具文名，时称"娄东二张"。崇祯二年（1629），张溥以"兴复古学，务使为用"为宗旨，联合江浙诸多文人，将全国16个文社合而为一，在苏州尹山创建复社，被推为领袖。左图为张溥像，选自《吴郡名贤图传赞》；右图为太仓西门街张溥故居。

402 复社召开虎丘大会 崇祯六年（1633），张溥领导的复社在苏州虎丘举行数千人的集会，声震朝野。复社以"嗣响东林"自许，成为明末最有影响力的文学社团。图为《金阊佳丽图》卷之虎丘景色，明谢时臣绘。

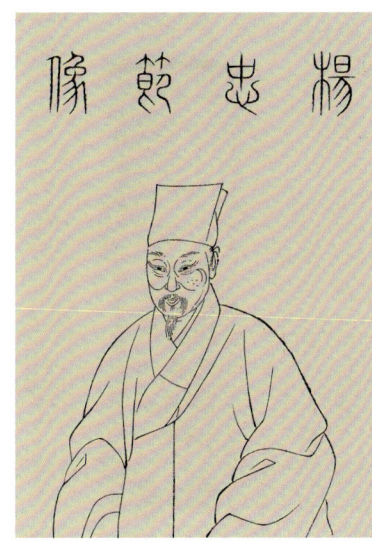

403 杨廷枢拒降就义 杨廷枢（1595—1647），字维斗，号复庵，吴县（今江苏苏州）人。明崇祯三年（1630）解元，"文名振天下，从游之士颇多"，为复社领袖之一。顺治年清军南下，为抗清义军筹粮并联络好友弟子进行反清活动，后被捕，遭酷刑，拒降被害。乾隆四十一年（1776）追谥忠节。左图为杨廷枢像，选自《吴郡名贤图传赞》；右图为杨忠节公祠，简称杨公祠，位于吴江芦墟杨廷枢就义处。

404 周皇后归葬思陵 明亡，周皇后自裁，谥"庄烈"。崇祯帝未及修陵而亡，李自成大顺政权将其与周皇后合葬于昌平锦屏山下田贵妃墓中。多尔衮下令以帝礼重新安葬崇祯，将他与周后和田贵妃一同葬于其中，命名为思陵。周皇后为苏州人，其祖墓原在苏州相门塘东北木香港侧，址在今金鸡湖大桥西堍。图选自《清史图典》。

405 瞿式耜桂林抗清 瞿式耜（1590—1651），字伯略，号稼轩，常熟人。明万历四十四年（1616）进士，南明弘光朝封应天府丞、广西巡抚。隆武朝加兵部侍郎，参与拥立朱由榔在肇庆称帝的活动，授吏部右侍郎、兵部尚书、文渊阁大学士。清军陷肇庆后留守桂林，曾多次上疏谏阻永历帝逃跑，主张还都桂林。顺治七年（1650），清军破桂林，瞿式耜被俘，不屈遇害。左图为瞿式耜像，选自《清史图典》；右图为虞山瞿式耜墓。

406 张国维抗清投水 张国维（1595—1646），字九一，号玉笥，浙江东阳人。崇祯皇帝任命他为南京等江南十府巡抚，以保证漕运畅通与军需物资供应。他临危受命，驻节苏州，在江南大兴水利，使农业丰收，并将粮食运往北方救灾。他还将治水经验著成《吴中水利全书》。明亡后，以兵部尚书之职带兵抗清，兵败后宁死不降，投水自尽，苏州人为他在山塘立祠。左图为张国维像，选自《吴郡名贤图传赞》；右图为山塘张公祠旧影。

407 秦淮名妓中的苏州人
唐宋时候，妓不是娼，妓女常与诗人结合，成为盛世文化的另类符号，故不少妓女多以惊世才情而载入史册。直至明末清初，秦淮河畔出现的一些名妓，如陈圆圆、董小宛、柳如是、李香君等，更是以崇尚文学艺术，志趣高雅，并在朝代兴亡之际因凄美爱情故事而流芳后世。图为南京秦淮河景色，摄于民国年间。

408 陈圆圆 （1623—1695），原姓邢，名沅，字畹芬。"冲冠一怒为红颜"中的"红颜"即苏州名妓陈圆圆。当吴三桂闻知其为大顺军将领刘宗敏所掳时，拔剑斩案，大怒道："大丈夫不能保一女子，何面目见人耶。"他以拱手献关换得个儿女情长的心灵慰藉，也成全了纤纤女子陈圆圆"一代红妆照汗青"。图选自《清史图典》。

409 董小宛 （1624—1651），苏州人，因父母离异生活贫困而沦落青楼，16岁已芳名鹊起。因厌弃喧闹奢靡而独居苏州半塘6年之久。崇祯十四年（1641）如皋才子冒辟疆与同在半塘的陈圆圆约定嫁婚，次年重访时陈已被掠走，沮丧之际，遇到董小宛，第二年春，冒董遂结成伉俪。图像选自《中国历代名人画像谱》。

410 李香君 （1624—1653），生于苏州枫桥吴宅。其父原为武官，因系东林党成员，被魏忠贤阉党治罪后家道败落，她漂泊异乡，被秦淮名妓李贞丽收为养女，16岁时与河南商丘人侯方域相识。自孔尚任《桃花扇》问世之后，李香君遂名闻天下。图选自《中华文明大博览》。

411 传奇女子柳如是　柳如是（1618—1664），秦淮八艳之一，擅诗文书画，常与东林党、复社等文士交往，纵论天下兴亡之事，以24岁的青春年岁嫁给了年逾花甲的钱谦益。明亡劝钱谦益自尽殉节，钱未从，己以身殉未遂。曾与抗清的郑成功、瞿式耜等联系，并资助慰劳抗清义军。钱谦益死后，因不堪忍受钱氏族人凌辱，投缳自尽。图像选自《中国历代名人画像谱》。

412 虞山诗派领袖钱谦益　钱谦益（1582—1664），字受之，号牧斋，常熟人。明末清初著名文学家、史学家，因名列东林党，罢官归里。清兵南下，率先在南京出降，任官清廷，充修《明史》副总裁，成为贰臣。仅6个月即告病归，一度系狱，释后归里居家，以藏书、读书、著述为事。图像选自《中国历代名人画像谱》。

413 红豆山庄　图为钱谦益、柳如是故居地常熟白茆红豆山庄遗址。

■ 第二节　明代时期　经济

　　自宣德年开始，朝廷和地方同时加强了水利建设。农村稻麦复种率提高，副业发展，种桑养蚕和棉花等经济作物生产扩大。农村纺织业普及，专业市镇大量出现，昆山、太仓、常熟等地的棉纺织加工区与松江府连成一片，共同成为江南棉纺织业中心。苏州城内的丝织业与吴江许多乡镇的丝织业也连成一片，苏州与盛泽成为著名绸都。作为手工业和商业重镇，苏州出现了资本主义的经营方式。洞庭商人走天下，各地商人也来苏经营，苏州成为全国商业流通的中心之一，枫桥、南濠堪称天下大码头。城镇手工业的发展也引发了消费和社会风俗的变化，而且波及全国，苏州成为天下倾慕与仿效的时尚中心。

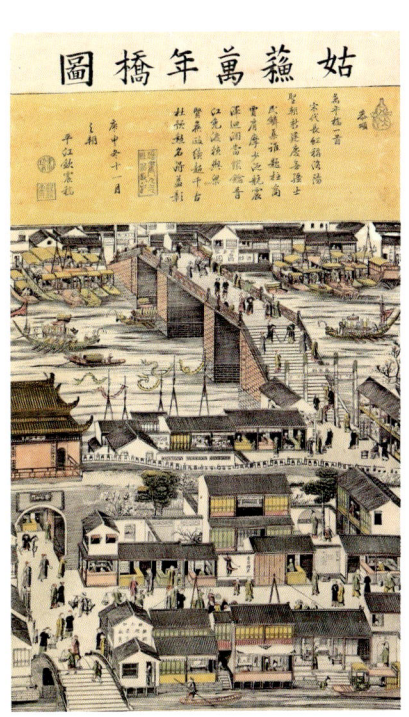

414 金阊门　苏州城市经济自正德年间开始恢复，从阊门内出城，自钓桥西、渡僧桥南形成闹市；向南北延伸而成南、北濠和上、下塘诸市，是"两京、各省商贾所集之处"，由此成为苏州最发达的商市区，人称"金阊门"。图为桃花坞木刻年画《姑苏阊门图》与《三百六十行》。

415 银胥门　成化、弘治年间苏州城市商业大多集中在府城西南一带，沿靠运河，故胥门又有"银胥门"之称。图为桃花坞木刻年画《姑苏万年桥图》。

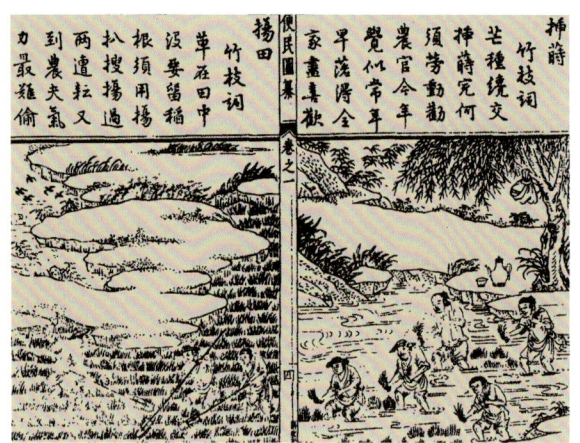

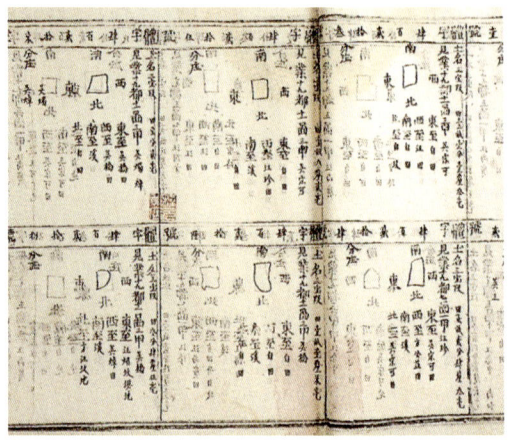

416　邝璠编农桑读物　弘治十四年（1501），吴县（今江苏苏州）知县邝璠编《便民图纂》，全书有"务农之图""女红之图"等插图31幅，每幅上方均为反映吴中农桑等事的竹枝词。

417　鱼鳞清册　洪武年间清丈全国土地时绘制的土地清册，状似鱼鳞，故名。图为某地十六都清丈鱼鳞清册，选自《话说中国》。

418　农业普遍一年两作　明代中期，苏州地区由于人口增加，迫使农家加大肥料投入、改良种子、提高农业复种率，先种水稻，再种麦豆油菜等春熟作物。一年两作的复种模式在苏州等地普遍形成，以后又推广到了全国其他地区。图为仇英《莲溪渔隐图》局部，藏于故宫博物院。

419 苏布名重四方　明代中后期，常熟、昆山、太仓因土壤、水利等特殊原因，逐渐成为棉花生产重地，而随着苏州农村家庭副业商品化程度的提高，苏州所产棉纱、棉布多数出售，苏布开始名重四方。图为清嘉庆年间绵亿绘《耕织图》中的织布与练染场景，清宫旧藏，选自《明清风俗画》。

420 丝织由苏城向吴江农村传播　作为家庭副业，苏州丝织业也有了很快发展，成化、弘治年间丝织技术由苏城向吴江农村传播，促使乡镇缫丝、丝织逐步发展。图为清嘉庆年间绵亿绘《耕织图》场景，左为练丝，右为窖茧。

421 运河古渡横塘 春秋时为吴越征战古战场，自南宋诗人范成大作"年年送客横塘路"诗句之后，横塘之名渐显，明末已有横塘镇出现。明天启癸亥年（1623）所建普福桥，又名亭子桥，系三孔石桥，桥顶建有亭子，亭额曰"横塘古渡"，为运河横塘著名古迹。图为民国时横塘旧影。

422 金唐市 位于常熟，旧名尤泾市，自明中叶唐氏聚居，渐成市集，始称唐市。嘉靖、万历以来商业兴隆，富商大贾汇集，建筑鳞次栉比，拥资廿余万者数十家，故谚有"金唐市"之名。清乾隆时代唐市已成大镇，当时人称唐市为常熟、昭文四大镇之一。

423 绸都盛泽 盛泽与苏州、杭州、湖州并称为江南四大绸都，号称"日出万绸，衣被天下"，鼎盛时镇上绸行庄达百家。图为盛泽古镇。

424 丝绸专业市场震泽 明成化、弘治年间，丝织技术由苏城向吴江农村传播，促使乡镇缫丝、丝织逐步发展。至嘉靖年间，震泽、盛泽已成为丝绸生产交易的专业市场，镇上居民以及乡村农民都以绫、绸生产为主，这些丝织品主要都外销。图为震泽古镇。

425　城乡出现资本主义萌芽

明代中叶，资本主义萌芽首先出现在江南地区的手工业中，市场出现了自由劳动力买卖，雇佣关系得到发展。其中如丝织业，拥有织机的机户与出卖劳动力的机工之间，纯粹是一种资本主义性质的货币关系。明代苏州"东北半城，万户机声"，每日黎明，花缎工群集花桥，素缎工聚白蚬桥，纱缎工聚广化寺桥，锦缎工聚金狮子桥，名曰"立桥"，以使机户延唤，谓之"叫找"。图为旧时花缎工群集等候召雇的临顿路花桥旧影。

426　黄家溪"走桥"

盛泽黄家溪建于明崇祯年间，明清时期黄家溪丝绸业十分发达，机工寻找雇主，每天清晨立于泰安桥头，待人雇织，谓之"走桥""找做"。图为黄家溪泰安桥。

427　涵村明代店铺

店铺位于西山涵村街上，铺面临街而筑，面阔三间，为江南地区唯一保存完整的明代店铺，建筑外貌与近代板门铺面相似，但售货窗口采用上下启闭的闽门装置。

428 织染局在天心桥东 明代丝织业是苏州主要官营手工业中心，织染局位于城中，洪熙年间最兴旺，工匠人役达1700人。清代织染局移至带城桥下塘，原址改称北局，图为北局旧址，1999年拆迁。

429 陆慕御窑 陆慕御窑村从明代起即开始专门为宫廷烧制建筑用金砖，北京故宫、长城等均发现御窑金砖。金砖是大型方砖之雅称，因质地密实，敲之作金石声，故称"金砖"。图为陆慕御窑。

430 钻天洞庭 明清时期，苏州太湖中的洞庭东山、西山人以家族为纽带，外出经商。东山商人主要活动在运河沿线，有王氏、翁氏、席氏、叶氏、葛氏、徐氏、马氏、施氏、严氏等家族，主要经营棉布。西山商人主要活动在荆湘一带，有秦氏、徐氏、马氏、邓氏、蒋氏、沈氏、孙氏、叶氏等家族，主要经营丝绸、棉布和米粮。图为太湖洞庭西山缥缈峰景色。

431 浒墅设钞关收船税 明洪武年间，朝廷设有商税而无船税。宣德四年（1429），宣宗采纳户部尚书郭资的建议，设立钞关，收取船税，即每船按货物多少、路途远近来征收税费。同年苏州浒墅设立钞关，遂名浒墅关。图为王翚绘《康熙南巡图》中的苏州浒墅关镇。

432 "苏意""苏样"服饰 明隆庆、万历之后，苏州因拥有丰厚的文化和繁盛的商业，逐渐成为服饰风尚的中心。"苏意""苏样"指的是高冠浅履、宽袍大袖的苏州式样的服饰。在配饰上强调苏州精巧的手艺与素雅的上好织品，以精致的质料和纹样裁制的浅色道袍为其基本款式。左图为明万历年曾鲸绘的王时敏像，绘著名画家王时敏年轻时的形象，其服饰清秀飘逸，可谓是明代典型的服饰装束，图藏于天津市艺术博物馆；右图为明万历间苏州人薛虞卿像，其身着白色长衣，衣纹流畅，飘然潇洒，图藏于故宫博物院。

433 蜜饯的出现 蜜饯食品在我国历史上由来已久，《三国志》中便已有记载。蜜饯品种纷繁多样，又便于贮藏，历来为人们所喜爱。蜜饯按各地的不同特色形成京式、广式、潮式、福式和苏式五大流派，苏式蜜饯以选料考究、制作精细见长。蜜饯的出现在我国饮食业发展史上有着重要的意义。图为专门出售苏式蜜饯的观前街采芝斋。

434 明代石雕 继宋元石雕之后，明代苏州的石雕业依旧出彩。图为苏州文庙明代六柱五间式牌坊。

435 明式家具形成 明后期，大城市日益繁荣，市镇迅速兴起，江南的家具业有了很大发展，质和量都达到了高峰。同时由于海禁开放，东南亚的木材大量进口，诸如黄花梨、紫檀木、红木、铁木、杞梓木等质地坚硬、色泽柔润、纹理优美的硬木家具越来越多地为一般家庭所使用。现存明式家具多为苏州制作，故明式家具又称"苏式家具"。明式家具是中国家具史上的顶峰，是中国家具民族形式的典范和代表。图为明万历年间按比例微缩的明式家具。

436 碧玉蟾 此蟾重达25.5千克，由明代苏州工匠精心雕琢而成，曾供奉在苏州玉业公所周王庙内，是一件难得的艺术珍品。藏于苏州博物馆。

437 苏州漆器 苏州的髹漆工艺历代不绝，以明清时期最为出色。明代苏州漆匠能运用金银花片、甸嵌树面、泥金描彩等各种漆艺制作。图为描金人物漆盒，藏于苏州博物馆。

438 玉雕名家陆子冈 明代宋应星在《天工开物》中说："良玉虽集京师，工巧则推苏郡。"嘉靖、万历年间，苏州琢玉名师陆子冈技艺高超，为人所重，被誉为"吴中绝技"，他的作品现今大都珍藏于北京故宫博物院。图为1972年出土于常熟徐市的白玉人物牌。

■ 第三节 明代时期 文化

　　明代苏州文化气势恢宏，成果辉煌，群星璀璨。文学上，"明初吴下多诗人"，高启、杨基、张羽、徐贲互为诗友，称"吴中四杰"。王世贞为当时文坛领袖，吴宽、王鏊、张溥的诗文均知名于世。归有光乃古文大家，徐祯卿与唐寅、祝允明、文徵明则为"吴门四才子"。通俗文学家冯梦龙一生主要从事小说、戏曲、民歌、笑话的创作，为我国文学的发展做出了特殊贡献。明代苏州乃绘画黄金时代，"吴门画派"是中国古代画史上规模最大、最具影响的流派，沈周、文徵明、唐寅、仇英并称为"明四家"。宋克开启了"吴门书派"的源流，祝允明、文徵明、王宠并称"吴门三家"。产生于昆山一带的昆曲，在明代演变成昆剧，扩大了昆腔的影响。蒯祥成为一代建筑宗师，文震亨的《长物志》与计成的《园冶》将园林与造园艺术从技艺升华成为理论和学问。

439 明代苏州状元　明代苏州有文状元6位，分别是施槃（吴县）、吴宽（长洲）、毛澄（昆山）、顾鼎臣（昆山）、申时行（长洲）、文震孟（长洲）和武状元陈大猷（吴县）。图为明佚名《考试图》横轴，绘京城贡院内科考场景。中间5位为监考官，考生分左右两厢，各自按号舍端坐应考，每号位前站有一人监考。图藏于故宫博物院，选自《明清风俗画》。

440 英年早逝的状元施槃

施槃（1417—1440），字宗铭，吴县（今江苏苏州）人。为人警敏善应对，自幼随父经商淮上，却不愿继承父业。明正统四年（1439）状元，年仅23岁，为明代苏州第一位状元，也是明代开国后全国最年轻的一位状元，授翰林院修撰。状元及第后他恭勤职守，求师问学，充分利用翰林院藏书，刻苦读书。可惜英年早逝，第二年即因病去世。施槃故居现存明代大厅，今已归东山雕花楼宾馆。图为施槃像赞。

441 德高望重的状元毛澄

毛澄（1460—1523），字宪清，号白斋，昆山人。弘治六年（1493）状元，授翰林院修撰，参与修纂《大明会典》，侍东宫，为皇帝讲读，官至礼部尚书。正德帝欲南巡，他冒死上疏制止。帝猝死，无子，他与诸官迎请朱厚熜即位，是为嘉靖皇帝。登基后嘉靖欲为亲生父母立尊号，但毛澄等坚持不宜加皇号，抗疏力争，史称"大礼议"。嘉靖帝派太监前去叩头求请，并贿以重金。毛澄以老病为由乞归，于回乡途中病逝。图为毛澄像赞。

442 九次会试失利的状元文震孟

文震孟（1574—1636），字文起，号湘南，长洲（今江苏苏州）人，文徵明曾孙。博通经史，尤长于《春秋》。但科举不顺，九次会试失利，至天启二年（1622）方才夺魁，状元及第，历时27年，时已49岁。时阉党魏忠贤擅权，文震孟愤而上疏弹劾，却遭报复，被廷杖。崇祯即位，擢其为礼部左侍郎兼东阁大学士，入阁参与机务。然又遭排挤，革职回乡。文震孟工书法，可与其曾祖文徵明媲美。图为文震孟像赞。

443 王鏊"海内文章第一"

王鏊（1450—1524），字济之，吴县（今江苏苏州）东山人。成化十年（1474）探花，正德元年（1506）入阁，晋户部尚书、文渊阁大学士，次年加少傅，改武英殿大学士。晚年归乡，致力于地方文献著述，有《姑苏志》《震泽集》《洞庭两山赋》等传世。墓在东山梁家山，墓前石坊有唐寅撰联："海内文章第一，山中宰相无双。"左图取自明正德年佚名《王鏊像》轴，藏于故宫博物院，选自《明清肖像画》；右图为东山陆巷"解元"牌坊。

444 文坛领袖王世贞 王世贞（1526—1590），字元美，号凤洲，太仓人，明代著名文学家、史学家。为"后七子"领袖，独主文坛二十年。曾主张文必西汉、诗必盛唐，其复古主张乃是对明初以来盛行台阁体的一种批判，具有积极意义。值得一提的是，正是他的推崇和推介，才使李时珍的《本草纲目》得以刊印问世，留下了一段历史佳话。

 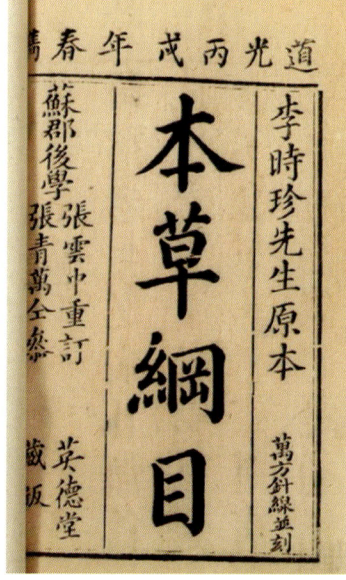

445 吴门画派与"明四家"　吴门画派是明代中期在苏州地区崛起的一个绘画流派，继明代前期宫廷院画和浙派的兴盛之后，一跃而成为画坛的盟主。其核心人物是沈周、文徵明、唐寅、仇英，又称"明四家"。他们的作品是时代文化精神的结晶，也是中国文人画发展过程中的又一个高峰。图为"明四家"绘画作品，分别为：沈周《新郭图》、文徵明《横塘图》、唐寅《行春桥图》、仇英《昭君出塞图》。藏于故宫博物院。

446 吴门画派学者如云 在明代，
吴门画派的声势最为浩大，延
续时间最长，影响最为深远。除
"明四家"之外，其他享有盛誉
的画家有文嘉、文伯仁、陈道复、
钱穀、陆治、陆师道、王穀祥、居
节、谢时臣、周天球等人，一地同
时出现这么多的名画家，实为中
国美术史所罕见。图为吴门画派
画家作品选，（从左至右）分别
为谢时臣《溪山逸思图》轴、钱穀
《虎丘前山图》轴、陆师道《溪山
图》轴、陆治《濠上送别图》轴、
文伯仁《太湖图》轴、居节《醉翁
亭图》轴。藏于故宫博物院。

447 沈周 （1427—1509），字启南，号石田，长洲（今江苏苏州）人，明四家之一。以隐逸为乐，终生不仕。擅长山水，画风苍劲，笔墨坚实豪放，人称"粗沈"；亦作细笔，谨密中具浑厚之势，人称"细沈"。工书法诗文，他的画佐以诗句题跋，相得益彰，时称"二绝"。左图为沈周像，选自《历代名臣像解》；右图为沈周墓，位于相城区湘城镇西牒字圩，墓地面积约5亩。

448 文徵明 （1470—1559），号衡山，人称文衡山，长洲（今江苏苏州）人，明四家之一。少时学文于吴宽，学画于沈周，54岁以岁贡生荐试吏部，任翰林院待诏，三年辞归。工诗文书画，擅画山水，师法宋元笔墨，苍润秀雅，名扬当代。左图为文徵明像，选自《历代名臣像解》；右图为苏州博物馆内的文徵明手植藤。

449 唐寅 （1470—1524），字伯虎，一字子畏，号六如居士、桃花庵主等，吴县（今江苏苏州）人，明四家之一。一生坎坷，最后筑室于桃花坞，潜心诗文书画以终。其诗文流畅通俗，与祝允明、文徵明、徐祯卿并称"吴中四才子"。唐寅绘画能将"南画"的重韵和"北画"的尚骨特点巧妙地糅合，形成了一家之体。而民间则将他传奇的人生经历，演绎杜撰出了"唐伯虎点秋香"的故事，妇孺皆知。左图为唐寅像，选自《历代名臣像解》；右图为桃花坞唐寅故居。

450 仇英 字实父，号十洲，太仓人，明四家之一，后居苏州。他精研画技，无所不工，青绿、浅绛、水墨、工笔、写意俱极精妙。人物、山水、走兽、界画等亦无所不能，是明代中期画坛上一位难得的全能画家，对明清宫廷、民间与文人的绘画产生了相当大的影响。左图为仇英像，藏于南京博物院；右图为仇英画作《人物故事图》册之《贵妃晓妆图》，绘杨贵妃清晨梳妆的情景，藏于故宫博物院。

451　名家之师周臣　周臣（1460—1535），号东村，吴县（今江苏苏州）人。生活在明成化至嘉靖年间，擅长画人物和山水，风格上极为相似。图为清代画家华冠绘《周臣像》。

452　宋克始创吴门书派　宋克（1327—1387），字仲温，号南宫生，长洲（今江苏苏州）人。擅楷、行、草、章草等书体，师法钟繇、王羲之，笔精墨妙，风度翩翩。尤精章草，笔画瘦劲挺拔，秀丽潇洒，为吴门书派创始人。图为宋克《临急就章》，藏于天津博物馆。

453　书坛主将祝允明　祝允明（1460—1526），字希哲，自号枝山，长洲（今江苏苏州）人。官至南京应天府通判，书法造诣很深，各体兼能，蜚声艺坛，与文徵明、王宠并称吴门"三大家"。书法成就在狂草和楷书，为当世所重，成为明代中期书坛主将，对明代书法的发展产生了巨大影响。左图为祝允明《滕王阁序诗卷》局部，藏于苏州博物馆；右图为祝允明画像，选自《中国历代名人画像谱》。

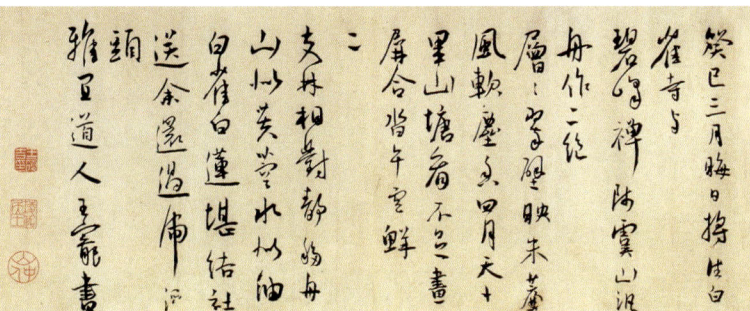

454 吴门书法家王宠 王宠（1494—1533），字履仁，后字履吉，号雅宜山人，吴县（今江苏苏州）人。博学多才，诗文声誉很高，而尤以书法名噪一时，与祝允明、文徵明齐名，三人被誉为"吴门三家"。上图为明文伯仁《石湖草堂图》，描写王宠作书勉励其弟子金用入京赴试，作于嘉靖癸丑（1553）；下图为王宠书法，藏于苏州博物馆。

455 吴门三家书法成就卓然 明代中叶，书法风格"千家一同"的"台阁体"逐渐衰弱，以绘画闻名的苏州地区的书法家作为一股新生力量脱颖而出，表现出卓然独立的文人风格，形成了占据书坛主导地位的吴门书法，其中以号称"吴门三家"的祝允明、文徵明和王宠最为著名。右图为文徵明《行书七律二首》，藏于苏州博物馆。

456 昆剧统治戏曲舞台　　初时昆曲仅是清唱，后来昆山人梁辰鱼编写了第一部昆腔传奇《浣纱记》，扩大了昆腔的影响，文人学士争用昆腔撰作传奇，演唱者也日渐增多。昆腔传入北京后迅速发展成全国性的剧种，被称为"官腔"。清康熙以后，昆剧开始了在戏曲舞台上长达百年的统治。昆剧对现代全国大部分声腔剧种都有过深刻的影响，故有"百戏之祖"的称号。以李玉为代表的苏州作家创作出了许多著名剧目，如李玉的《一捧雪》《人兽关》《永团圆》《占花魁》《清忠谱》，朱素臣的《十五贯》《翡翠园》和朱佐朝的《渔家乐》等。图为苏州昆曲博物馆。

457 昆曲鼻祖魏良辅　　魏良辅（1489—1566），字师召，晚号尚泉，昆山人，明嘉靖、隆庆间寓居太仓。他吸收了当时流行的海盐腔、余姚腔以及江南民歌小调的特点，对流行于太仓、昆山一带的土腔进行整理加工，终于创作出一种既有南曲清丽婉转特点，又兼具北曲激昂雄健长处的十分优美的新唱腔，时人称之为"水磨腔"。魏由此被后人奉为"昆曲之祖"。图为魏良辅塑像。

458 戏曲作家张凤翼 张凤翼（1527—1613），字伯起，号灵虚（一作凌墟），长洲（今江苏苏州）人。明代著名戏曲音乐家、戏曲作家，与魏良辅齐名。平生著有传奇《红拂记》《灌园记》《虎符记》等六部，合称《阳春六记》。张凤翼的剧作以辞藻华丽著称，属"典雅派"作品。图为明嘉靖年间钱榖绘张凤翼之居所求志园（局部），藏于故宫博物院。

459 梁辰鱼作《浣纱记》 梁辰鱼（1520—1592），字伯龙，号少白，昆山人。喜音乐，通音律，与魏良辅交往甚密。参与改革昆山腔，名作有传奇《浣纱记》，是第一次用改革后的昆山腔编写的剧本。上演后受到广泛欢迎，对推广昆山腔起到了巨大作用，成为昆剧发展史上一个重要的里程碑。左图为梁辰鱼塑像（站立者），右图为明代观戏场景。

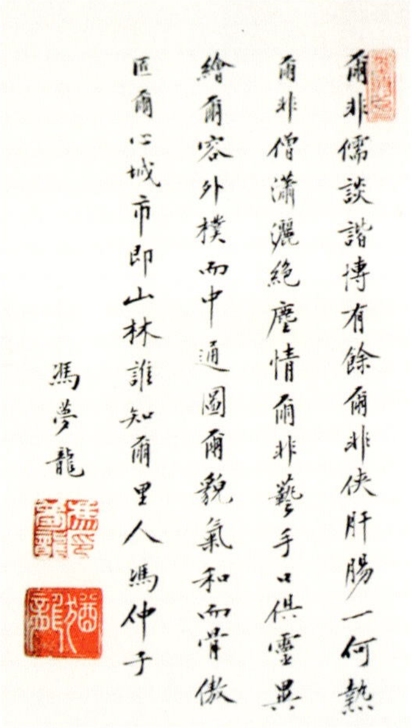

460 冯梦龙编著"三言"

冯梦龙（1574—1646），字犹龙，别署龙子犹、顾曲散人、墨憨斋主人等，长洲（今江苏苏州）人，明代通俗文学家、戏曲家。他在通俗文学的各个方面都有重大贡献，尤以编选《喻世明言》《警世通言》《醒世恒言》三部短篇小说集影响最大。上图为苍龙街7号，相传是冯梦龙故居，1996年拆迁；下左图为矗立于福建寿宁南山风景区的冯梦龙雕像；下右图为冯梦龙书迹。

尔非儒谈谐博有余尔非侠肝肠一何热

尔非僧潇洒绝尘情尔非艺手工供灵舆

绘尔容外朴而中通圆尔貌气和如常傲

匪尔①城市即山林谁知尔里人冯仲子

冯梦龙

461 古文大家归有光 归有光（1506—1571），字熙甫，又字开甫，别号震川，昆山人。提倡唐宋古文，为明代古文一大家。所作散文朴素简洁，善于叙事，被黄宗羲誉为"明文第一"。曾为南京太仆寺丞，留掌内阁制敕，修《世宗实录》。画像选自1937年《吴中文献展览会特刊》。

462 明亡绝食而死的文震亨 文震亨（1586—1645），字启美，长洲（今江苏苏州）人，文徵明曾孙，文彭孙，文震孟之弟，明末画家。文震亨长于诗文绘画，又善园林设计，官至中书舍人、武英殿给事等，清军攻占苏州后，避居阳澄湖。清军推行剃发令，自投于河，被家人救起，绝食六日而亡。图为文震亨像，选自《吴郡名贤图传赞》。

463 江南大儒陆世仪 陆世仪（1611—1672），字道威，号刚斋，太仓人。明亡清兴的动荡对其思想形成影响重大，顾炎武读其《思辨录》大为折服，致书云："知当吾世而有真儒也。"他的思想体系对西方科技持开放态度，具有近代启蒙意义，被誉为一代思想家。图选自《清代学者像传》。

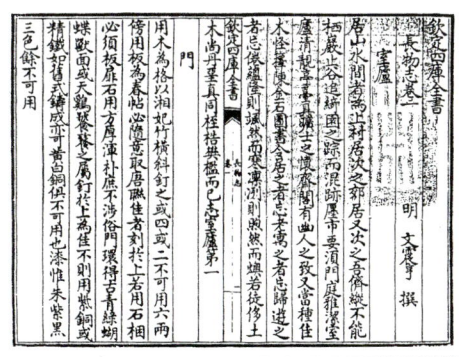

464 归家市形成 归有光父亲归椿（1466—1536），居常熟白茆。夫妇晨夜力作，辛勤发家，居处遂为庐舍市肆，形成归家市，被列入嘉靖常熟十六市。

465 文震亨著《长物志》 《长物志》总结了造园技术和经验，为传世之作。图为载入《四库全书》的《长物志》书影。

189

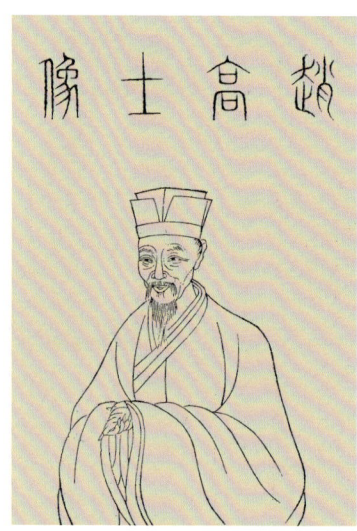

466　赵宧光买山葬父　赵宧光（1559—1625），字凡夫，太仓人，宋太宗赵炅第八子元俨之后。明万历
二十二年（1594），买山葬父于支硎山南麓的寒山，并利用山野岩石构造景观，叠石造园，凿山疏
泉，筑室起屋，建造寒山别业。偕妻子陆卿子在此守孝，直至去世。清乾隆南巡，曾6次到此，以
嘉誉其孝道，并写下44首诗。此后都被镌刻成碑，摩崖山中，成为吴中奇观。左图为赵宧光像，选
自《吴郡名贤图传赞》；右图为赵宧光寒山草堂。

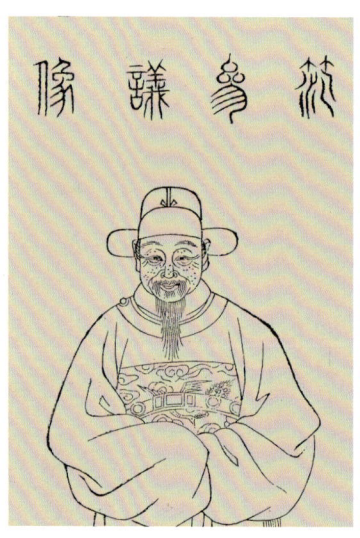

467　范允临与天平红枫　范允临（1558—1641），字长倩，号长白，吴县（今江苏苏州）人。范仲淹十七
世孙，万历进士，授南京兵部主事，迁福建参议。后弃官归苏，将从泉州带回的枫香树苗380棵植
于天平山。此后深秋时节红霞万丈，成为天平一绝。当年范文正公置义田30顷，至明代仅存三分
之一，允临继承祖上遗风，复以腴田10顷佐之。左图为范允临像，选自《吴郡名贤图传赞》；右图
为天平红枫。

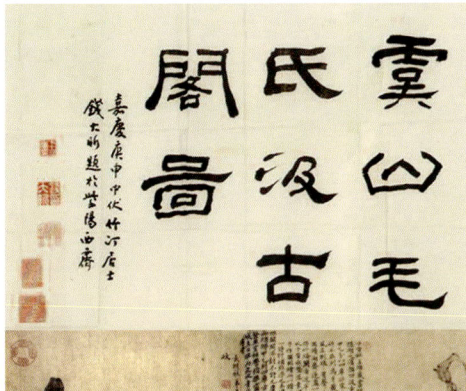

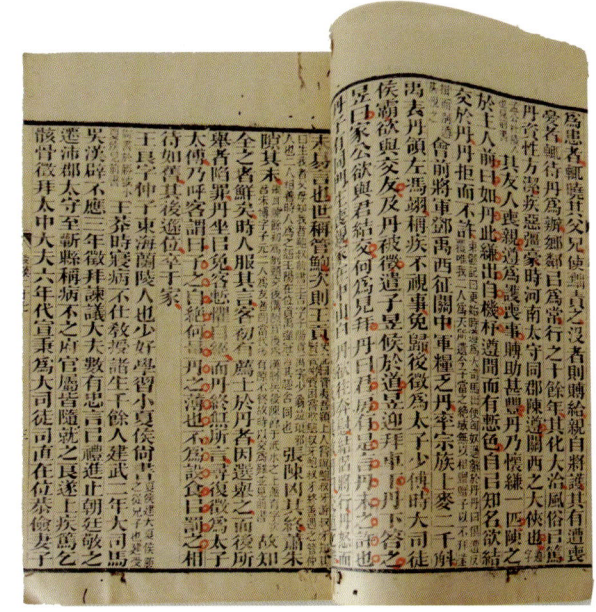

468 毛晋与"汲古阁" 　毛晋（1599—1659），号潜在，别号汲古主人，晚号隐湖，常熟横泾人，明末清初著名藏书家和刻书家。他利用自己的"汲古阁"藏书楼这一有利条件，组织力量刻印《十七史》，规模在海内刻书作坊中首屈一指。在清军南下、乡里遭劫的情况下，他以抱病之躯，仍率领子孙、工匠夜以继日地工作。顺治十三年（1656），《十七史》终于校刻完成。图为《虞山毛氏汲古阁图》以及毛氏校刻的书籍。

469 姑苏扫叶山房 　创办人为吴县（今江苏苏州）洞庭东山席氏，于明万历年间得常熟毛氏汲古阁《十七史》书版，设书肆于苏州阊门。为了表明严肃认真刊刻书籍的态度，取"校书如扫落叶"的寓意作店名。清康熙帝南巡，驻跸东山席氏花园，主人献新刻《百家唐诗》四函，获称赏。从此声誉鹊起，成为全国知名书店，清光绪年间在上海城内彩衣街开设分店。图为扫叶山房刊刻的书籍。

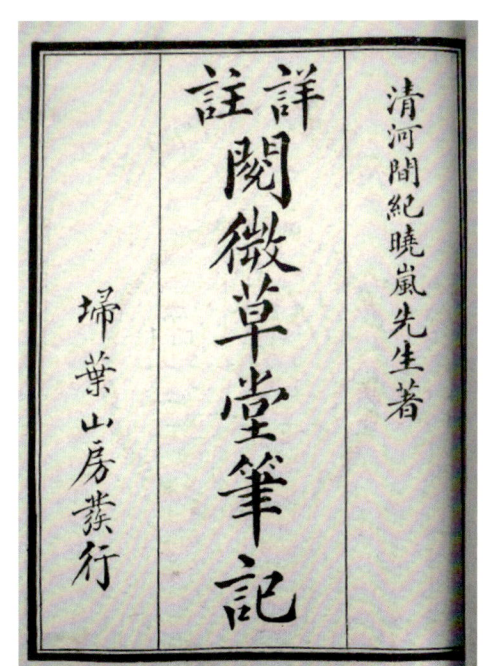

470 园林大规模兴建　　明中叶之后，苏州建园造院之风日盛，我国私家园林进入全盛时期，凡官吏、富商，以至一般士民都热衷于此，时苏州园林多达270余处，为宇内之冠。创建于明代的苏州著名园林有拙政园、惠荫园、艺圃、留园等。左图为文徵明绘《拙政园图》册页，右图为明代惠荫园小林屋洞。

471 计成著《园冶》　　计成（1582—？），字无否，号否道人，明末吴江（今江苏苏州）人，是一位能诗善画的造园家。青年时代游赏祖国名山大川，中年回到江南专事造园，并且依据自己丰富的实践经验写成《园冶》一书，详尽论述造园理论及园林布局、园林建筑、植物配置和艺术风格，乃至具体的施工工艺和做法等，被誉为世界造园学的最早名著。左图为计成像，右图为位于吴江同里的计成故居。

472 净土宗第九祖藕益 藕益（1599—1655），法名智旭，明代高僧。先祖汴梁（今河南开封）人，后南迁吴县（今江苏苏州），居木渎。14岁剃发出家，曾住晟溪、温陵、湖州、九华等寺院。他对安吉灵峰寺情有独钟，乃佛教禅宗灵峰派创始人，其佛学理论与修行事迹可谓净土行者之典范。

473 开元寺无梁殿 五代吴越钱元璙将原在城北（址在今北寺）的开元寺移建于盘门内。明万历间造无梁殿供奉藏经，太平天国后尽成废墟，独存无梁殿。图摄于民国初年。

474 苏州府城隍庙 位于景德路，其址旧为三国周瑜宅，今庙创建于明洪武三年（1370）。中华人民共和国成立后长期被工厂等单位占用，2005年由道教协会收回重修。图摄于20世纪30年代。

第六章　清代时期

公元1644年—1911年

　　在经历了顺治时期的社会动荡之后，苏州延续了明代中期以来的发展势头，至康乾时期已成为全国经济文化最为发达的城市之一，时人称"东南财赋，姑苏最重；东南水利，姑苏最要；东南人士，姑苏最盛"。尤其在文化方面，如吴门经学、吴门书画、文学、史学、金石、藏书、评弹、医学、天文等领域都有杰出人物出现。然而由于太平天国战争的摧残，苏州急剧地衰落，盛世风光从此不再，而随着外国传教士的到来，西方文明开始影响苏州，新式学校和医院不断出现，近代工商业也日益发展。

■ 第一节 清代时期 政治

　　顺治初，清军占领苏州，苏州地区的抗清斗争如火如荼。抗清斗争被镇压后，社会秩序逐渐稳定。然金圣叹"哭庙案"事发，又被朝廷歪曲为谋反，肆意杀戮，借此对江南文人进行打击。直至康熙、乾隆两帝南巡，社会才最终安定。康熙、雍正、乾隆三朝励精图治，达到了清朝的鼎盛时期，苏州延续了明代中期以来的发展势头，成为全国经济、文化最为发达的城市之一。嘉庆时期，清王朝由盛转衰。咸丰十年（1860），太平天国忠王李秀成率军东征，以苏州为中心建立了苏福省，为太平天国后期的稳定支撑起了半壁江山。这场战争对苏州造成了巨大的影响，苏州由此从盛世走向衰落。辛亥革命后苏州和平光复。

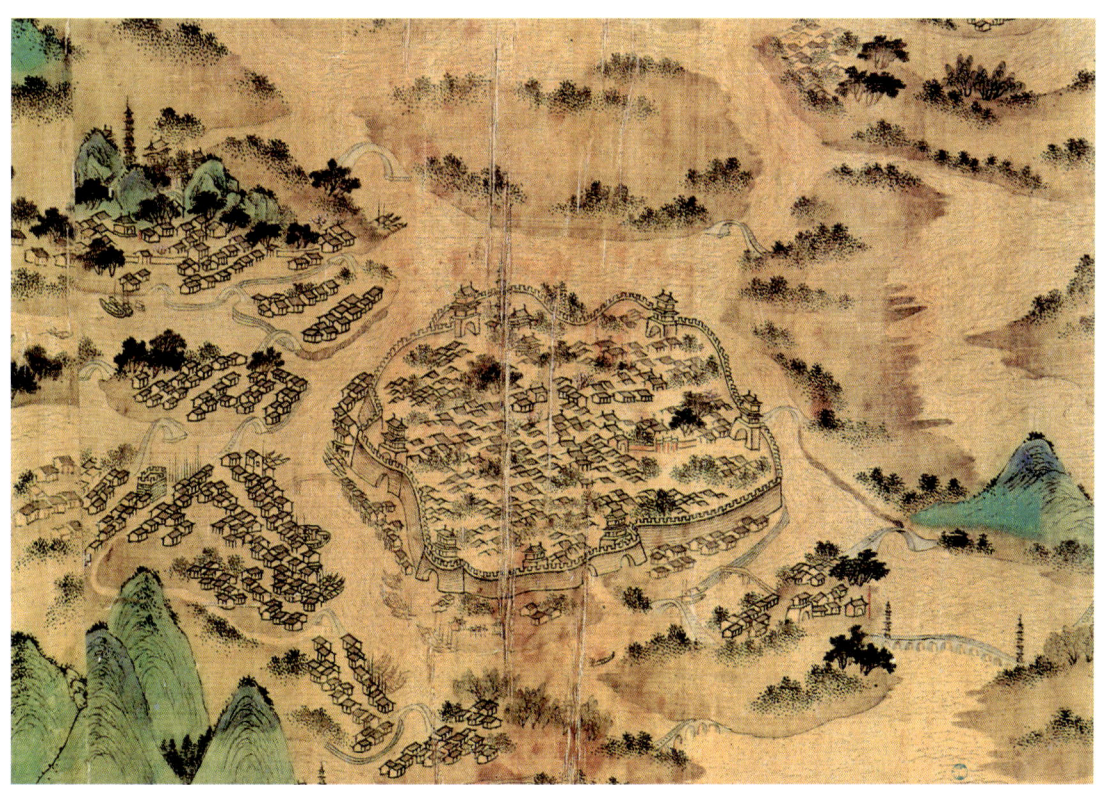

475 江南水城苏州　苏城地处东南水陆交通要冲，城垣屋墙古来即凭河而筑，外则京杭运河绕城而过，内则水巷河道纵横交错，水城风光生机盎然。图为清代《南游道里图》卷中的苏州府，图中可见青山绿水环抱古城，六座城门楼阁高耸（时相门、平门未开），宝带长桥彩虹伏波，虎丘山塘宝塔临风，城里城外建筑林立。选自《吴越文化》画册。

476 顾炎武读万卷书行万里路　顾炎武（1613—1682），号亭林，昆山人，著名的经学家、史地学家、音韵学家。他在投入抗清武装斗争失败后，频繁辗转往来于江苏、浙江、山东、河北、河南、山西、陕西各地，用马骡驮着书籍，读万卷书，行万里路，开创了一种新的治学门径，成为清初继往开来的一代宗师，被称为清朝"开国儒师"和清学"开山始祖"。左图为顾炎武像，选自《昆山先贤图录集》；右图为顾炎武故乡昆山千墩镇，摄于民国年间。

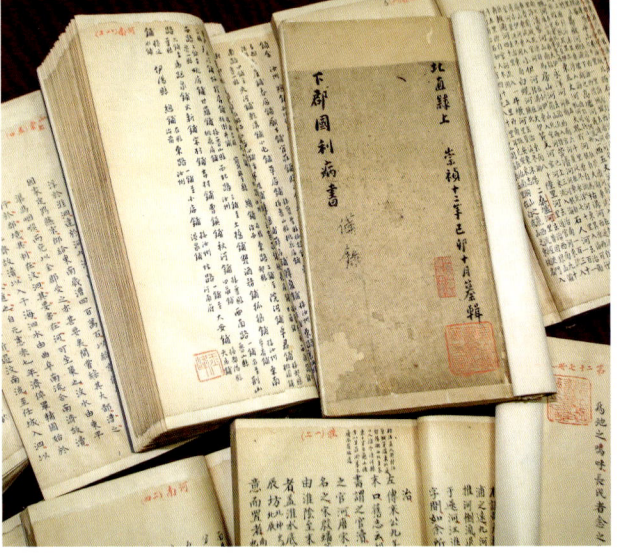

477 《天下郡国利病书》　顾炎武早年曾参加复社反宦官权贵斗争，顺治年清兵南下，参加过苏州、昆山保卫战。之后遍走各地，历时20余年，写成《天下郡国利病书》。该书对各地建置、赋役、屯田、水利、军事、边防、关隘等都有较详细的论述，是一部很有价值的社会政治经济书籍。

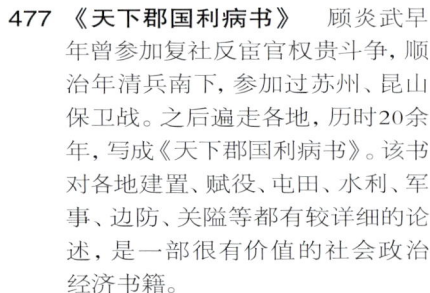

478 归庄抗清亡命佯狂终生 归庄（1613—1673），字尔礼，号恒轩，归有光曾孙，昆山人。清军南下，曾参加抗清斗争，失败后一度亡命为僧，后回昆山隐居，卖书画为生，不仕清廷，佯狂愤世，游历山川，凭吊古今。常大哭，与顾炎武齐名，有"归奇顾怪"之称，其诗富有民族气节。图选自《清史图典》。

479 吴易抗清 吴易（1612—1646），字日生，吴江松陵镇柳胥村人。明崇祯十六年（1643）进士，初为史可法监军，征饷江南。清顺治二年（1645）起兵反清，以太湖为根据地，声势大振，屡败清军。南明隆武帝任为南明兵部尚书，后战败被俘，在杭州不屈就义。图为吴易像，选自《吴郡名贤图传赞》。

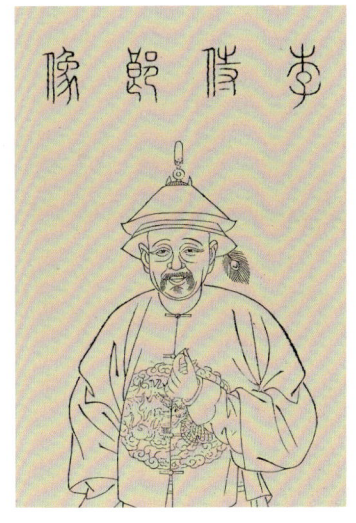

480 土国宝"必欲屠城" 清兵南下，都督李延龄、总兵土国宝占领苏州。时正遇太湖张三义军攻打，土国宝闻讯大怒，"必欲屠城"，驱兵从盘门入城，一路掩杀，直至饮马桥。此时有人将桥畔关帝庙中的关羽像搬至桥上，清军以关羽为战神，不敢得罪，始封刀，然苏州南半城已屠矣。左图为冷水盘门旧影，摄于清末。

481 李延龄"封刀不举" 与土国宝不同，都督李延龄则"不欲加兵"，从阊门进城，并未开刀杀戮。为此苏州士绅在山塘为他建立生祠，匾上题词"德崇宇宙"。右图为李延龄像，选自《吴郡名贤图传赞》。

482 康熙南巡　为了加强对南方的统治，从康熙二十三年（1684）起，康熙帝先后6次南巡，每次来回都驻跸苏州。其行程为：二十三年（1684），停留2天；二十八年（1689），停留7天；三十八年（1699），停留9天；四十二年（1703），停留5天；四十四年（1705），停留12天；四十六年（1707），停留11天。左图为康熙皇帝像，选自《清史图典》；右图为宋骏业绘《康熙南巡图》中康熙帝驻跸苏州，在虎丘后山与民同乐的情景。藏于故宫博物院。

483 皇亭碑　又称万寿亭碑，立于胥门外泰让桥南。清康熙二十三年（1684）玄烨南巡至苏，当面口谕，督促戒勉官员当洁己爱民，奉公守法，激浊扬清，体恤民情。江苏巡抚汤斌将其勒石竖碑筑亭，左右另有两碑，则为乾隆南巡时所书诗碑。

484 乾隆南巡　乾隆帝仿效其祖父六下江南，每次来回也都驻跸苏州。其行程为：乾隆十六年（1751），停留11天；二十二年（1757），停留11天；二十七年（1762），停留11天；三十年（1765），停留14天；四十五年（1780），停留10天；四十九年（1784），停留8天。左图为乾隆皇帝像，选自《清史图典》；右图为徐扬绘《乾隆南巡图》中乾隆帝进入胥门时的情景。

485 官员迎驾　乾隆南巡至苏州，官员在接驾桥迎驾。图为徐扬绘《乾隆南巡图》局部。

486 顺治"敬佛"碑　西山显庆寺住持山晓
和尚应诏进京参加为顺治帝董鄂妃早逝
而举办的佛事活动，结束后顺治帝在景
山便殿亲书面赐题字。住持将其带回苏
州，光绪年间当地官员在石公山立碑。

487 康熙"松风水月"碑　康熙曾两次到邓
尉山游览。此碑是他在二十八年（1689）
第一次游山夜宿圣恩寺四宜堂时乘兴命
笔赐予寺僧的。碑藏于司徒庙。

488 康熙诗碑　康熙帝第二次南巡至苏州，关心地
方吏治，题诗两首，赐江苏巡抚吴有礼，告诫官
员要勤政爱民。碑藏于沧浪亭。

489 雍正御书　清雍正帝御书，选自《苏州佛教文化》画册。

490 乾隆诗碑 乾隆二十二年（1757），清高宗弘历登穹窿山望湖亭，纵览八百里太湖，书《穹窿山望湖亭望湖》："震泽天连水，洞庭西复东；双眸望无尽，诸虑对宜空。三万六千顷，春风秋月中；五车禀精气，谁诏陆龟蒙。"碑立于穹窿山上真观内。

491 咸丰"其难其慎"碑 咸丰四年（1854），咸丰帝御题赐下。彭蕴章（1792—1862），长洲（今江苏苏州）人，尚书彭启丰曾孙，曾任军机大臣和工部尚书。咸丰一朝国事动荡，咸丰帝本人目睹清王朝衰落，虽有振奋之心，却乏回天之术，这一御笔也多少反映了他这种无奈的心态。碑藏于苏州碑刻博物馆。

492 光绪"沛泽流慈"匾额 道光年间林则徐抚苏，重建光福寺，道光帝赐"慈云护佑"匾额。后光绪帝再赐"香雪慈云""沛泽流慈"两块匾额，其中"香雪慈云"匾额在"文化大革命"期间丢失，"沛泽流慈"匾额今悬于光福司徒庙正殿。

493 光绪"天开文运"匾额 匾额藏于浒墅关文昌阁，光绪御题，意为"天降大任，文运勃兴"。

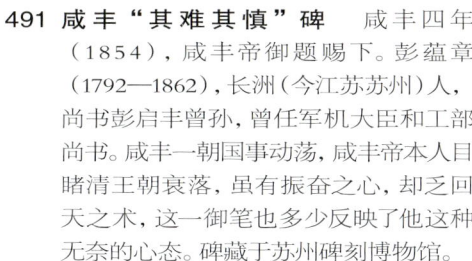

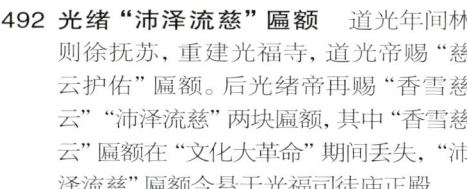

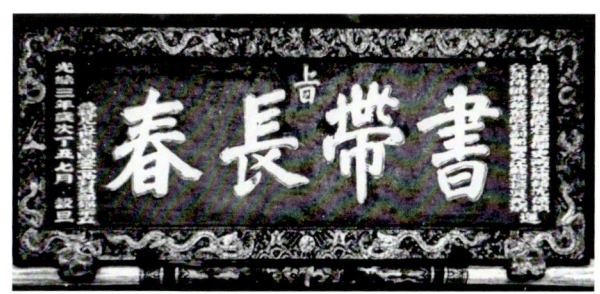

494 光绪"书带长春"匾额 光绪三年（1877），两江总督沈葆桢与江苏巡抚吴元炳奉光绪帝旨，为东山二品封员郑锦宗五世同堂立匾。

495 曹寅任苏州织造　曹寅（1658—1712），《红楼梦》作者曹雪芹祖父，因其母孙氏乃康熙帝乳母，故备受康熙信任，康熙二十九年（1690）出任苏州织造，三十一年（1692）又转任江宁织造。左图为王翚绘《康熙南巡图》中的苏州织造府，右图为位于丝绸博物馆的苏州织造署场景。

496 李煦任苏州织造　李煦（1655—1729），满洲正白旗人，曹寅妹夫。康熙三十二年（1693）三月接曹寅出任苏州织造，前后凡30年，其间曹四迎康熙南巡，俱蒙宠遇。图为康熙御笔朱批苏州织造李煦关于苏州地方银两亏空的奏折，藏于故宫博物院。

497 御厨张东官　乾隆第四次南巡，品尝了苏州织造普福家中厨师张东官烹制的菜肴后赞不绝口，携其进京，为皇家备膳，直至第六次南巡，才将年迈的张东官送至苏州灵岩山养老。图为乾隆帝赏赐苏州织造普福与厨师张东官"每人一两重银锞二个"的记录，载于《苏州织造官府菜探究》。

498 担任军机大臣的苏州人 清代不设宰辅,雍正年间始设军机处,后逐渐演变成全国政令的策源地和统治中心。军机大臣少则三四人,多则六七人,被称为"枢臣"。军机大臣能文能武,出将入相,他们分别对皇帝一人负责。其中担任此职的苏州人有蒋廷锡、潘世恩、彭蕴章、潘祖荫、翁同龢、吴郁生。图为故宫军机处值房,图选自《清史图典》。

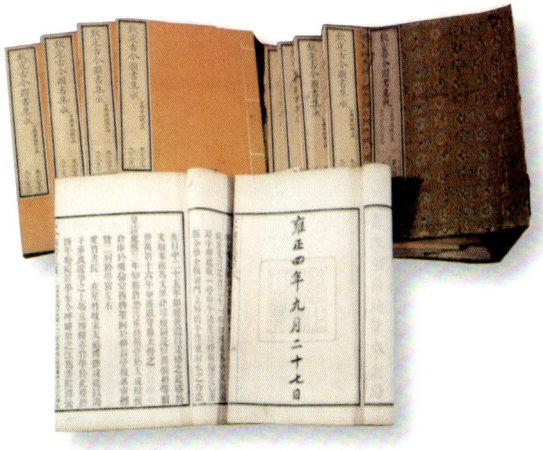

499 多才多艺的蒋廷锡 蒋廷锡(1669—1732),字扬孙,一字酉君,号西谷、南沙、青桐居士等,常熟人。康熙四十四年(1705)进士,官至大学士。雍正四年(1726)任户部尚书,协助怡亲王允祥办理财政,获得雍正帝信任,军机处成立后任军机大臣。蒋廷锡同时是位多才多艺的文人,受命为《古今图书集成》总裁,并负责《大清会典》《圣祖实录》的编纂。左图为蒋廷锡画像,选自《清史图典》;右图为《钦定古今图书集成》书影,藏于故宫博物院。

500 四朝元老潘世恩　潘世恩（1770—1854），字槐堂，号芝轩，吴县（今江苏苏州）人。乾隆五十八年（1793）状元，官授工部、吏部、户部尚书，武英殿大学士、上书房总师傅、军机大臣。为官50余年，历事乾隆、嘉庆、道光、咸丰四朝，被称为"四朝元老"，恩宠无比，并充续办《四库全书》总裁。鸦片战争爆发，他支持林则徐前往广东禁烟。道光帝特许他在紫禁城乘轿，并赏赐黄马褂。咸丰帝即位后下诏求贤，他保荐林则徐等人。《郎潜纪闻》称其"状元作宰相，富贵寿考，子孙继武，公之福祉，三百年一人而已"。左图为潘世恩像，选自《清史图典》；右图为张崟所绘《临顿新居图》中的潘世恩故居，藏于苏州博物馆。

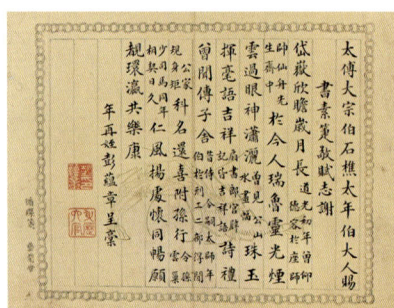

501　善于理财的彭蕴章　彭蕴章（1792—1862），字咏莪，谥文敬，长洲（今江苏苏州）人，尚书、状元彭启丰曾孙。咸丰元年（1851）起任军机大臣，他精于理财，为征讨太平天国筹集军费，推行改铸铜钱，增收厘金，发行官钞，扩大捐资及漕米海运等举措，解决了税收减少、军饷膨胀等财政问题。图为彭蕴章手迹。

502　处于末世的吴郁生　吴郁生（1854—1940），吴县（今江苏苏州）人，状元吴廷琛之孙。曾为内阁学士、四川督学，主考广东，康有为出其门下。戊戌政变时，西太后因此而不用，及至太后死，乃任邮传部尚书，1910年末任军机大臣。辛亥革命后返苏州故里，晚年好行善举。图为吴郁生画像及手迹。

503 探花潘祖荫　潘祖荫（1830—1890），字伯寅，号郑盦，吴县（今江苏苏州）人。咸丰二年（1852）探花，初授编修，后历任大理寺少卿，工部、兵部尚书，军机大臣等职。通经史，好收藏，因曾上书营救左宗棠，作为报恩，左将出土于陕西眉县礼村的西周初期的青铜器大盂鼎相赠，后运至苏州珍藏。经潘氏后人精心护持，得以完好无损。中华人民共和国成立后，潘家将大盂鼎和另一青铜重器大克鼎捐献国家。左图为潘祖荫像，选自《清史图典》；右图为南石子街潘祖荫故居。

504 赞助变法的翁同龢　翁同龢（1830—1904），字叔平，号松禅，常熟人。咸丰六年（1856）状元，光绪五年（1879）起为光绪帝师傅。先后充任军机大臣兼任总理各国事务大臣，是光绪帝身边最得力的谋臣。甲午战后他深感痛心，遂生变法维新念头，联络维新志士企图通过变法实现光绪帝亲政。他赞助变法活动，破格求贤，曾向光绪密荐康有为才堪大用，成为维新派与光绪帝之间的中介人。然而光绪二十四年（1898）"百日维新"开始后仅4天，即被慈禧太后罢职回籍。左图为翁同龢像，右图为常熟翁同龢故居彩衣堂。

505 江苏巡抚衙门　明代开始专设巡抚，巡抚为地方最高长官，总揽一省民政、军事、吏治、刑狱等。康熙六年（1667），由于江南省规模和实力过大，便分设江苏省和安徽省，江苏巡抚衙门驻苏州，下辖苏州、扬州、徐州、通州、常州、松江诸府。辛亥革命后废巡抚。图为书院巷江苏巡抚衙门。

506 江苏按察使署

位于道前街。清雍正八年（1730），将苏松常兵备道旧址改为提刑按察使司，俗称桌台，专管司法刑名，民国年间为江苏省高等法院。图为按察使署旧址。

507 江苏总藩衙门　位于学士街升平桥，原为明代大学士王鏊怡老园别墅。称藩台，又称布政使衙门，专管一省财赋。图为藩台署衙辕门，选自徐扬《姑苏繁华图》。

508 臬台衙门　即按察使司，又称臬台，专管司法刑名。图为清代臬台衙门情景，时衙门正举行院试，门上高悬"天开文运"横匾，衙前站满了执事官和围观者，选自徐扬《姑苏繁华图》。

509 演武厅　清代桃花坞一带为军队驻地，今尚遗有大营弄、西大营门和校场路等地名。图中绘有演武厅前比武演练的场面，选自徐扬《姑苏繁华图》。

510 康熙眷顾老臣宋德宜 宋德宜（1626—1687），字右之，长洲（今江苏苏州）人，官至吏部尚书。为人严毅木讷，然议国家大事，侃侃直抒己见。康熙曾询之江南赋税之事，德宜报言："苏松赋役独重，民力凋敝。"上为之动容，诏第二年免除苏松四府钱粮之半。他一生廉谨，虽显贵，门前却冷落。康熙第四次南巡，派人专程到其墓前"奠酒"。图为宋德宜像，选自《吴郡名贤图传赞》。

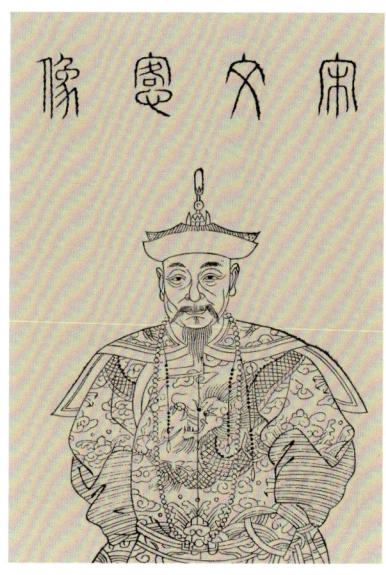

511 "豆腐汤"巡抚 汤斌（1627—1687），字孔伯，号荆岘，河南睢州人。康熙二十三年（1684），汤斌任江苏巡抚，其生活俭朴，平时采野菜供膳，三餐必有豆腐，几乎不沾荤腥，苏州百姓给了他一个"豆腐汤"的称号。他因见苏、松等地赋税苛重，便呈上奏章云，苏州、松江土地狭小，人口稠密，可是承担着大省百余个州县的赋税，百姓的财力一天比一天困乏，恳请皇上将苏州、松江的钱粮，照征收标准减少一二成。汤斌离任前往京城时，苏州百姓哭泣挽留不成，停市三天，拦路烧香为他送行，并在胥门接官厅为其立"民不能忘"牌坊。图像选自《清史图典》。

512 宋荦题名"香雪海" 清康熙三十五年（1696），江苏巡抚宋荦登光福马驾山赏梅，只见白梅似海，暗香浮动，天姿皎洁，冷艳如雪，便为之取名"香雪海"。左图为宋荦像，清万上遴绘；右图为香雪海梅花亭，摄于1964年。

513 姜晟围剿白莲教　姜晟（1730—1810），元和（今江苏苏州）人，嘉庆元年（1796）加总督衔，随经略大臣额勒登保围剿白莲教起义。白莲教为元明清时期流行的民间秘密宗教，由于信徒易于聚众，往往被利用成为农民起义的组织。嘉庆年间，湖北爆发了清立国以来最大规模的农民起义——白莲教起义，朝廷调兵遣将进行镇压。图像选自《吴郡名贤图传赞》。

514 张埙"天下清官第一"　张埙（1639—1694），字商言，号瘦铜，苏州黄石桥（今娄葑）人。康熙年间被选为河南登封知县，立誓"不取一钱，不枉一人"。在他治理下，登封出现了历史上少有的盛世局面，离任后登封百姓挂肖像纪念他，并榜为"天下清官第一"。去世后，在京的中州（河南）人士到他寓所吊祭，见到他家境清贫，而又缺乏子嗣，无不泣下沾襟。

515 "鞠躬尽瘁"的陈鹏年　陈鹏年（1663—1723），字北溟，湖广湘潭人。康熙四十七年（1708）出任苏州知府，他力戒奢侈，驱逐流娼，惩罚赌棍、讼师、拳勇、匪类，还大力疏浚城河，修建郡学，创兴义塾。去世后，爱新觉罗·胤禛（雍正）见到他的遗疏，非常感动，说："此真鞠躬尽瘁死而后已之臣"，于是谥号"恪勤"。图像选自《吴郡名贤图传赞》。

516 台湾知府蒋元枢　蒋元枢（1739—1781），字仲升，号香岩，常熟港口（今张家港）人，文华殿大学士蒋廷锡孙。乾隆四十年（1775）出任台湾知府，任上他整饬海防，修建炮台，重建台湾府木城，增葺文庙、学宫，还致力于捐资修建养济院、普济堂等公益事业，能体恤民情，兴利除弊。任满离台，民众感恩，为其建"德政碑"和"生祠"。图为台南风神庙里的蒋元枢塑像。

517 陆燿著《甘薯录》 陆燿（1723—1785），字青来，又字朗夫、朗甫，吴江（今江苏苏州）芦墟人，官至山东巡抚。甘薯亦称红薯、地瓜，是一种适应性极强的高产农作物，《甘薯录》旨在推广甘薯的种植。乾隆帝看到陆燿的《甘薯录》后兴奋异常，立即令直隶总督刘峨、河南巡抚毕沅将此书广为刊印，务使家喻户晓，广为栽种，以接济民食。

518 徐葆光出使琉球 徐葆光（1671—1740），字亮直，号澄斋，长洲（今江苏苏州）人，任翰林院编修。康熙五十七年（1718），值琉球国王继承王位，康熙帝便任徐葆光为敕封琉球国王的副使。他告老还乡后撰写了《中山传信录》6卷，述出国所见风物，成为后世了解琉球王国的珍贵史料。图选自《清史图典》之《册封琉球全图——封舟到港图》册页。

519 《浮生六记》与钓鱼岛 沈复（1763—？），字三白，长洲（今江苏苏州）人。清代文学家，著有《浮生六记》，这是他的一部自传体作品。然此书仅残存前四记，后二记佚失。2005年发现了清代钱泳手抄本《海国记》，当属该书第五记之《中山记历》，此乃沈复在嘉庆十三年（1808）作为随员出使中山国，亦即琉球国时的

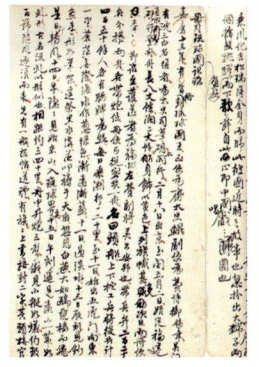

旅行见闻。其中有关钓鱼岛的文字，可佐证其属于中国。这项记载比日本宣称古贺辰四郎在1884年发现该岛的时间早了76年，使中国拥有钓鱼岛主权的证据又多了一项。左图为该文中《册封琉球国记略》的文字，右图为钓鱼岛俯瞰图片。

520 林则徐在苏州　林则徐（1785—1850），字少穆，福建侯官（今属福建福州）人。曾任江苏按察使、布政使和江苏巡抚，在苏州近8年。由于吴中连年荒歉，他发动赈济灾民，除设立粥厂外，又实行"担粥法"，雇人挑米粥赴各处以济老弱贫病。同时致力于兴修水利，挑浚浏河、白茆河，还兴建了海口闸坝。像选自《清史图典》。

521 林则徐纪念碑　林则徐在抚署内辟建试验田"丰圃"，试种水稻，精选良种，整修"丰备仓"，扩建苏州育婴堂。因其"有德于吴人甚巨"，人们称颂他为"林青天"，为他建祠立碑。图为1931年北局小公园内竖立的由李根源题写的"林公则徐纪念碑"。

522 林公禁烟始于苏州　林则徐在苏期间，深入阊门南濠街等地调查并开展禁止吸食、贩卖鸦片的活动，为其在广东禁烟打下了基础。图为宋骏业绘《康熙南巡图》中的阊门市井。

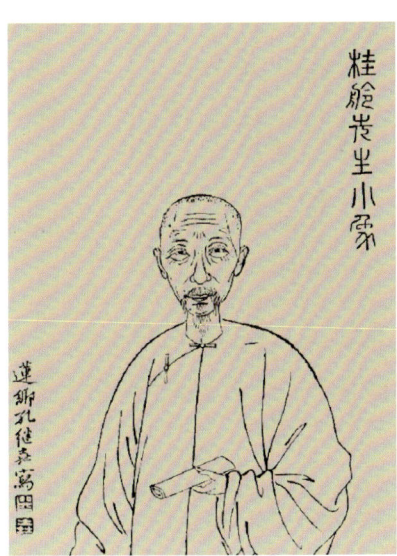

523 韩崶接济清军 韩崶（1758—1834），字禹三，号桂舲，元和（今江苏苏州）人。浙、闽、粤地区海盗活动由来已久，嘉庆初年海上各帮开始联合，势力逐渐增强，蔡牵成为其中主要首领，从一般性的海上劫掠发展成为反清的海上武装。朝廷予以讨伐，韩崶调福建任布政使，积极筹集军款，竭力接济清军。图为韩崶像。

524 陶澍抚苏 陶澍（1779—1839），字子霖，号云汀、髯樵，湖南安化人。道光十一年（1831）以江苏巡抚署两江总督事务，率先在两淮地区实施盐务改革。在苏期间支持林则徐禁烟实践和兴修水利、赈济灾民，并关心紫阳、正谊两书院的教育。任上偕江苏布政使梁章钜购得张姓房屋，在沧浪亭西建吴郡名贤总祠。图选自《清史图典》。

525 梁章钜在苏 梁章钜（1775—1849），字闳中，号退庵，福州人。道光六年（1826）任江苏布政使，在苏任职8年，曾4次代理巡抚，政绩突出。作为林则徐的好友，他也是一位坚定的抗英禁烟派人物。在苏期间热心公益，维护古迹，曾修缮可园，并发起参与构建沧浪亭五百名贤祠。深受百姓拥戴，与林则徐同时被选入吴郡五百名贤之列。图选自《清史图典》。

526 开启海运漕粮 清廷的经济命脉是东南漕运，然而由于运河梗塞，漕粮无法北运。道光五年（1825），朝廷派陶澍巡抚江苏，启用海运。几经反复之后，朝廷于道光二十六年（1846）将海运定为常例，运河漕运遂彻底终止。图为清代漕运船模型，选自《清史图典》。

527 太平天国在苏州　咸丰十年（1860）四月十三日，太平军攻取苏州，建立了苏福省，辖
有苏南地区的常州、松江、太仓和苏州等州郡，苏州既是郡县治所，又是苏福省城，成
为太平天国后期的军事重镇和财赋之区，苏福省军民政务由杰出将领忠王李秀成主
持。同治二年（1863），李秀成因天京危急，两次在苏州忠王府召开高层军事会议。图为
英国人呤唎写意画，帷帐中的李秀成着朝服，正在慷慨陈词，两旁侧座为其麾下诸王。

528 太平天国礼拜堂　太平天国信奉"拜上帝会"，军民每周都要做礼拜，教传洪秀全所
颁布的"圣书""诏旨"。此为英人呤唎所作写意图，似苏州众多高级官员在衙馆内做
礼拜，因其所服黄袍、红袍，乃非民间所能允许。

529 忠王李秀成　李秀成（1823—1864），初名李以文，广西藤县大黎里新旺村人。因作战勇敢提升为后军主将，咸丰九年（1859）被封为忠王，成为与英王陈玉成齐名的军事统帅，共同支撑了太平天国后期的局面。咸丰十年（1860），在破清军江南大营后，他乘胜攻克常州、无锡、苏州等地，并以苏州为首府建立苏福省，致力于恢复生产和社会秩序，还先后三次率部进军上海，开辟苏浙根据地，给外国干涉者以沉重打击。天京陷落后卫护幼天王突围失散，被俘就义，著有《李秀成自述》。图为李秀成雕像与忠王府。

530 李秀成佩剑　剑连鞘长84厘米，剑身刻有"李秀成佩剑"的铭文，剑藏于中国革命博物馆。

531 太平天国铜炮　太平军在占领区常毁掉寺庙里的铜佛、铜钟铸造铜炮。图为苏州博物馆藏铜炮，长175厘米，口径11.5厘米，上面刻"太平天国壬戌拾贰年苏福省造"。

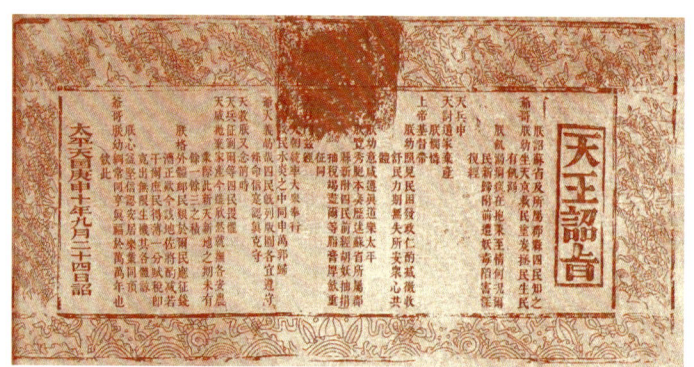

532 **《天王减税诏旨》** 这是咸丰十年（1860）洪秀全发给苏福省的减税诏旨。苏福省是太平军攻占苏州后建立的新省，辖区包括武进、阳湖、宜兴、荆溪、江阴、金匮、昆山、新阳、镇江、吴江、青浦、吴县、长洲、元和、松江、常熟、昭文等郡县。图选自《清史图典》。

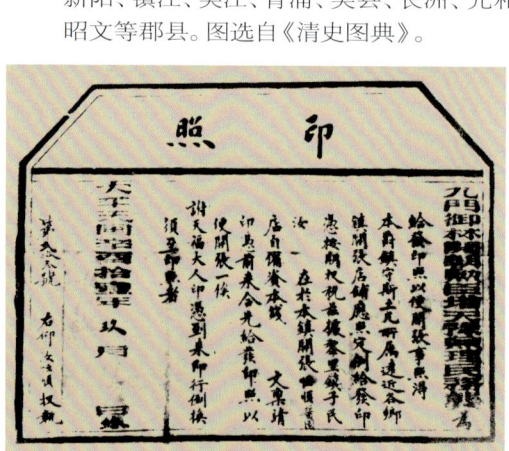

533 **常熟报恩牌坊碑** 忠王李秀成占领江浙后，当地人民过上了安居乐业的生活。为了感谢太平军的恩德，常熟民众于同治元年（1862）在南门外丰乐桥建立一座大石牌坊，以表示对太平天国政权的拥护。图为《常熟报恩牌坊碑序》拓片，选自《清史图典》。

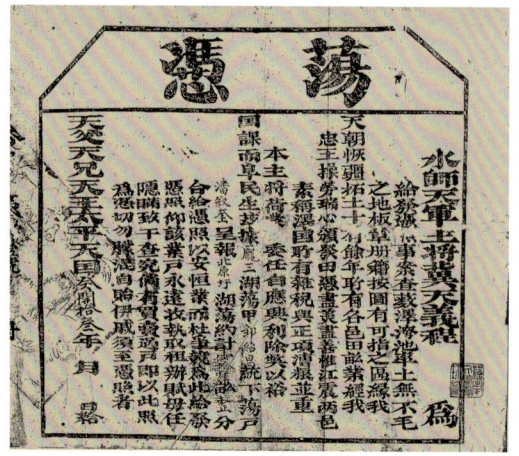

534 **太平天国推行薄赋政策** 太平天国在地方上实行了薄赋政策，百姓应纳粮税并未足收，田亩数也是听其造册。故苏福省百姓感念李秀成，在阊门外为其建造牌坊纪念。左上图为太平天国在吴江颁发的商业印照；左下图为吴江颁发的水乡荡田凭证。图选自《天国春秋——太平天国历史图录》。

535 清军克复苏州　同治二年（1863）十月十九日，李鸿章亲督大军进攻娄门，以重炮倾垒墙10余处，李秀成、谭绍光率万余太平军突出娄门拒敌，双方几近肉搏。二十日娄、葑等各门俱被攻下，李秀成带万余人夜晚突围。二十三日，淮军程学启等率水陆各军日夜攻城，二十五日，清军克复苏州。图为清宫廷画家所绘《平定粤匪战图》之十七《苏州省城战图》旧照，藏于故宫博物院。

536 太平军受降　同治二年（1863）十月二十五日，清军克复苏州。图为《李鸿章克复苏州战图》，描绘李鸿章在苏州城外参加太平军受降仪式，藏于北京大学图书馆。

537 李鸿章杀降　清军入城两天之后，即违反先前承诺，残杀太平军将士。仅在双塔寺院内，一次就杀俘3万多人，"地下三英寸深都浸染了鲜血"。图为太平天国战争之后，双塔一带荒凉萧瑟的景象。

539 戈登持枪追杀李鸿章　戈登（1833—1883），英国人，多次率"常胜军"攻打上海周围的太平军。后因协助清军攻占苏州，升为提督，赏穿黄马褂。李鸿章杀降，戈登认为这是无耻的背信弃义，使自己这个招降担保人声誉受损，盛怒之下他拎着手枪追寻李鸿章决斗。由于戈登反应激烈，杀降事件演变成为清政府的外交冲突。李鸿章为了笼络戈登，重赏他1万两白银，然被戈登拒绝。回到英国后，他还将清廷颁发的纯金奖章熔掉，捐给了慈善机构，只保留了黄马褂。这件黄马褂至今还保存在英国的戈登纪念馆。图为戈登身穿黄马褂的画像。

538 首级示众　建筑已成废墟，牌坊挑出的竹竿上挂有小笼子，笼内是人的首级。瑞士人阿道夫摄。

540 战前虎丘塔 摄于1860年之前的虎丘塔，塔檐俱在，太平天国战争中寺院被焚烧。文物专家罗哲文提供，美国皮波迪伊塞克斯博物馆收藏。

541 战后虎丘塔 摄于太平天国战争后的1869年，宝塔塔檐全无，周边建筑荡然无存，只剩残柱依稀兀立。英国约翰·汤姆逊摄。

542 战后沉沦的苏州 经历太平天国运动战乱之后，苏州中心城市地位一落千丈，人口流失，商业萧条，建筑破碎，城乡满目疮痍。清同治二年（1863），英国洋枪队戈登为镇压太平军下令拆去宝带桥第9孔，致使北端26孔全部崩塌。图为坍塌了一大半的宝带桥，瑞士人阿道夫摄于19世纪70年代。

543　设立日本租界　甲午战争后，清政府与日本签订不平等的《马关条约》，增辟苏州等四地为通商口岸。光绪二十三年（1897），划盘门外青旸地为日本租界，面积共483.876亩。图为青旸地日本租界旧影。

544　留学生赴东洋　江苏巡抚端方是中国新式教育的创始人之一，他曾下令将各州县照例奉送的红包全数退回，用作选派两名当地学生出国留学的费用。图为清光绪三十年（1904）八月二十七日，端方等官员在胥门外皇华馆为留学日本的江苏师范生送行时所摄。

545 廉吏暴式昭 暴式昭（1847—1895），字方子，河南滑县人。清光绪十一年至十六年（1885—1890），在苏州西山甪里巡检司任九品巡检官。任职期间因反映民意忤上，蒙冤被撤职，随后全家竟穷得无米下锅。百姓感谢他平日的恩惠，全岛七八千户自发捐米捐柴，冒雪送到他所租居处，一时成为佳话，近现代有近百位名家都曾以不同方式褒扬这位廉吏。左图为西山东村暴式昭纪念馆铜像，右图为甪里村暴式昭故居。

546 李超琼与李公堤 李超琼（1846—1906），字紫璈，四川合江人。光绪十五年（1889）任元和县知县，时秋雨成灾，他屡次申请免除朝廷所征的额外漕粮。灾后又以工代赈，修复了葑门外官塘驿路，还组织百姓将太平天国战争中所遗废墟瓦砾运到金鸡湖中，筑成长堤阻挡风浪，以方便往来船只和行人，百姓称之为"李公堤"。左图为李超琼像，选自《李超琼日记》；右图为李公堤碑亭；下图远处即为李公堤，摄于1993年工业园区开发建设之前。

547 外交家洪钧 洪钧（1839—1893），字陶士，号文卿，吴县（今江苏苏州）人，同治年间状元。任兵部左侍郎、总理各国事务衙门大臣，光绪十三年（1887），任出使俄、德、奥、荷四国大臣，之后利用外国史料撰成《元史译文证补》30卷，开中国史学界利用外国资料研究元史的先例。洪钧与赛金花的经历也成为清末脍炙人口的一段传奇。

548 传奇女子赛金花 生于安徽黟县，又名傅彩云。幼年时被卖到苏州"花船"上为妓。光绪十三年洪钧回乡，与她一见倾心，遂纳为妾。不久洪钧奉旨为驻四国公使，她陪同出洋。

549 维新思想家冯桂芬 冯桂芬（1809—1874），字林一，号景亭，吴县（今江苏苏州）人。太平天国运动后，中国出现了一批主张改良变法的早期维新思想家，其中的代表人物是冯桂芬、薛福成等。他的《校邠庐抗议》一书提出"以中国之伦常名教为原本，辅以诸国富强之术"，认为应该向西方学习，改革我国的某些制度。左图为冯桂芬像，选自《清史图典》；右图为史家巷冯桂芬祠堂。

550 狮子山招国魂 朱锡梁（1873—1932），字梁任，号君仇，吴县（今江苏苏州）人。光绪二十九年（1903）十月的一天，朱梁任、包天笑、苏曼殊等18人登狮子山，树雄狮幡，幡上大书"魂兮归来"，以招国魂。还带了一支前膛枪，向北开了一枪，声震四野，旨在唤醒如睡狮般的中国，激励反清的革命斗志。之后朱梁任还将所居的石路小巷命名为醒狮路，图为朱梁任像与醒狮路，路已于2010年拆迁。

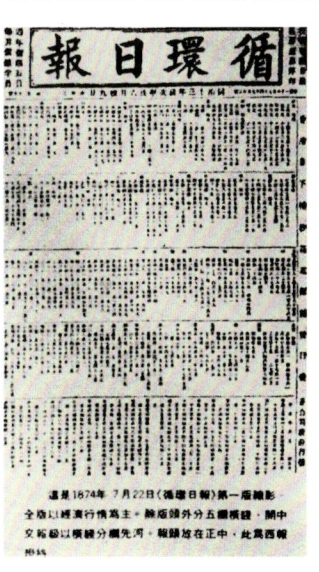

551 王韬介绍西方世界 王韬（1828—1897），字子久，号兰卿，别署甫里逸民等，长洲（今江苏苏州）人，资产阶级早期改良派的代表和介绍西方世界的先驱之一。同治十二年（1873）十一月，他在香港集资创办了《循环日报》，开始了中国人自己办报的历史。该报是中国近代早期的著名政论报纸，宣传的思想反映了新兴民族资产阶级的利益和要求，为后来的维新变法运动作了思想上和舆论上的准备。

552 南社成立　宣统元年（1909）十月初一，由陈去病、高旭、柳亚子、苏曼殊等人发起的20世纪第一个革命文学团体南社在苏州虎丘正式成立，社员借吟诗作文鼓吹民主革命，提倡爱国主义精神，抨击清廷统治。图为南社成立合影。

553 "惟盈旅社"秋夜草疏　辛亥革命前，江苏巡抚程德全、立宪派首领张謇以及杨廷栋等人，在苏州向清廷上疏，提出"解除亲贵内阁""下罪己诏""提前宣布宪法"的要求。由于奏疏实质已超出君臣间的规范，故被视为江苏响应辛亥革命的先声。左图为当年起草上疏文章的惟盈旅社（后改名青春旅社），址在钱万里桥南堍，2008年建高架路拆迁时摄。

554 苏州和平光复　辛亥年武昌起义爆发的消息传到苏州，士绅力劝江苏巡抚程德全"明建义旗，宣告独立"。九月十五日，程德全被推举为军政府江苏都督，以"兴汉安民"为口号，正式宣布独立。图为程德全像与《申报》所载《苏城光复记》。

第二节　清代时期　经济

    清初苏州农业经济得到恢复，由于推广经济作物，发展商业性农业，不少乡镇成为棉花、蚕桑、茶叶、蔬果、花卉的集中产区。此外农民还兼营多种副业和手工业，耕渔之外，还有织布、刺绣、采石、造器、建筑等。至康乾时代，手工业鼎盛，行业分布广泛，分工趋于细密，生产规模扩大，技艺日益精巧。农村市镇数量从明代中后期的64个增加到132个。在范金民主编的《江南社会经济研究》一书中，这样写道："苏州成为全国著名的丝绸生产、加工和销售中心，全国最大的棉布加工和批销中心，江南地区最大的粮食消费和传输中心，全国少见的金融流通中心，刻书印书中心，颇发达的金银首饰、铜铁器以及玉器、漆器加工中心，开风气之先和领导潮流的服饰鞋帽中心，独步全国的美味美食饮食中心，设施齐备、服务周到的生活中心和交通便利的运输中心。"但因太平天国战争，苏州人口锐减，经济备受摧残。甲午战争后设立租界，设置海关，外国工商资本开始向苏州渗入，而新兴的民族工业也在这时不断涌现。

555 先农坛致祭　雍正年间，苏州建先农坛于南园（今工人文化宫附近）。累石为之，高二丈，宽二丈五尺，中正北一室，供先农神主，外缭以垣，门向南。每年仲春亥日，地方官员在此致祭先农神，以使重农教稼深入人心。

556 嫘祖祭祀　嫘祖是中华始祖之一的轩辕黄帝的正妃，她发明了养蚕、缫丝、织绸，成为蚕丝鼻祖，被后世视为"先蚕"。汉代以后开始有"祭祀先蚕"的仪式和活动，图为吴江盛泽先蚕祠。

557 康熙《耕织图》之《耕》　　《耕织图》是南宋绍兴年间画家楼俦所作，作品得到了历代帝王的推崇和嘉许。天子三推，皇后亲蚕，男耕女织，这是中国古代小农经济的图景。清康熙南巡时见到《耕织图》后，感慨于织女之寒、农夫之苦，传命内廷供奉焦秉贞重新绘制。《耕织图》是我国古代为劝课农桑，采用绘画形式翔实记录耕作与蚕织的系列图谱，由于其生动地描绘了劳动者耕作与蚕织的场景，而起到了普及农业生产知识、推广耕作技术、促进社会生产力发展的巨大作用，其画作本身是极其珍贵的艺术瑰宝。本篇选登康熙年间御制的《耕织图》之《耕》四幅，分别为《耕》《插秧》《收割》《持穗》，系内庭供奉焦秉贞绘制，并由两位来自苏州的著名刻工朱圭和梅裕凤制作。图藏于故宫博物院。

558 乾隆《耕织图》之《织》 　　乾隆皇帝出于对农业的重视，一面将前代一些指导农业生产的重要书籍予以翻刻，广为流传。同时也命内廷重新摹画《耕织图》，进行宣传。图为乾隆御制《耕织图》之《织》四幅，分别为《采桑》《养蚕》《络丝》《攀花》，图藏于故宫博物院。

559　农业得到恢复　清初朝廷采取招抚流亡劝垦、减免租赋、兴修水利等有利于农业生产的措施，对苏州农业的恢复和发展起到了积极作用，土地得到了比较充分的开发，粮食产量也明显提高。此为清董诰绘《万亩登丰图》，此图表现的是江南农村秋收时的场景，选自《清史图典》。

560　经济作物不断推广　清时苏州农业的经济结构也出现变化，粮食种植面积有所减少，而经济作物面积不断扩大，农产品逐步商品化。太仓、常熟、昆山等地因土质宜棉而广为种植。沿太湖的吴县、吴江、震泽等地则植桑者为多。此外茶叶、蔬菜、果木、花卉等种植业也十分普遍，春夏之交，绿荫弥望，五色鲜浓。图为清董诰绘《万户桑麻图》卷之《采桑图》，选自《清史图典》。

561 重建织造局 明代苏州织造局设在北局,清顺治四年(1647),朝廷在带城桥东重建织造局。织造局内设有管工、管经纬、管花木、拣绣匠和结综匠等。图为苏州织造局旧址。

562 "上用"和"官用"的苏州丝织品 苏州自宋、元、明以来,即是中国丝织的生产中心地之一,所产锦绣、丝绒等织物光华艳丽,享有很高声誉,被誉为锦绣之乡。到清代苏州丝织生产分"上用"和"官用"两类,"上用"专供宫廷帝后服饰所用,"官用"为官府王公以下赏赐所用,品种有袍、褂、伞盖、飘带、佛幡和补子等。左图为明黄缎平金彩绣龙皇帝朝袍,因是皇帝专用,在织造上精益求精,织与绣达到了完美的结合;右图为平金绣八团龙袷褂,因织匠将金线从不同方向绣制,故使金龙呈现出凹凸起伏的立体效果,图选自《清史图典》。

563 四大名绣登峰造极　清代、民国刺绣空前发展，出现了苏绣、湘绣、蜀绣、粤绣"四大名绣"。苏绣是指以苏州为中心的刺绣，其品种一类为欣赏品，多以名画为稿本，做工精细，多出自名门闺媛之手，又称"闺阁绣"。一类为日用品，多出于民间作坊与妇女之手，题材多为花鸟蝶鱼，寓意吉祥如意。此外清代苏绣还出现了双面绣，能在一次刺绣过程中使绣品具有两面完美的刺绣效果，更是刺绣中的珍品。图为百子婴戏刺绣壁挂局部，是苏州刺绣高手为清宫特制的垂挂喜帐，描绘百子戏耍的欢乐景象。图选自《吴越文化》画册。

564 刺绣名家沈寿 沈寿（1874—1921），苏州人。光绪三十年（1904）其绣品作为慈禧七十大寿寿礼上贡，慈禧大加赞赏，亲笔书写"福""寿"两字赠赐。以沈寿为代表的苏绣艺人吸收了西洋美术原理，以油画、素描和摄影等艺术作品为绣稿，首创"仿真绣"，把苏绣艺术推向一个新高度。

565 沈寿刺绣作品 宣统三年（1911）沈寿绣成《意大利皇后爱丽娜像》，作为国礼赠送，轰动意大利朝野。图为沈寿《济公像》，藏于苏州刺绣博物馆。

566 蓝地"百蝠寿"库金缎 苏州官营织造的精品，图案为吉祥如意的"团寿"和"百蝠"，寓意福寿无疆，藏于故宫博物院。

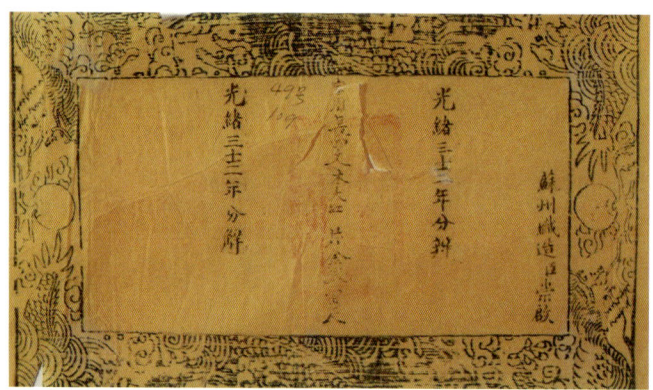

567 故宫织绣藏品苏作占一半　明清时期，江南成为皇家丝织品最重要的生产基地，苏州织造与清代宫廷有着更密切的关系。据故宫博物院研究馆员张琼介绍，在故宫典藏的18万件织绣藏品中，苏州织造占了一半，有近10万件。图为苏贡皇室织锦缎，这6匹织锦缎是光绪三十三年（1907）苏州织造的真金丝织锦缎，其中夹有一票据，为"苏州织造臣崇启光绪三十三年分办，宫用长四丈木大红，片金锻一匹"等字样；织锦缎上还织有"苏州织造臣"的名字。这批织锦缎是1974年6月由北京故宫博物院调拨给苏州博物馆保存的。

568 缂丝加绣《九阳消寒图》轴 《九阳消寒图》为苏州工匠用缂丝与刺绣两种技艺制成，两种工艺相互补充，增强了作品的艺术效果，成功地表现了九羊（谐音"阳"）至则寒意全消的民谚。选自《清史图典》，藏于故宫博物院。

569 彩织《极乐世界图》轴 由苏州织造制作，它采用苏州织锦中最为名贵的"重锦"织法，用19种不同颜色的彩色丝线同时织制，织造技艺高超精细，用通幅贯梭法，织绘出了佛家所云"极乐世界"的宏大景象。选自《清史图典》，藏于故宫博物院。

570 清式家具形成　乾隆时期内务部造办处聚集了很多来自各地的木匠，主要有广东和苏州两大流派。在他们的直接作用下，清代家具开始出现新的式样和新的装饰风格。嘉庆、道光以后，宫廷家具工艺水平逐渐下降，到清末，民间家具开始兴起，出现了"京做""苏做""广做"这三种地方特色浓厚的家具体系。"京做"产于北京，体系直接继承清宫家具。"苏做"产于苏州，固守明代家具传统，但风格有所变化。"广做"产于广州，受西方影响，品种增多，系列成套，雕刻繁缛。图为清式"苏做"家具。

571 戏文绢衣泥人　苏州泥人中另有一种泥塑戏文，头和手足是泥捏的，衣帽及手中刀枪等用绸、丝、布、纸、竹、木等多种材料制作，再加上彩绘，着色而成。图为清代戏文绢衣泥人《长生殿》与《长坂坡》，藏于苏州博物馆。

572 苏制鼻烟壶　鼻烟壶宽腹小口，虽然小不盈握，但制作工艺却极为讲究。其用材广泛，有玛瑙、料器、水晶等，集雕琢、书法、绘画等各种技艺于一身。在清代，苏州是鼻烟壶制作的重要地区。藏于苏州博物馆。

573 红雕漆海兽圆盒　此盒于乾隆十九年（1754）由苏州工匠制成，费时一年半。它以大小形状完全相同的两个半圆盒吻合而成。盒周身雕刻的线条细如毫发，婉转流畅，表达出高超的雕刻技艺。当时定做三套，现仅存此一件，弥足珍贵。藏于故宫博物院。

574 顾二娘刻砚　顾二娘，清代著名制砚家，苏州人。其作品巧中守拙，奇巧清新，出人意料。此砚将石材稍加琢磨，汇成一枯卷的荷叶，融观赏与实用于一体。藏于故宫博物院。

575 橄榄核雕　夜游赤壁橄榄核舟，为清乾隆时期苏州核雕艺人杜士元的作品。作者力求创造出一种诗的意境，舟上门窗可开启自如，可谓极尽工巧，令人称绝。藏于常熟博物馆。

576 苏州琢玉　至清代，玉器制作之精、器型之丰、应用之广都为前所未有。尤其是苏、扬两地最为著名，苏州的雕琢工艺之精更被誉为"良玉长集京师，工巧则推苏郡"。图为碧玉双耳八棱香莲大洗，藏于苏州博物馆。

577 南濠"天下大码头"　　由于交通位置优越，以苏州为中心的江南地区在全国性区域物资市场中一直居于有利地位。休宁人叶权（1522—1578）曾说，苏州枫桥、南濠名列"今天下大码头""最为商货辏集之所"。图为阊门南濠旧影，摄于1922年。

578 盛泽"庄面"　　盛泽与苏州、杭州、湖州并称为江南四大绸都，号称"日出万绸，衣被天下"，鼎盛时镇上绸行庄达百家。图为清代绸缎行"庄面"旧址。

579 丝绸商人　　鸦片战争后，上海取代苏州，成为商业都市，尤其在经历太平天国战争后，苏州阊门、胥门最繁华的商市转眼成为废墟，行商大贾纷纷出走，特别是客帮巨商多移资沪上。图为在上海的丝绸商人，摄于1862年。

580 横塘驿站 驿站、驿路的建立，把全国各地与国家的心脏地区联成一体，保证了通信的畅通和物资的转运。至清代，朝廷恢复加强了驿传体系，推动了全国各地各民族之间的往来和生产经济的繁荣发展，也为后来中国的邮驿制度打下了基础。图为大运河畔横塘古驿亭。

581 朝廷收税船 税收是政府财政收入的主要来源之一，江南地区江河通畅，水上运输繁忙，故清政府除设有钞关、厘卡收税之外，还另外派有收税船只在各处游弋盘查。图为停泊在港的朝廷收税船。

582 繁忙的江南水运 苏州地处太湖之滨，境内运河南北贯穿，河港纵横交叉，湖荡星罗棋布，水上运输川流不息。图为宋骏业设色《康熙南巡图》中江南运河景色，选自《吴越文化》画册。

583　刺绣专业市镇光福　光福镇始建于南宋,明代为吴县六镇之一,后一直是苏州西部商贸旅游重镇。镇中妇女以蚕桑刺绣为工,有"吴之刺绣,勤于光福"之称。

584　沿湖小镇金墅　位于通安镇西3公里,濒临太湖。清前期置镇,时有千总驻防,镇上老街东西向全长700米。有唐代莲花禅寺,今已重建,图为金墅老街。

585　以水生作物知名的斜塘　明初诗人高启《舟归江上过斜塘》诗中有"懒驻扁舟问酒家"句,这是斜塘之名的出处。明末清初斜塘集镇呈现雏形,清雍正年间斜塘人口渐繁。斜塘地处苏州城东,地势低洼,多湿地水田,盛产茭白、慈姑(茨菰)、莲藕、芡实、荸荠等"水八仙"作物。图为1999年小镇老街拆迁前旧影。

586　棉花产地璜泾　璜泾,宋末元初已是大镇,元末遭兵洗劫,化为废墟,明成化年间重建。璜泾四乡是著名的棉花产地,往来于璜泾的商贾多从事棉、米生意,本地无地方特色的手工业。清代成为棉、米集散地,乾隆年间已与双凤镇、沙溪镇并列为太仓三大镇。

587 建立会馆公所 随着工商业的发展，为了保护本行业工商业者的利益，各行业纷纷建立会馆、公所。根据现有碑刻资料的记载，建于清代的会馆17所、公所70所。其中包括手工业会馆、商业会馆、同乡会馆、官商合营会馆和工匠会馆等多种类型。上图四座会馆分别为：

嘉应会馆　胥门枣市街，嘉庆年间广东嘉应州（今梅州）商人集资兴建，摄于1999年迁移重建前。
新安会馆　阊门外上塘街22号，乾隆年间徽州歙县布商建，道光十二年（1832）重建，摄于1996年。
三山会馆　又名天后宫，在胥门外万年桥大街，明万历年间福建莆田商人公建，20世纪50年代毁。
潮州会馆　阊门外上塘街，康熙年间广东潮州商人公建，道光年间重建，2000年重修。

588　《**叫歇碑**》　此碑原立于玄妙观机房殿，碑文揭示：机户依仗官府的势力，禁止机匠结帮行（工人组织）、叫歇（罢工）、勒加银两（要求增加工资），犯者可以由机户扭送官府，按把持行市律究处。清雍正十二年（1734）立此碑，是清代中期劳资双方矛盾尖锐的实物见证，对于中国工人运动史的研究有着重大的意义。藏于苏州碑刻博物馆。

589　《**苏州禁止私秤碑**》　苏州府的商人和商行中有使用私秤现象。市场需要公平交易，使用私秤破坏了公平竞争，使市场不能正常运转，因而要予以禁止，国家用公秤来保证这种公平。此碑立于嘉庆十八年（1813），藏于苏州碑刻博物馆。

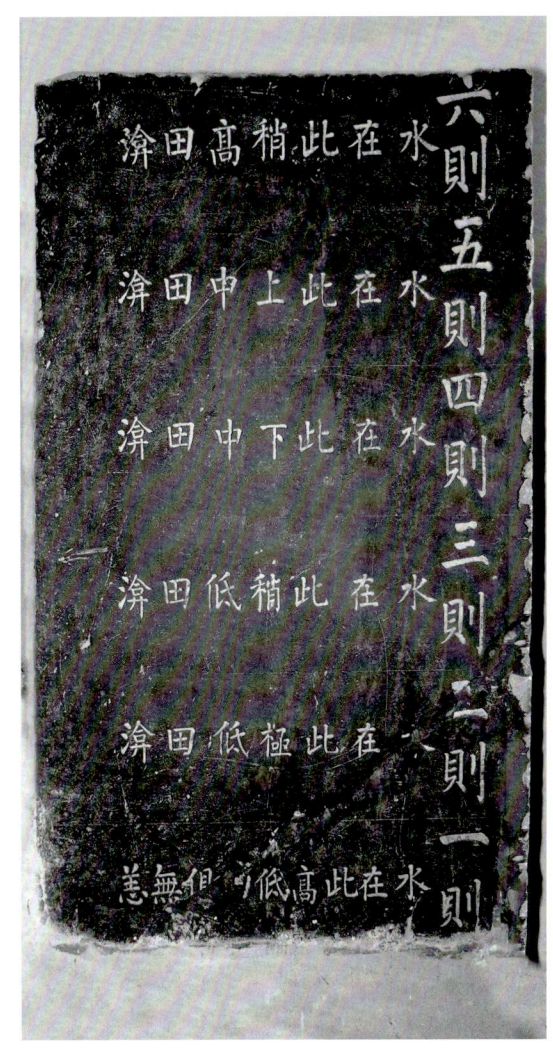

590 《永禁虎丘染坊碑》 乾隆二年（1737）立此碑，镶嵌在虎丘山门口。雍正年间虎丘山前开设染坊，污染河流，居民与染坊不断发生冲突，苏州府特颁布禁令，"如敢故违，定行提究"。这是我国历史上第一个水质保护法，它比英国在1833年立的《水质污染控制法》早96年，比美国在1899年立的《河川港湾法》早162年。

591 《胥江水则碑》 原立于胥门外接官厅岸边（胥江口），清光绪二年（1876）江苏巡抚吴元炳立，现存于苏州碑刻博物馆。水则碑用以观测水位涨落，了解农田水患。宋代在吴江垂虹桥首立水则碑，后毁。胥江水则碑是江浙地区仅存的水则碑，具有很高的科学价值。

592　李鸿章创办苏州洋炮局　清军克复苏州后，李鸿章升任江苏巡抚，开始倡导洋务运动，创办近代军事工业。同治三年（1864）一月，他占用太平军纳王府（今桃花坞大街电扇厂旧址），买下了英国阿思本舰队"水上兵工厂"部分机械设备，建立了中国第一家机械化兵工厂——苏州洋炮局，制造多种武器弹药。苏州洋炮局开创了中国洋务运动的先声，1868年李升任两江总督，便将苏州洋炮局迁往南京，洋炮局由此成为洋务运动四大军事工业之一的金陵机器制造局。左图为李鸿章像；右图为金陵机器制造局照片，该局设备即由苏州洋炮局运去。

593　建立海关　清光绪二十一年（1895），《马关条约》签订，苏州被辟为对外通商口岸。第二年七月苏州海关在葑门外觅渡桥堍建立，俗称洋关，以嘉兴以北、丹阳以南、昆山以西的地区为其管辖范围，对中外汽轮所载出入口货物征收税钞。图中右侧建筑即为洋关税务司署。

594 近代民族工业 　光绪二十一年（1895），在盘门外成立苏州商务局办苏经苏纶股份有限公司，由陆润庠出任公司总董，负责筹建两厂。苏州由此成为中国最早出现近代民族工业的城市之一。图为吴门桥东，远处为苏纶纱厂，右为苏经丝厂。

595 石路修筑 　甲午战争后，苏州被辟为商埠，日本在城南开辟了租界，苏州士绅则在阊门外修筑了大马路、横马路等近代道路，商业由此兴旺。之后盛宣怀又在阊门外修筑了一段碎石马路，由渡僧桥至大马路，以方便家人的车马往来于天库前盛府到留园。后来阊门外这些地方被统称为石路地区。图为盛宣怀像与清末石路情景。

596 沪宁铁路开通　光绪二十九年（1903），由督办铁路大臣盛宣怀与英银公司订立借款条约，正式开始筑沪宁铁路。图为在苏州站举行的沪宁铁路上海至无锡段通车典礼，摄于1906年。

597 火车站落成　光绪三十二年（1906），苏州火车站建成，站厅面积205平方米，有站台2座，地道1处，货物仓库1座，共340平方米，雨棚174平方米。

598 始设邮政局　光绪二十三年（1897）二月初五，苏州始设邮政局。初办时址在葑门外觅渡桥洋关，宣统二年（1910）迁阊门外鸭蛋桥堍。图为阊门外邮政局旧址，20世纪90年代拆迁。

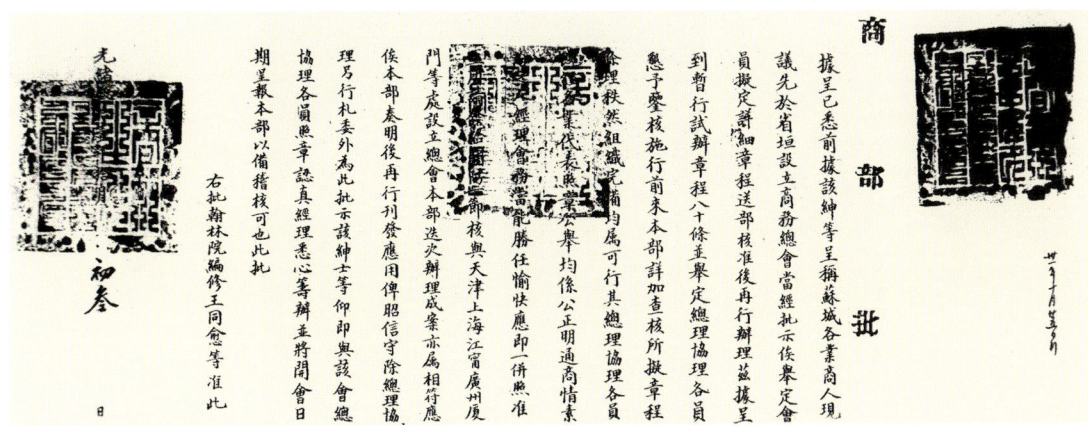

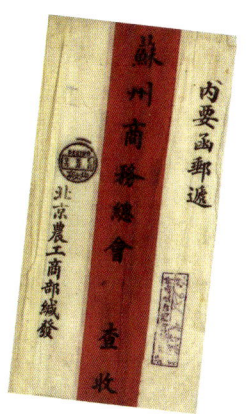

599 商务总会创立 光绪三十一年（1905）十月六日，苏州商务总会成立，首任总理尤先甲。商会除了振兴商务、发展经济之外，还涉及地方政治、军事、学务、市政、治安等领域，商务总会把自己的触角伸到城市生活的各个角落。上图为清廷农工商部批准苏州商务总会成立的函；左图为北京农工商部寄苏州商务总会的函封；下两幅图为苏州商务总会的入会凭照。图选自苏州档案馆编《百年商会》。

600　参展南洋劝业会　鸦片战争后，清政府被迫打开门户。宣统二年（1910）四月，在南京举办南洋劝业会，各省筹划本域产品参展。时苏州参展产品达数千件，其中获金牌297块。图为南洋劝业会股票与苏州宋锦获得农工商部颁发的奖章。

601　苏州总商会协办南洋劝业会　南洋劝业会是官商合办的商品博览会，其实际负责筹备工作的是上海、江宁（今南京）、苏州等商务总会。宣统二年（1910）四月二十八日正式开幕，展期6个月。会内分设农业、医药、教育、工艺、武备、通运诸馆及劝业场。

■ 第三节　清代时期　文化

　　清代苏州文化蔚为壮观，顾炎武在诸多领域都有建树，成为清学开山之祖。钱谦益、吴伟业享誉诗坛。惠栋的吴派汉学、钱大昕的史学、吴大澂的金石都知名于世。毕沅主持编撰《续资治通鉴》。俞樾博采众长，自成一家，人称清儒中的第一流大师。昆剧被称为"百戏之祖"。在美术方面，由"吴门画派"衍出的"娄东画派""虞山画派"十分活跃，有"四王"之称的王时敏、王鉴、王翚、王原祁负有盛名。评弹艺术的形成、桃花坞木刻年画的发展都始于这个年代。"吴门医派"声名远播，吴有性、叶桂、薛雪等名医辈出。科举历久不衰，有清一代，苏州府出状元达26名。清代的造园艺术则达到了炉火纯青、登峰造极的地步。光绪年间，博习医院带来了当时最先进的西方医疗技术，东吴大学等教会学校令新式教育在苏州异军突起。鸦片战争后中国社会发生了巨大变化，黄人、曾朴、包天笑等许多文人的创作受民主革命思想影响，无论形式还是内容方面都刻意求新。陈去病、柳亚子等人发起成立南社，鼓吹革命，充满了激昂的爱国精神。

602 入值南书房的苏州人　南书房坐落在乾清宫院落西南角的庑房，为皇帝读书处。康熙十六年（1677），康熙帝将它改成一个为自己讲论诗书的儒臣供职之所，遴选品学兼优的翰林院汉官入值，入值者称"南书房行走"或"内廷翰林"。昆山人叶方蔼、徐乾学和长洲（今江苏苏州）人何焯、汪士铉以及太仓州嘉定（今属上海）人钱大昕等都曾入值南书房，陪皇帝读书写字，讲经赋诗、编纂书籍。图为南书房原址，选自《清史图典》。

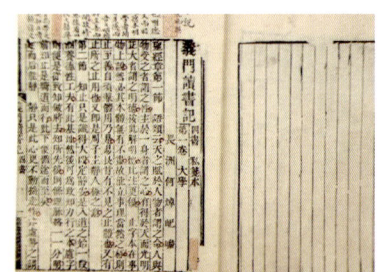

603 徐乾学编《大清一统志》

徐乾学（1631—1694），字原一，号健庵，昆山人。康熙年间进士，以文章知名，康熙二十一年（1682）充任《明史》总裁官。康熙二十四年（1685）入值南书房后又承担了大量的编书任务，先后任《大清会典》《大清一统志》副总裁，还受命主持太宗以及世祖《圣训》《鉴古辑览》《古文渊鉴》等书的编纂。上图为徐乾学像，选自《清史图典》；下图为《大清一统志》书影。

604 《明史》总裁叶方蔼

叶方蔼（？—1682），字子吉，号讱庵，昆山玉山人，为叶盛后裔。顺治年间进士，康熙十七年（1678）入值南书房，授翰林院掌院学士。次年出任《明史》总裁，后官至刑部右侍郎。上图为叶方蔼像，选自《清史图典》；下图为《钦定明史》书影。

605 书法儒臣何焯　何焯（1661—1722），字屺瞻，长洲（今江苏苏州）人。以生员身份入值南书房，且为皇八子允禩的师傅。康熙四十三年（1704），何焯居丧在老家苏州，允禩在给他的信中写道："先生要着实节哀，保重身子，思将来上报皇恩。"暗示自己可能成为未来的皇帝，希望他能来日报效。后来何焯被抄家，此信落入康熙手中，他亲笔批示："八阿哥与何焯书好生收着，恐怕失落了。"表达对于二人之间非比寻常关系的愤慨。图选自《清史图典》；下图为《义门读书记》书影。

606 "江左三大家"之吴梅村 吴伟业（1609—1672），字骏公，号梅村，太仓人。明末清初著名诗人，与钱谦益、龚鼎孳并称"江左三大家"，是娄东诗派的开创者。他诗中多以明清之际史事为题材，极具史料价值。如以"恸哭六军俱缟素，冲冠一怒为红颜"之句，而为世人传诵的《圆圆曲》，几乎到了因诗代史的地步。左图为吴伟业像，选自《清史图典》；右图为《吴梅村先生诗集》书影。

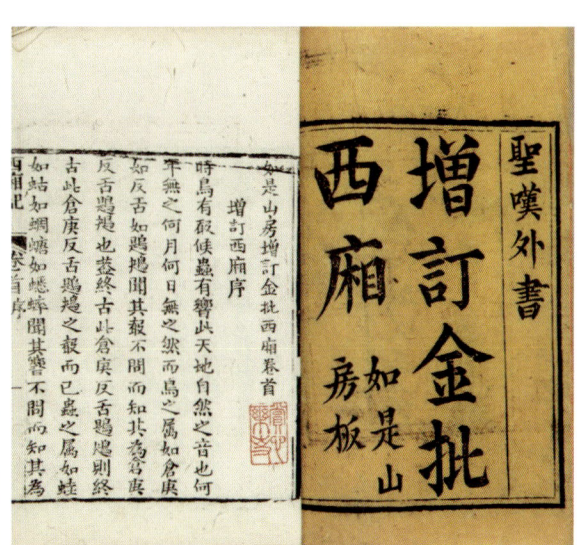

607 金圣叹评点群书 金圣叹（1608—1661），名人瑞，字圣叹。明末清初文学批评家。因批点《离骚》《庄子》《史记》《少陵集》《西厢记》《水浒传》，合称"六才子书"知名于世。后因在顺治帝去世后率当地100多名诸生哭于文庙，并请求驱逐酷吏县令任维初而被朝廷拘捕处死。左图为金圣叹像，右图为金圣叹书《增订金批西厢》书影。

608 苏州贡院　苏州府贡院又称试院，明清两代原设在昆山，同治三年（1864）重建于定慧寺巷。苏州贡院的考试主要为"童试"，考试合格后取得生员（秀才）资格，方能进入府、州、县学学习。图为苏州贡院旧影。

609 清代苏州状元　清代苏州有状元26位：孙承恩、徐文元、缪彤、韩菼、彭定求、归允肃、陆肯堂、汪绎、王世琛、徐陶璋、汪应铨、彭启丰、毕沅、张书勋、陈初哲、钱棨、石韫玉、潘世恩、吴廷琛、吴信中、吴钟骏、陆增祥、翁同龢、翁曾源、洪钧、陆润庠。图为清代会试的考试所在地北京贡院明远楼，届时全国各地的举人都汇集于此，为取得贡士参加殿试资格而苦苦拼杀，并由皇帝亲定甲第。图选自《清史图典》。

610 苏州科举趣闻　清代苏州科举连中三元者钱棨；连中会元、状元的有韩菼、彭定求、陆肯堂、彭启丰、吴廷琛5人；兄弟鼎甲的有徐文元、徐秉义，彭定求、彭宁求，潘世恩、潘世璜6人；父子状元、榜眼的有缪彤和缪曰藻；祖孙状元、探花的有潘世恩和潘祖荫；祖孙状元的有彭定求和彭启丰；叔侄状元的有翁同龢和翁曾源。图为纪念长洲（今江苏苏州）人钱棨连中三元所立的牌坊。

611 受康熙褒嘉的陆肯堂

陆肯堂（1650—1696），字邃深，一字澹成，长洲（今江苏苏州）人，康熙二十四年（1685）状元，授翰林院修撰。官至侍读，为皇帝讲解汉文典籍，回答皇帝的咨询，记录皇帝的日常言行举止，朝廷重大著作多出其手。他不仅才学为人所称道，且德行令人钦佩，孝顺父母，爱抚兄弟，赈济穷困，康熙帝褒嘉云："陆肯堂学问甚优，人品亦好。"图为苏州博物馆藏陆肯堂状元扇面。

612 陆润庠收藏陆肯堂状元卷

图为2012年华东师范大学图书馆发现的陆肯堂状元卷子，其中有康熙朱笔标记"第一甲，第一名"。该状元卷被其七世孙、同治年状元陆润庠收藏，其中有陆润庠的跋文和徐世昌、陈宝琛等名人的题跋。

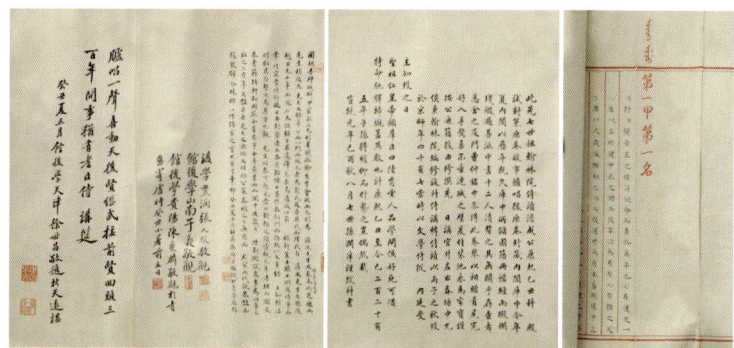

613 状元办厂的陆润庠

陆润庠（1841—1915），字凤石，元和（今江苏苏州）人，状元陆肯堂七世孙，同治十三年（1874）状元。曾入值南书房，侍从光绪帝作文绘画。光绪二十一年（1895）因母罹病，乞假归养，创办了苏经丝厂和苏纶纱厂，这便是轰动一时的"状元办厂"。八国联军入侵，他随慈禧太后西行。辛亥革命后陆润庠留清宫，任溥仪老师。左图为陆润庠照片，右图为阊门内下塘街10号的陆氏状元故居。

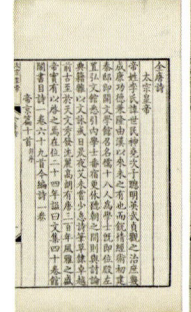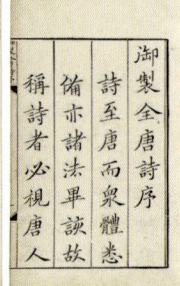

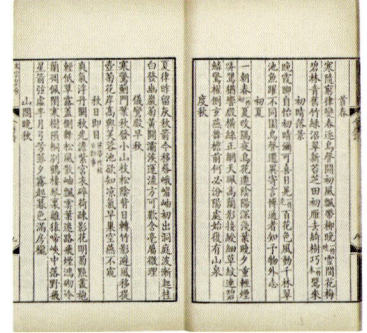

614 彭氏祖孙状元　彭定求（1645—1719），字南畇，长洲（今江苏苏州）人，师从汤斌。康熙十五年（1676）状元，授翰林院修撰，后以病辞职，回归故里，修建文昌阁，潜心研究理学。51年后，其孙彭启丰（1701—1784），字翰文，号芝庭，又号香山老人，于雍正五年（1727）也夺得状元。历官修撰，入值南书房，乾隆年间任吏部、兵部侍郎，兵部尚书，为官40年，以谨慎著称，晚年归乡，主讲紫阳书院。图为苏州状元博物馆内的彭定求、彭启丰画像。

615 彭定求纂修《全唐诗》　彭定求于康熙四十四年（1705）主持编辑《全唐诗》。此书凡900卷，共计收诗48900余首，作者2200余人。图为康熙四十六年（1707）扬州诗局刻本《全唐诗》书影，藏于故宫博物院。

616 彭氏"蒋门第一家"　彭定求曾著有《南畇诗集》，后他在其祖上故居遗址上筑南畇草堂，宅内园池精致，有兰陔堂、环荫堂、含清阁、幔仙阁等，府第豪华雄丽，当时人称"蒋门第一家"。图为彭氏旧居尚书里2001年拆迁前的景象。

618 毕沅保护西安碑林 西安碑林始建于宋代，然因缺乏管理，多次遭到人为破坏。明嘉靖年间陕西大地震，大量碑石又断裂，乾隆三十七年（1772），陕西巡抚毕沅至碑林视察，见状十分痛心，便开始修整保护，并编目著录，组织石刻陈列，还建立管理机构和保管制度，遂使这些珍贵文物得以永久保存。图为西安碑林博物馆。

617 毕沅注经 毕沅（1730—1797），字缥蘅，一字秋帆，自号灵岩山人，太仓人。清乾隆年状元及第，官至河南巡抚、湖广总督。然其虽官至极品，却潜心研攻经史，尤好扶植后进，时著名学者章学诚、孙星衍、段玉裁等皆受知其门下。在史学上其最大的成就是撰修了《续资治通鉴》。图为毕沅画像，选自《话说中国》。

619 吏民皆服的吴廷琛 吴廷琛（1773—1844），字震南、公君，号棣华，元和（今江苏苏州）人，嘉庆七年（1802）状元。因其会试、殿试皆第一，嘉庆帝对其极为赞赏，在赐予他的诗中有"双元独冠三吴彦"之句。曾任金华、杭州知府和云南按察使、布政使等职。因他关心民间疾苦，锐志兴革，吏与民皆叹服，外出巡视时人们遮道迎送，动辄数万。图为吴廷琛像与其位于白塔西路的故居。

620 颠倒名文的石韫玉　石韫玉（1756—1837），字执如，号琢堂，吴县（今江苏苏州）人。乾隆五十五年（1790）状元，历官四川重庆知府、山东按察使，于苏州紫阳书院担任主讲20余年。他将王羲之《兰亭集序》顺序颠倒排列，仍用原文324个字，重新组合，变成一篇韵律优美的文章，足见其文字功夫之深厚、文思之敏捷。图选自《清史图典》。

621 汪琬参修《明史》　汪琬（1624—1691），字苕文，号钝庵，晚号尧峰，长洲（今江苏苏州）人。清初官吏学者、散文家，与侯方域、魏禧合称明末

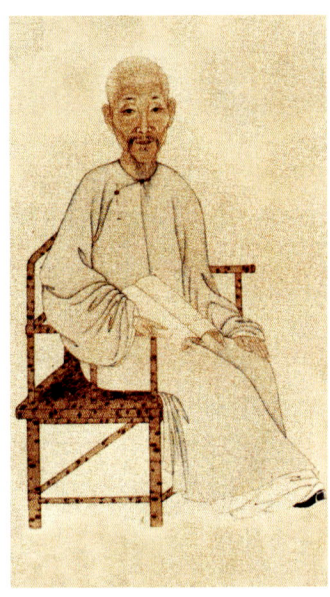

清初散文"三大家"。康熙十八年（1679）授翰林院编修，参修《明史》。后乞病归，晚年隐居尧峰山，闭户撰述，不问世事。图选自《清史图典》。

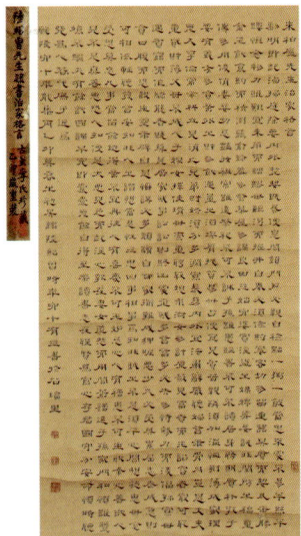

622 理学家朱柏庐　朱柏庐（1627—1698），名用纯，字致一，昆山人。自幼致力读书，曾考取秀才，志于仕途。清入关，明亡，遂不再求取功名，居乡教授学生，并潜心程朱理学，主张知行并进，一时颇负盛名。康熙曾多次征召，他坚辞不应。其《治家格言》，世称《朱子家训》，流传很广。图为朱柏庐像。

623 家教名著《朱子家训》　朱柏庐著，是以家庭道德为主的启蒙教材，其中许多内容继承了中国传统文化的优秀特点。全书仅522字，精辟地阐明了修身治家之道，是一篇家教名著。图为乾隆六十年（1795）《朱柏庐治家格言》书轴。

624 沈德潜提倡温柔敦厚 沈德潜（1673—1769），字确士，号归愚，长洲（今江苏苏州）人。清代诗人，曾参加科举考试17次，中进士时已是67岁老翁，官至内阁学士兼礼部侍郎。沈鼓吹儒家传统"诗教"，提倡温柔敦厚说，现存诗2300多首，许多都是为统治者歌功颂德之作。其诗受乾隆赏识，因"隆遇"的特殊地位，其诗论及作品风靡一时，影响甚大。左图为沈德潜像，选自《清史图典》；右图乃位于阔家头巷的沈德潜故居。

625 真名士尤侗 尤侗（1618—1704），字同人，号悔庵，长洲（今江苏苏州）人。一生著作宏富，涉足文史，总计著述34种，近140卷。他工于诗词，又精通音律，作品以杂剧和传奇最为突出，多次受到朝廷的褒奖，顺治称誉他是"真才子"，康熙称他是"真名士"，南巡时曾赏赐酒宴并御书以赐。一个汉族文士，受到两代清帝称赞，实属少见。左图为尤侗像，选自《清代学者像传》；上图为尤侗故居地，位于斜塘镇斜东村尤家园。

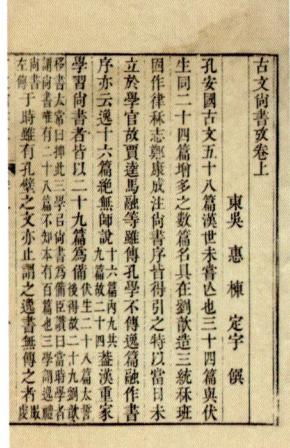

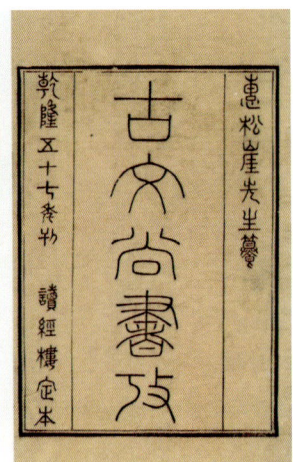

627 《古文尚书考》　　惠栋著，乾隆五十一年（1786）东吴惠氏刊本，藏于故宫博物院。此书在汉学派中颇具影响，其中指出《古文尚书》原书已佚，后出的书即为伪书。

626 惠栋开吴派汉学　　惠栋（1697—1758），字定宇，号松崖，人称"小红豆先生"，清代著名经学家，吴县（今江苏苏州）人。吴派作为乾嘉汉学的一大流派，导源于惠周惕，而以惠栋为开创者，因惠栋与其弟子大都是吴地人，故称"吴派"。他深受祖父周惕和父亲士奇的影响，著有《周易述》等书，并以复兴汉学为己任，为当世经学家所敬仰。图选自《清史图典》。

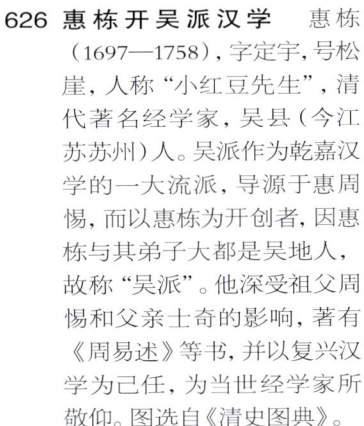

628 惠栋弟子江声　　江声（1728—1799），字叔瀛，号艮庭，原籍安徽休宁，侨寓元和。重视研究汉字的起源与形成，在惠栋授业下深谙校勘之学，著有《六书说》《尚书逸文》等。图为清人绘《江声画像》，选自《清史图典》。

629 史学家王鸣盛　　王鸣盛（1722—1797），太仓州嘉定人。早年学诗于沈德潜，后从惠栋问经义。曾任内阁学士兼礼部侍郎、光禄寺卿等职。因母丧归，移居苏州30年，精研经学、史学、小学、目录学等，以汉学考证方法治史，为"吴派"考据大师。其所撰《十七史商榷》百卷，与钱大昕《廿二史考异》、赵翼《廿二史札记》并称清代史学三大名著。图选自《清史图典》。

631 陈奂专治《毛诗》 陈奂（1786—1863），长洲（今江苏苏州）人。受学于段玉裁，专治《毛诗》。《毛诗》乃西汉时鲁国毛亨和赵国毛苌所辑和注的古文诗，也就是《诗经》。陈奂撰有《诗毛氏传疏》《毛诗说》《毛诗音》等，于礼教、名物诸方面多有见地。图选自《清史图典》。

630 史学家钱大昕 钱大昕（1728—1804），字晓徵，号辛楣，晚号潜研老人，太仓州嘉定人。惠栋弟子，以诗赋闻名江南。乾隆三十四年（1769）入值上书房，授皇十二子书。后归里主持苏州紫阳书院17年，卒于任。他主张把史学与经学置于同等重要的地位，以治经方法治史，吴派汉学由经入史，至钱大昕而达到高峰，钱大昕历时近50年撰成《廿二史考异》，此书成为清代史学三大名著之一。图像选自《中国历代名人画像谱》。

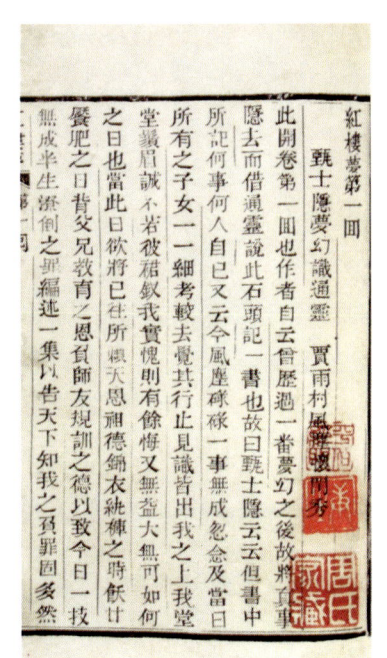

632 高鹗、程伟元续补《红楼梦》 《红楼梦》后40回为高鹗续补。另有一说，是高鹗与程伟元共同续成了《红楼梦》。程伟元（？—约1818），字小泉，吴县（今江苏苏州）人。科场失意，未能入仕，流寓京师时结识高鹗。乾隆五十六年（1791），两人首次以活字排版，出版了120回本《红楼梦》，促进了这部有巨大社会意义的经典之作的传播。图为程甲本《红楼梦》书影。

633 褚人获著《隋唐演义》 清中期以前，由于社会动荡，民族矛盾尖锐，历史小说包括历史演义和英雄传奇有了突出的发展，著名的有《水浒后传》《说岳全传》《隋唐演义》等。其中《隋唐演义》作者褚人获（1635—1682），字稼轩，号石农、没世农夫等，长洲（今江苏苏州）人。小说描写了隋唐年间秦琼、程咬金、单雄信等英雄人物聚散的故事，深受民间喜爱。图为民国本《隋唐演义》书影。

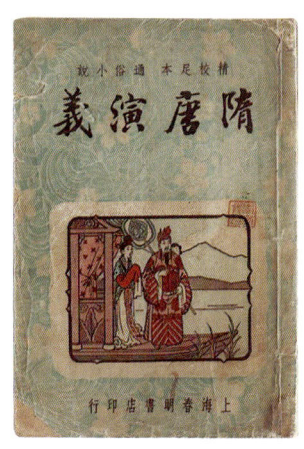

634 清初"四王" 清初画坛"四王"，是指明末清初苏州的四位王姓画家——王时敏、王鉴、王翚和王原祁。因王翚为常熟人，其他三位乃太仓人，故也分别被誉为清代虞山画派和娄东画派的开创者。他们之间有师友或亲属关系，艺术思想和绘画风格同源异脉，并受到康熙皇帝的认可和提倡，被视为绘画中的正统派，从而创造了清代文人山水画的主流正脉，成为清代影响最大的画学流派。以上画作分别是王时敏《虞山惜别图》、王鉴《岭上白云图》、王翚《虞山枫林图》和王原祁《仿黄子久设色山水图》。

635 画苑领袖王时敏 王时敏（1592—1680），字逊之，号烟客，晚年归隐后自署归村老农等，太仓人。王锡爵孙，是享誉海内外的"四王"之领军人物，占画坛领袖地位近三百年，被时人誉为"国朝画苑领袖"。图像选自《中国历代名人画像谱》。

636 画坛正宗王鉴 王鉴（1598—1677），字元照，号湘碧，又号染香庵主，太仓人，明代著名文人王世贞曾孙。摹古功力很深，笔法非凡，擅长山水，"四王"之一。图像选自《中国历代名人画像谱》。

637 虞山派开山王翚 王翚（1632—1717），字石谷，号臞樵、耕烟散人、剑门樵客等，常熟人。被时人誉为"画圣"，"四王"之一。所画山水不拘于一家，广采博览，创造出一种华滋浑厚、气势勃发的山水画风格。图像选自《中国历代名人画像谱》。

638 娄东派之首王原祁 王原祁（1642—1715），字茂京，号石师道人，太仓人，王时敏孙，"四王"之一。艺术成就主要在山水画，进士及第后在北京曾入值南书房。因深得康熙赏识，师承者众，遂形成一独立画派，人称"娄东画派"，左右清代三百年画坛，成为正统派中坚人物。图像选自《中国历代名人画像谱》。

639 王翚主绘《康熙南巡图》 康熙帝在首次南巡之后下令在全国选拔绘画能手绘制《南巡图》，经御史宋骏业等推荐，王翚以60岁花甲之年带学生杨晋到北京担任待诏，主绘《南巡图》，历时3年才告完成。图为王翚《康熙南巡图》中苏州虎丘山行宫的画面。

640 信奉天主教的画家吴历 吴历（1632—1718），号渔山，桃溪居士。因所居有言子墨井，又号墨井道人，常熟人，擅画。其学诗于钱谦益，学画于王时敏、王鉴。康熙十四年（1675）入天主教，并任神父，成为最早的三名中国籍神父之一，先后在嘉定、上海传教30年。他的绘画也因此融进了西洋技法，与王时敏等"四王"及常州武进人恽寿平合称"清初六大家"。图为吴历像及其《槐荣堂图》。

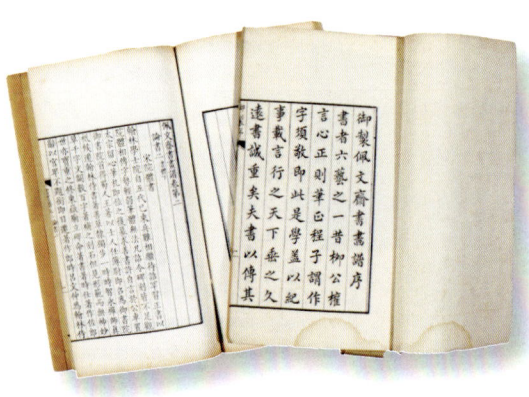

641 宋骏业参与《佩文斋书画谱》 宋骏业（？—1713），字声求，号坚斋，长洲（今江苏苏州）人。清初重臣宋德宜长子，在兵部左侍郎任上，因擅书画而主持《康熙南巡图》事务，并推荐王翚主绘。后又主编了中国第一部集书画著作之大成的工具书《佩文斋书画谱》。然因其过多参与了索额图与明珠之间的党争，令康熙帝十分反感，故世人对其成就知之甚少。图为《佩文斋书画谱》书影，藏于故宫博物院。

642 画坛翘楚范雪仪 范雪仪，本姓淑，嫁范为妻，康熙年间苏州人。擅长人物画，为吴门女画家之翘首，所画内容多历史故事。图为其所绘《吮笔敲诗图》，藏于苏州博物馆。

643 徐扬绘《乾隆南巡图》

徐扬，字云亭，苏州阊门专诸巷人。乾隆十六年（1751），乾隆帝南巡至苏州，因献画遂入画院，供奉内廷，钦赐举人，官至内阁中书，传世作品有《京师生春诗意图》《姑苏繁华图》等。二十九年（1764）开始绘制绢本设色《乾隆南巡图》，直至三十四年（1769）方告完成。过了两年，帝命徐扬再绘制另外一套纸本设色画《乾隆南巡图》，历时四年告竣。今第一套已散失，分藏于北京故宫、美国和法国等地。第二套则完整地收藏在中国国家博物馆内。图为徐扬绘《乾隆南巡图》，展现了乾隆皇帝出京师的宏大场面。

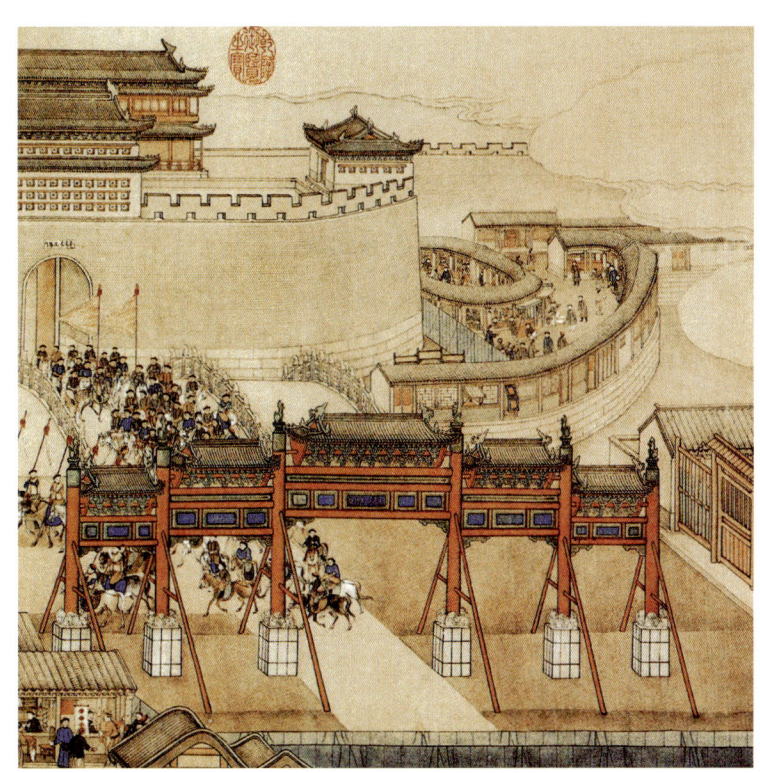

644 朱圭刻《万寿盛典图》

朱圭，字上如，苏州人。擅绘事，工雕刻，无出其右。任养心殿供事，凡大内字画，皆出其手。康熙五十二年（1713），王原祁、宋骏业画《万寿圣典图》，亦为其所刻。图为由朱圭刻成的版画《万寿盛典图》，图绘圣祖玄烨六旬正诞，天下臣民赴京庆祝的隆重场面。

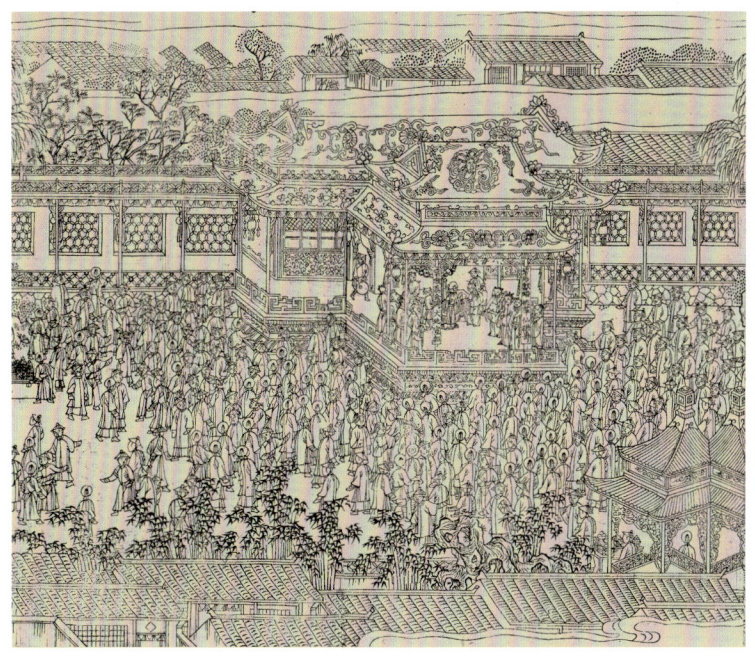

645 黄向坚万里寻亲　黄向坚（1609—1673），字端木，号存庵、万里归人，明末清初画家，苏州人。明末其父官云南姚州（今姚安），兵阻不可归，顺治年间向坚徒步万里，逾两年迎父归。左图为黄向坚像，选自《吴郡名贤图传赞》；右图是其为徒步入滇寻父纪实之事而作的《万里寻亲图》轴，藏于苏州博物馆。

646 "祠堂"名称的出现　中国各地的祠堂原称家庙，自昆山人朱柏庐撰写《朱子家训》起，开始称为祠堂。祠堂建筑是一个家族的象征，是族人的精神支柱。祠堂是祭祀祖先神灵之所，也类似传统道德的公堂衙署，同时也作为宗族成员的社交活动场所。各地祠堂都融入了民俗文化的艺术风格，有其鲜明的地方特色，文选自《中华文明大博览》。图为苏州西山明月湾邓家祠堂。

647 程氏抚孤兴盛贝氏　贝氏家族自明中叶从浙江兰溪迁吴，至今已历十八世，450余年间名人辈出。然其四世祖贝启祚于清顺治二年（1645）病逝，遗孤贝斑只有7岁，全赖母程氏守节34年，将其抚养教育成才，使吴中贝氏一脉得以流传兴盛光耀，为此贝氏在山塘街建节孝祠纪念。图为贝节孝祠旧影。

648 **唐仲冕修唐寅古迹** 唐仲冕（1753—1827），字云枳，号陶山居士。原籍湖南长沙，后客居山东肥城，官至陕西布政使，所至皆有惠政。曾任吴江、吴县知县和苏州知府，知吴县时以唐寅族裔身份，筹款修准提庵，拓庵东别室为唐解元祠。并访得碑铭亡佚、荒草萋萋的唐寅墓，为之修缮，碑书"明唐解元之墓"。左图为唐仲冕像，选自《清代学者像传》；右图为桃花坞准提庵旧影。

649 **收藏家顾沅** 顾沅（1799—1851），字澧兰，号湘舟，又自号沧浪渔父，长洲（今江苏苏州）人。一生生活简朴，却把钱财都用于购书、刻书、藏书，尤以收藏宋版元刻古籍而出名，为当时江南首屈一指的大收藏家，建藏书楼"怀古书屋""艺海楼""辟疆园"等。辑刻《吴郡名贤图传赞》20卷，收录吴郡名贤像570余幅，并与当地乡绅在沧浪亭建"五百名贤祠"，祭祀苏州历代名人。

650 **构建吴郡名贤总祠** 清道光年间，顾沅和苏州10多位上绅发起在沧浪亭建吴郡名贤总祠，以珍藏的《吴郡名贤图传赞》为蓝本，图文碑刻，以祭祀苏州历代名人。此事得到官府支持，时在苏督办海运的陶澍偕江苏布政使梁章钜购得张姓房屋，在沧浪亭西建吴郡名贤总祠。图为沧浪亭内五百名贤祠。

651 铁保重文教　铁保（1752—1824），字冶亭，号梅庵，本姓觉罗氏，后改栋鄂氏，满洲正黄旗人。嘉庆十年（1805）在两江总督任上，与江苏巡抚汪志伊主持创办正谊书院（址在今可园）。正谊书院与紫阳书院双璧同辉，成为苏州书院的著名标识。左图为铁保像，选自《清史图典》；右图为可园。

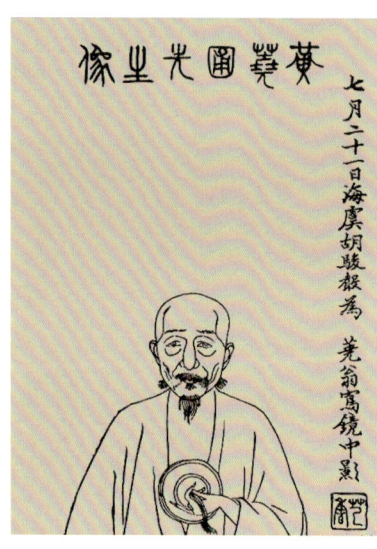

652 黄丕烈与"百宋一廛"　黄丕烈（1763—1825），字绍武，号荛圃，又号复翁，长洲（今江苏苏州）人。一生专一治学和藏书，所藏古今善本、秘本、珍本极为丰富，因藏宋版书过百种，专辟一室为"百宋一廛"而藏之。因精于鉴别，成为清代"赏鉴"一派藏家的代表人物，其流派有常熟瞿、杨、丁、陆四藏书家，其余脉更有缪荃孙、潘祖荫、叶昌炽、邓邦述等，影响纷延至今。左图为黄荛圃先生像，右图为位于崇葭巷重建后的"百宋一廛"藏书楼。

見於簿錄則如欽定天祿琳瑯平津館鑒藏書籍記並

王後有薁圍毛子晉得宋元本輒鈐小印以識甲乙其

收藏之難能而可貴絳雲之後以俟宋自號者前有遺

書收書專重宋版臟盡中闕此徑塗天下始知

宋演於金元幾經刦火存者無多明神廟間錢牧齋尚

青旣覓投簡虢修命之爲序虢修書籍鏤版精於兩

本一百六種摹其行款序政彙爲鐵琴銅劍樓書影殺

鄉也齋居清閒出所藏宋本一百六十種金本四種元

水環門青山入戶桑稻竹樹彌望書耕隱之

瞿君良士以藏書世其家所居常熟之東名罟里村流

鐵琴銅劍樓書影序

653 瞿氏"铁琴铜剑楼" 位于常熟古里镇。藏书楼建于清乾隆年间，与山东聊城的海源阁、归安陆氏的皕宋楼、钱塘江丁氏的八千卷楼合称清代四大私家藏书楼。藏书始自清乾嘉时的瞿绍基，一生不吝重值，收集遗书。其子瞿镛继承先志，搜罗不懈，积10万余卷。因瞿镛又喜收金石文字及古器陶瓷等，曾收得铁琴和铜剑各一，因以命名。左图为藏书楼外景；右图为《铁琴铜剑楼书影序》，藏于故宫博物院。

654 瞿氏五代藏书 铁琴铜剑楼瞿氏五世传承，历代都淡泊名利，以藏书、读书为乐。图为前三代楼主瞿绍基、瞿镛、瞿秉清的画像。

655 过云楼收藏甲江南　过云楼位于乐桥西塆，楼名取"过眼如云烟"。为顾文彬、顾承、顾鹤逸等祖孙四代珍藏书画古籍金石之所，曾以收藏既精且多被誉为"江南第一家"。

656 退隐官员吴下寓公　清末不少官员辞官赋闲后隐逸苏州，购置园林，迭兴雅集，流连于诗酒翰墨，成为吴下寓公。"吴门真率会"是吴云与苏州诸老沈秉成、李鸿裔、顾文彬等仿唐宋时洛阳作"真率之会"而成立，"真率"乃真诚直率之意，建于光绪初年，与会人员无定数，大致每月举行一两次，进行笔歌墨舞、诗词唱和等文事游宴活动。更多的则是在一起鉴赏三代彝器、碑拓古籍和金石书画，考订版本和文字，相互探讨和研究，竭尽风雅之事。此为过云楼所藏《吴郡真率会图》，又称《吴中七老图》。图中七人为真率会主要成员，光绪十一年（1885）胡芑孙绘。其中（从右往左）：李鸿裔，四川中江人，咸丰年间入胡林翼幕，又入曾国藩幕，官江苏按察使，网师园主人；勒方锜，江西新建人，历任江苏按察使、广西布政使、江苏布政使、福建巡抚、贵州巡抚、河东河道总督等职；潘曾玮，潘世恩第四子，苏州人，官太常博士、刑部郎中；沈秉成，浙江湖州人，历任苏松太道台、广西、安徽巡抚，署两江总督，退隐吴中，筑耦园；吴云，浙江湖州人，官至苏州知府，罢官后侨居吴门，筑听枫园，他善书能印能画，性喜收藏，所著金石书画富甲吴门；彭慰高，彭蕴章子，苏州人，道光年浙江候补道，温州同知；顾文彬，过云楼主，授浙江宁绍台道，晚年筑怡园。《吴郡真率会图》由顾笃璜捐赠，今藏于苏州市档案馆。

657 李鸿裔修网师园 乾隆年间，曾官光禄寺少卿的长洲宋宗元在南宋万卷堂故址建别业，以网师自居，名为网师园。后园大半倾圮，同治年间园归江苏按察使李鸿裔，李辞官后徙居园中，诗画自娱，积书数万卷，兼蓄金石碑版、书法名画。

658 顾文彬建怡园 同治十三年（1874），浙江宁绍台道顾文彬建园。其时顾在任上，由其子顾承主持壁画，顾沄、王云和嘉定程庭鹭等画家也参与设计，每堆一石，构一亭，必拟画稿寄父商榷。顾文彬也时时发信指点，嘱顾承复游苏城各园，领略取法。光绪元年（1875）顾定名"怡园"，取自怡怡亲意。

659 吴云筑听枫园 同治三年（1864），曾署苏州知府的湖州人吴云筑宅于此，宅门在金太史巷4号，园内有古枫，故名听枫园。听枫园以亩余之地，回环缭曲，有大小庭院5处，南院花木茂盛，东南隅堆假山，主厅听枫仙馆居中。图为听枫园东花园。

660 沈秉成拓耦园 始建于清雍正年间，太平天国中园毁。同治十三年（1874）按察使湖州人沈秉成因病寓吴，购得废址，聘画家顾沄等筹划，又扩地增建西花园。为寓夫妇相与啸吟终老之意，又有东、西两园，遂称耦（与"偶"通）园。图为耦园俯瞰照片。

661　俞樾只知著书　俞樾（1821—1907），字荫甫，号曲园，浙江德清人，后寓居苏州。俞樾擅长经学研究，一生著述不倦，且学识非常渊博，对群经诸子、语文训诂、小说笔记等造诣很深。当时社会上有一句流传颇广的玩笑话，叫作"李鸿章只知作官，俞樾只知著书"。左图为俞樾像，选自《中国历代名人画像谱》；右图为马医科俞樾故居曲园。

662　金石考古学家吴大澂　吴大澂（1835—1902），字止敬，号恒轩，晚号愙斋，吴县（今江苏苏州）人。同治七年（1868）进士，历任编修、陕甘学政、河南与河北道员、太仆寺卿、太常寺卿、通政使、左都御史、广东与湖南巡抚等，为晚清著名金石考古学家。左图为吴大澂像，选自《中国历代名人画像谱》；右图为甫桥西街（今属凤凰街）吴大澂故居旧貌。

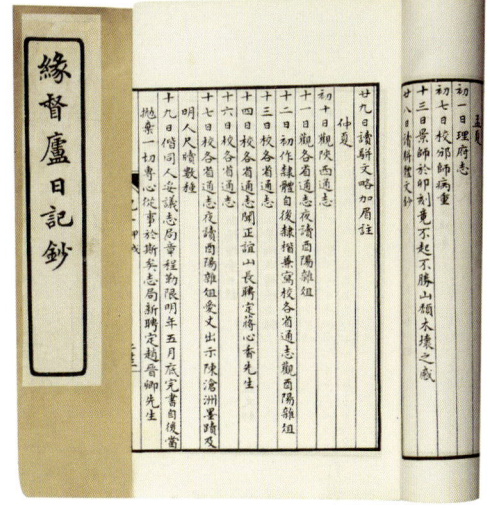

663 文献学家叶昌炽　叶昌炽（1849—1917），字鞠裳，自号缘督庐主人。原籍绍兴，后入籍长洲。晚清金石学家、文献学家、收藏家。光绪进士，在甘肃学政任上接触敦煌文物，成为第一位研究敦煌的学者。任国史馆总纂，参与撰写《清史稿》。像选自《清代学者像传》。

664 晚清四大日记之《缘督庐日记》　叶昌炽传世名著《缘督庐日记》文字跨度近半个世纪，清末政治、风俗、学术皆可借此一窥。此书与李慈铭《越缦堂日记》、翁同龢《翁文恭日记》、王闿运《湘绮楼日记》并称晚清四大日记。

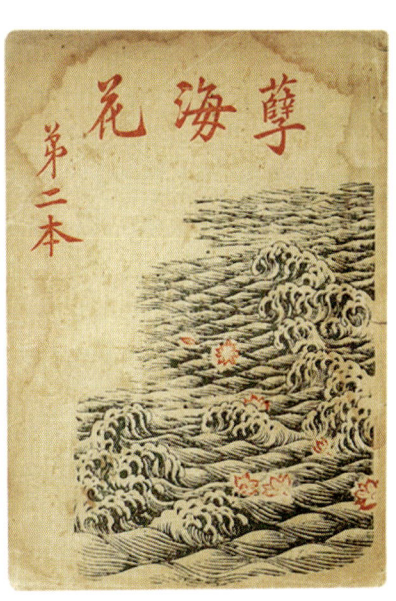

665 曾朴与《孽海花》

清末由曾朴所著的近代小说中思想和艺术成就较高的长篇小说《孽海花》出版。曾朴（1872—1935），字孟朴，笔名东亚病夫，常熟人。小说描写了从同治初年到甲午战败这30年间的重大历史事件，同时也追求社会轶事的趣味性，对赛金花的风流逸事加以渲染。出版后风靡一时，并形成了一股"赛金花热"。图为曾朴骑马留影与《孽海花》书影。

666 苏州评弹大盛　清代前期，由于社会安定，经济繁荣，逐渐形成说唱艺术的极盛期。其中南方曲艺则以历史悠久的苏州评弹为代表，流行于江浙和上海一带。乾隆年间苏州艺人王周士曾在御前弹唱，后随帝至内宫演出，告病返苏后建立艺人行业组织光裕公所，从此苏州评弹大盛。图为苏州评弹博物馆内景。

667 评弹名家辈出　清乾隆后评弹名家辈出，有嘉庆、道光时期的陈遇乾、姚御章、俞秀山、陆士珍等，同治、光绪时期的马如飞、姚士章、赵湘舟、王石泉等。图为1926年光裕公所成立150周年时所立纪念碑。

668 桃花坞年画流行　明代后期，苏州城内桃花坞和虎丘山塘一带，产生了一种由画工和雕版结合而成的年画。清代中叶开始苏州年画大盛，在江南一带流行。桃花坞木版年画多套色雕版，画色精丽。一些年画还吸收了欧洲铜版画透视画法，体现深远广阔的效果。如《苏州万年桥》《苏州阊门》《西湖十景图》等。图为姑苏版《姑苏石湖仿西湖胜景》。

669 叶桂著《温热论》 叶桂（1667—1746），字天士，号香岩，别号南阳先生，晚号上津老人，吴县（今江苏苏州）人。出身于医学世家，所著《温热论》为温热学派和我国传染病学代表作。他认为温邪由口鼻侵入人体，揭示了温热病的发病途径、病理特征和传变规模，由此提出相应的治疗法则，从而使温病学说形成了一套完整的体系，影响极大。左图为叶天士像；右图为天平山叶天士纪念馆，今已不存。

670 名医徐大椿 徐大椿（1693—1771），原名大业，字灵胎，晚号洄溪老人，吴江松陵镇人。因家人多病而致力医学，久之妙悟医理，其临证洞晓病源，用药精审，虽至重至危之疾，每能手到病除，为时医所叹服。79岁时正当卧病不起，乾隆帝却召他上京治疗，他只得叫儿子陪扶前往，并带上一口棺材，到京第三日，他就去世了。左图为徐大椿像；右图为位于苏州市城隍山的洄溪草堂，真正的洄溪草堂已踪迹全无。

671 王锡阐研算天文　王锡阐（1628—1682），字寅旭，号晓庵，吴江震泽人。他在西学传入中国后，靠自学刻苦钻研天文历法，在不少方面超过钦天监官员的水平，成为出类拔萃的民间天文学家。他精确计算出了日食、月食的时间，并首创金星凌日计算，建宇宙模型。其著作《晓庵新法》被收入《四库全书》。图为震泽王锡阐纪念馆场景。

672 吴友如与《点石斋画报》　吴友如（？—1893），初名嘉猷，别署猷，字友如，元和（今江苏苏州）人。中国近代史上最早一批将中国绘画技法与西洋技法相结合的画家之一。光绪十年（1884），担任上海《点石斋画报》主笔。该画报的作画人员大多视野开阔，艺术触角敏感，所绘内容芜杂，涉及当时社会的各个方面与角落，因而，《点石斋画报》可称得上是一部用造型美术记录下来的"社会史"。为我们今天研究晚清的社会生活提供了极为宝贵的资料。

673 黄龙旗与星条旗　鸦片战争后，清王朝与西方列强交往日益增多，李鸿章看到在外交活动中西方列强庄严悬挂国旗，而中国却无旗可挂，深感有失威仪。光绪十四年（1888），经慈禧太后选定，决定使用黄龙旗为大清国国旗。初为三角旗，后为与各国国旗形制相同，改为长方形，图为在苏基督教会所绘的黄龙旗与美国星条旗。

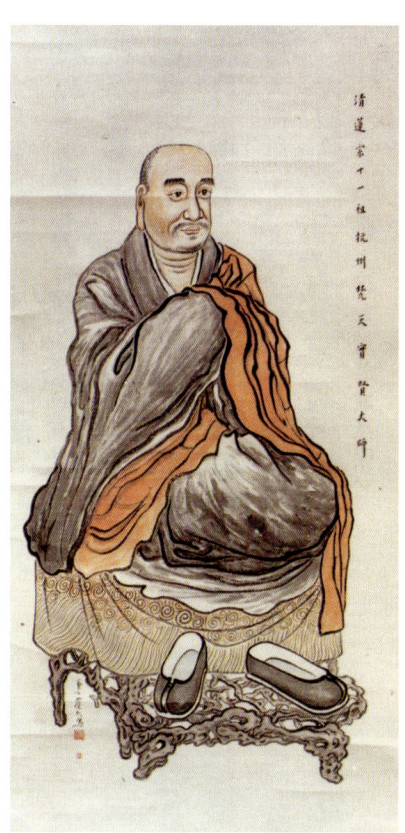

675 广慧重修西园寺　广慧（1853—1930），安徽怀宁人，俗姓吴，19岁来苏州，号称清末江南宗门五老之一。太平天国后西园戒幢律寺沦为荒墟，广慧奔走大江南北及日本募化，并主持兴修，先后30余年，终将西园寺修葺一新，规模居当时苏城之首。

674 净土宗第十一祖省庵　省庵（1686—1734），清代高僧，常熟人。出身书香门第，15岁正式剃度。因其顿悟生命之无常，由此警策自身应勤精修行，云游四方，参善知识。后退隐于杭州仙林寺，净心念佛，足不出户，摒绝诸缘，专修净业。晚年为能更广泛地弘传净土法门，于雍正七年（1729）创立专修弥陀净土的团体莲社，圆寂后灵骨安置于常熟琴川拂水岩之西。

676 铁竹道人施亮生　施道渊（？—1678），字亮生，别号铁竹道人，清初著名道士。生于吴县（今江苏苏州）横塘，幼年出家。初受初真戒，后皈正一教，曾主事玄妙观，修复三清、雷尊诸殿，并扩建穹窿山上真观。清顺治年间，姑苏穹窿山派成为道教著名派别。上图为上真观旧影；下图为上真观施亮生墓。

677 "七塔八幢九馒头"　　旧时苏州城有"七塔八幢九馒头"之说。"七塔"指七座小型砖塔，多为宋代所建；"八幢"是指八座经幢；"九馒头"则指九处洗澡的混堂，因其屋顶都做成馒头式拱形，故名。上图为"七塔"中孟子堂东的一座，即今甲辰巷砖塔；下左图为灵岩山道上的唐代经幢（因城内八幢经幢已毁，聊以此作为代表）；下右图则为"九馒头"之一的香水浴堂（混堂），选自徐扬《姑苏繁华图》。

678 东吴大学建立　光绪二十五年（1899）秋，美国监理公会林乐知等在美国及苏沪募得巨款，翌年向两江总督刘坤一申请建校。刘允予购地，并答以"他日将桃李满东吴"等语，故以"东吴"作校名，1901年正式开学。图为东吴早期的校舍。

679 最早的大学学报　光绪三十二年（1906），东吴学报创刊号《学桴》诞生，成为中国最早的大学学报。

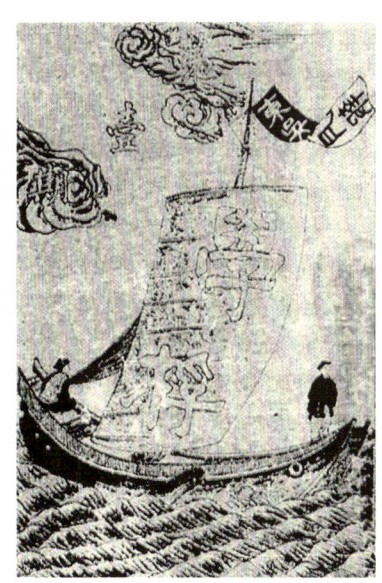

680 景海女塾开办　美国南方妇女监理会女传教士海淑德于1892年在沪创办中西女塾，任首任校长。同时设想在苏州也开办女子学校，但于1900年在上海病逝。1902年苏州女塾开办，为了表达对海淑德的纪念，特取名景海学校，专为社会培养名媛淑女和高素质的优雅女性。图为景海女塾（民国时称景海女师，址在今苏州大学）。

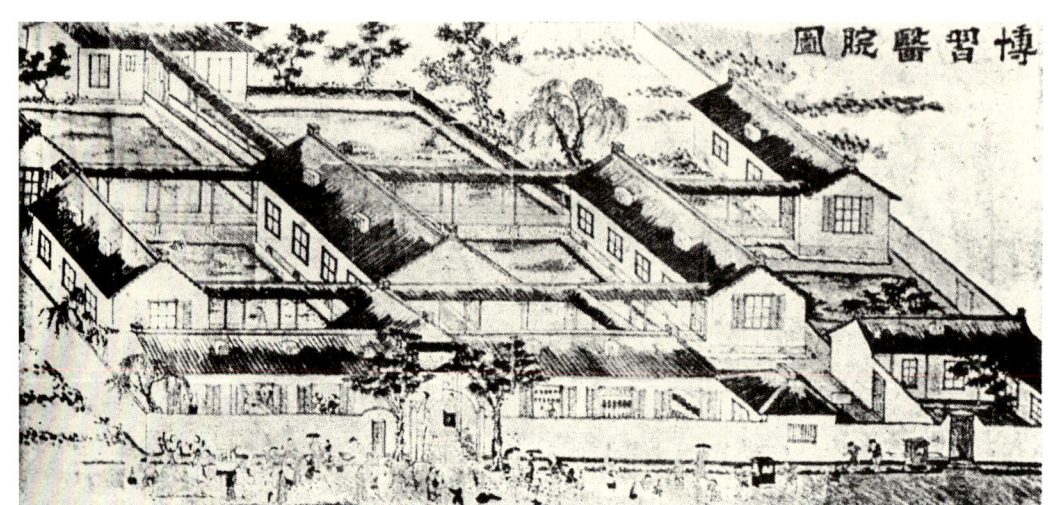

681　博习医院创立　光绪九年（1883），美国监理会派遣柏乐文和蓝华德在天赐庄购地7亩，创办博习医院。博习医院以其先进的医疗设备和医术高超的医护人员成为当时中国一流的医院。图为早期博习医院设计图。

682　好人柏乐文　柏乐文（1858—1927），美国人，医学博士。光绪八年（1882），由美国来苏传教行医，创办博习医院，并为第一任院长，主持院务达34年，使该院成为当时国内第一流的医院。他为人谦和，善于交往，热心于治病救人，深得民众信赖，被称为"柏好人"，六旬寿庆时，他将所得各界贺礼悉数作为修建医院的费用。去世后遵他遗愿，安葬在葑门外安乐园墓地。左图为柏乐文照片。

683　杜步西发起禁烟　杜步西（1845—1910），美国基督教长老会牧师，同治十年（1871）来苏州传教。光绪初在养育巷建教堂（即今使徒堂），1906年他发动在华的西方传教士1333名，联合签名请清政府禁止鸦片。中图为杜步西夫妇合影。

684　惠更生创办福音医院　光绪二十一年（1895），美籍医生惠更生与美国长老会教士戴维斯，在齐门外洋泾塘创办福音医院。该院所设精神科，乃苏州最早收治精神病人处。右图为惠更生与其培训的中国医生毕业合影，摄于1903年。

685 基督教传入苏州 鸦片战争后清廷诏许官民信奉洋教，太平天国后外国传教士活跃于城乡，出现了一批基督教堂。图为建于光绪年间的天赐庄圣约翰教堂。

686 天主教传入苏州 明万历年间天主教传入苏州，清顺治年间在通关坊出现第一所天主教堂。康熙、乾隆年间朝廷一度下令禁教，鸦片战争后传教士渐趋活跃，先后在东北街、浒墅关、胥门外杨家桥建造教堂。图为杨家桥（今三香路莲香桥）天主堂，光绪年间重建，为渔民教友云集之所，俗称网船公所。

687 传教士深入水乡 天主教苏州教区的教友大多为渔民，因散居水上，少与外界接触，信仰弥坚，且多全家信教，代代相传。图为天主教外国修女下乡传教。

688 伊斯兰教在苏州 苏州伊斯兰教穆民祖上多从外地迁来。元代已有从西域来苏，明清两代，南京、甘肃、山东等地穆民来苏经商，渐定居于此，遂建造礼拜堂。图为砂皮巷礼拜堂旧影。

689 新式学校 清朝末年，旧式教育日趋腐败，志士仁人提倡新学，苏州新式教育开始出现。光绪三十二年（1906），公立高小创设，第二年公立一中创办，两校同在草桥。图为两校学生与官员合影。

690 文化名人在草桥中学 公立一中俗称草桥中学，是苏州地方官绅兴办的第一所中学。图中前排左一为叶圣陶，前排右四为吴湖帆，后排左二为顾颉刚，其他同学还有王伯祥、范烟桥等，摄于1909年。

691 兴办农业学堂 江苏省苏州农业学校创办于光绪三十三年（1907），原名苏州府官立农业学堂。初创于盘门内小仓口，民国时在阊门外冶坊浜口筹建新校舍，图摄于民国初年。

692 奇人黄摩西 黄摩西（1866—1913），中年更名黄人，常熟人，近代作家、批评家。曾任东吴大学文学教授，其才华横溢，但言论怪异，举止狂野，与当时的李思慎、沈修、朱梁任被文坛合称为"苏州四奇人"。在东吴大学时编撰了我国第一部《中国文学史》。

693 包天笑创办《苏州白话报》 包天笑（1876—1973），号朗孙，笔名天笑、钏影等，吴县（今江苏苏州）人，著名报人、小说家。1901年主编创刊苏州第一家使用白话文的刊物《苏州白话报》。一生著译100多种，著有《上海春秋》《包天笑小说集》等，译有《空谷兰》《馨儿就学记》等。

694 吴江三杰之金松岑 金松岑（1873—1947），又名天翮，自署天放楼主人，吴江同里人，清末民初国学大师。与陈去病、柳亚子并称为"吴江三杰"。一生创办了很多学校，其学生多为各界英才，如王佩诤、潘光旦、严宝礼、费孝通、蒋吟秋、范烟桥等。

695 才子王颂蔚 王颂蔚（1848—1895），字芾卿，号蒿隐，长洲（今江苏苏州）人，王鏊第十三世孙。清学者、藏书家，光绪六年（1880）进士，官至军机处行走、户部郎中。工诗与古文，同叶昌炽、袁宝璜合称"苏州三才子"，其妻为谢长达。图像为杨鹏秋摹绘，选自《清代学者像传》。

696 王谢长达办女校 王谢长达（1848—1934），原籍安徽，姓谢，婚后从夫姓。早年随夫王颂蔚在京居住多年，夫殁南归，创办振华女校。还发起成立放足会，自任总理，带头引导妇女放足。图为王谢长达的艺术照相《求人不如求己》，两人其实是一人。

279

第七章　古代社会生活

吴门画家笔下的生活场景
宋代、明代、清代

　　吴门画家，特指明代中叶涌现出来的以沈周、文徵明、唐寅、仇英等为首的画家群体，在这里，则泛指明清两代四五百年间苏州地区的知名画家。他们以独特的视角，采用现实主义的手法，将目光对准了广阔的社会和人生，为后世留下了一批那个年代里人们生活的精彩画面。本篇依次分为宋代社会、明代社会、清代社会三个章节。分别取材于明代仇英的《摹天籁阁宋人画册》《清明上河图》，以及清代徐扬的《姑苏繁华图》。

■ 第一节　宋代社会

　　本篇取材于明代仇英《摹天籁阁宋人画》册，"天籁阁"是明代著名收藏家、鉴赏家、嘉兴人项元汴藏书阁名。项元汴生活在社会比较安定的嘉靖、隆庆年间，资金雄厚，收藏丰富。仇英受邀在项家生活了十多年，在项氏天籁阁欣赏临摹了大量宋元珍迹。后来许多天籁阁藏画都在战乱中散失，仇英所摹古画遂成为传世珍品。其中虽然未必涉及苏州，但从中仍可以窥见那个时代的生活场景和人物风貌，况且那时候的苏州，毕竟是江南富饶美丽的都市，故聊以将此作为宋代生活的内容归入苏州古代社会这一篇章。

697 构思文章　文人捻须握书思忖，准备口述文章。一旁女子案头摊开了纸墨，等待书写记录。

698 坐榻品茶　图为天籁阁所藏宋人原画，主人端坐榻上，侍童斟茶。宋式家具卧榻与茶几式样历历在目，墙上有壁画，还挂着一幅主人的肖像。

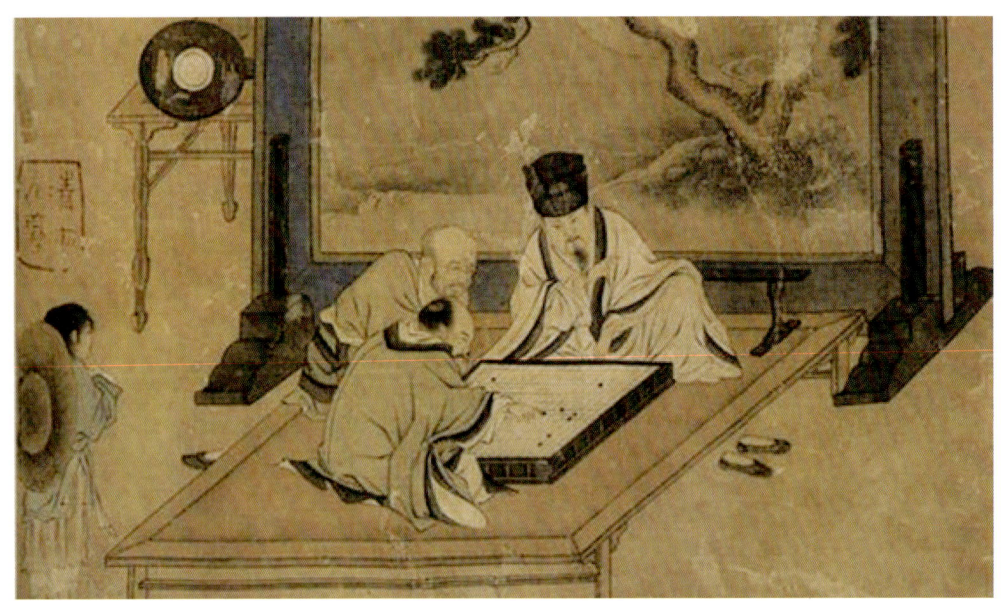

699 围棋对弈　两人榻上围棋对弈，观棋者沉默不语，面露微笑。

700 闺房梳妆　主人梳妆完毕，对镜细细端详，旁边两女子手捧梳妆用品，正在打量着盘中脂粉之类的化妆品。

701 诵读诗文 私塾先生听学童诵读课文，一旁另有学童正在默念，以作准备。

702 课间休息 私塾先生虽然不在，但家中主妇却来检查小孩功课，也有小儿一旁淘气，课堂上气氛轻松。

703 村童闹学 图为天籁阁所藏宋人原画，炎炎夏日，私塾内先生也忍不住打起了瞌睡，学童们趁机调皮捣蛋，"大闹天宫"。

704 街头邂逅　老头赶着一头猪，母子正巧路遇，
孩童好奇，想挣脱母亲，前去看个究竟。

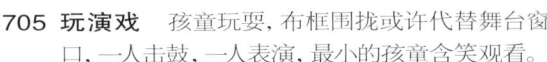

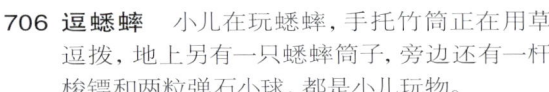

705 玩演戏　孩童玩耍，布框围拢或许代替舞台窗
口，一人击鼓，一人表演，最小的孩童含笑观看。

706 逗蟋蟀　小儿在玩蟋蟀，手托竹筒正在用草
逗拨，地上另有一只蟋蟀筒子，旁边还有一杆
梭镖和两粒弹石小球，都是小儿玩物。

707 幼儿洗澡　图为天籁阁所藏宋人原画，幼儿
洗澡图。

■ 第二节 明代社会

　　本篇画面取材于仇英《清明上河图》，该图藏于辽宁省博物馆。这是仇英摹宋代画家张择端《清明上河图》创作而成。所不同的是仇英以苏州代替开封，着力描绘了苏州的城乡风貌，从中传递出明代中叶苏州商业、手工业的繁荣和社会风貌的大量信息。通过这些画面，今天的人们几乎可以直面五百年前，那些丰富多彩的社会生活和风土人情。

708 兵防公所　位于城门下的守城兵士驻地，门前兵器架上竖着枪戟和矛，旁边另有盾牌和火炮用的石弹，武卫兵器一应俱全。还有"左进右出""盘诘奸细""固守城池"的告示牌，门口还有站岗值勤的兵丁。此时正是倭寇窜犯东南之际，苏城防务警钟长鸣、常备不懈之情景跃然纸上。

709 官员出行　两位官员出行，不期而遇。每位坐骑均有二衙役拖拽着毛竹大板驱前开道，中间二衙役手捧公文盘子，官员随后乘马缓缓而来。马前人执鞭牵引，马后人擎伞威仪。

710　学士府前　深宅大院牌楼上有"学士"两字，以及"世登两府"匾额，或
许画面表现的正是明代大学士王鏊的府第也未可知。门口老少驻足，正
在观看牵线木偶戏表演。

711　歌舞楼台　雕梁画栋，歌舞楼台，笙歌弦子。台上的红衣独舞者就是当
时江南名妓武陵春，故高阁亦名"武陵台榭"。

712 公平交易　市场繁荣，离不开公平交易。此间屋内墙上有"公平交易"四字，桌上有纸有笔，更有一把算盘，或许这里是处理日常交易中顾客投诉的地方。

713 书坊铜器店　"集贤堂"书坊，满架古籍，专售古今名人文集诗集。旁边则是铜器店，专门打造各种铜制音响乐器。

714 官盐瓷器　盐和瓷器都是百姓生活的必需品，商店伙计正在打理生意。

715　细绢线铺　苏州乃丝绸之城，民间多刺绣艺人，此店即销售红绿细绢线铺，店门前还有箍桶匠，正在修理木盆。

716　装塑佛像　苏州号称东南佛国，不仅寺院众多，居家修行者也比比皆是，故对佛像的需求也十分旺盛，此店业务即为装塑佛像，旁边则另有一家木桶铺。

717 南货花贩 临河两家商铺，一为南货批发与销售，一为花店，摆卖盆花，上有"鲜明花朵"，河里则有运载货物的篷船。

718 字画古玩店 门前石狮子，应是官宦人家。旁边是古玩字画店铺，墙上橱柜琳琅满目，有人欲购，打开画轴正细细鉴赏品味。

719 酒楼上下　沿河酒家座无虚席，伙计忙着端菜递酒，食客们吃得兴高采烈，或高谈
阔论，或猜令划拳。

720 闹市街头　桥头闹市区，所营大都为方便市民所需的服务项目。店铺门面为肉店，
同时兼有代客屠宰猪羊。左侧一方桌子堆满钱串，似专为客人兑换零钱。右侧老先
生则在替人推算三世因果，探讨过去、现在和未来的渊源。

721 古玩地摊 桥上古玩地摊边，人群涌动，热闹非凡。

722 铁匠铺 专门打造铁制农具和炊具，三人赤膊抡锤，一人在拉风箱。

723 街头卖扇 卖扇者举着团扇四处吆喝。苏州制扇由来已久，至明代不仅团扇、宫扇颇负盛名，而且又以折扇知名四方。

724 飞钹表演　艺人当街表演飞钹，三只铜钹轮流
甩上天去，又一一接住，再重新抛出。此乃苏州
民间的杂技绝艺，后来常在道教斋醮科仪中展
示，直到20世纪80年代犹有道士能够表演。道教
认为，斋醮科仪中表演飞钹，其含义为上娱神，
下避煞，烘托醮台庄严肃穆的气氛。

725 建塔募化　一僧人头顶半人高的七级
浮屠模型，一僧人托钵，为寺院修建宝
塔沿途募化。

726 化缘建庙　僧人当街匍匐磕头，为重建寺庙沿途化缘。前有三人为之击鼓开道，后有一人则悬
挂欲建的寺庙图轴告知路人。

727 代写书信　旧时文盲多，常需请人代写书信。画中之人当街设案，摊开笔墨纸张，正听人倾诉，代人书写。

728 相面先生　街头一隅，不少人排队等候术师观看手相面相，从中揣摩预测各人的性格和命运，以判断其命理的吉凶。

729 周易占卜　一老者运用周易替人占卜。周易占卜是以周易阴阳八卦相数为指导，结合干支五行学说创造的一套预测人生命运的方法。

730 蹴鞠　"蹴鞠"就是用脚踢球，亦即最初的足球。早在春秋时代，齐国都城临淄就流行蹴鞠活动，以训练兵士体能。图中所示，可见此活动在明代苏州已十分普遍。

731 比武卖艺　桥畔河边，两人赤膊摔跤，类似相扑。但边上一站立者却抱有兵器，可见是以比武招徕观众，卖艺为生。

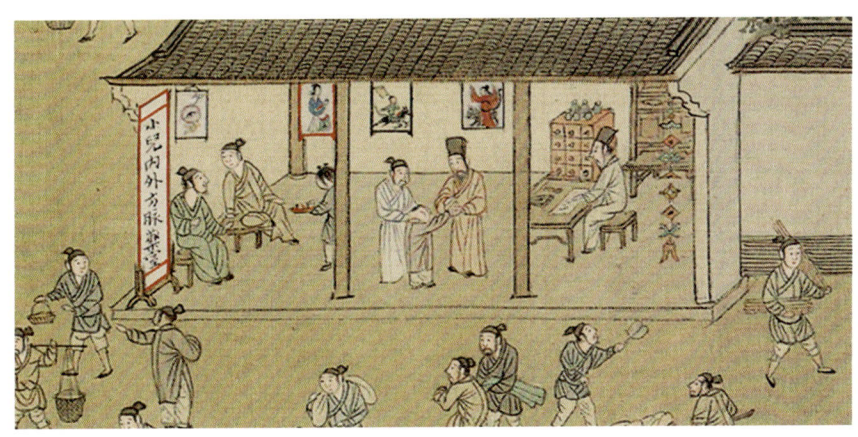

732 小儿诊治　幼儿诊疗处，门口竖有"小儿内外方脉药堂"招牌。戴方巾的医生一位在号脉，一位等开药方，另有童子正为客人端茶送水。

733 家具作坊　制作家具，一人在刨木板，一人用斧子劈削，另有一老一少则在拉绳钻孔。

734 舂米　用棒槌舂米，捣去稻壳。

图说苏州 古代史

古代社会生活　明代社会

295

735 私塾　旧时百姓教育以私塾为主，图中情景便是私塾先生督促学童吟读诗书与笔墨书写。

736 青楼女子　伴随着商品经济的繁荣，城镇文化中出现了具有时代特色的文化畸变，那就是娼妓现象，图为城中之青楼。青楼原意为华丽的屋宇，唐代之后则专指烟花之地。青楼女子多指妓女，也称风尘女子。

737 独轮车 明代时候苏州也流行独轮车，图为独轮车载人推行，此景如今只在北方还能见到。

738 马车 马车是古代主要的陆上交通工具，有一辆六匹马牵引的车辆，或许为运送重物，且还是长途跋涉。

739 骆驼商队 原本出没于西北大漠中的骆驼商队，却出现在了苏州街头，可见在明代，苏州与陆上丝绸之路的商务联系还十分密切。

740 水陆并行　图中陆上有人挑担、推车和
步行；河里船只经过，装满了货物。苏州
水陆相邻，河街并行的城市交通格局由此
可见一斑。

741 撑船扬帆　此船正在起航，船工们奋力撑篙，
并扬起了风帆，岸上恰有一队人经过，细看却
是另一艘船只的纤夫。撑篙、扬帆、拉纤，这正
是古代船舶航行的动力。

742 船抵码头　船工们忙着收拢风帆，卸下货物，岸上人们肩背担挑，来回奔忙，路边小酒馆里的人
则悠然自得，酒意正浓。

743 牧童嬉戏 绿茵草地,牛羊悠闲,马儿欢腾。五个牧童在地上滚打嬉闹,其乐融融。

744 农夫耕躬 田畴耕畦,农夫劳作其间。两人踏水车灌溉,两人抢锄翻地,另有农妇提篮携罐送来了食物。临河草棚下则有一架牛拉水车的转盘。

745　迎亲队伍　乡间道上，一顶四人抬的花轿，一列人挑着酒坛，牵着羊儿，一路吹吹打打，这是一支迎亲的队伍。

746　乡村社戏　村民云集，聚观社戏。乡村每遇春台戏，人们就都像过节似的快活。

■ 第三节 清代社会

　　本篇画面取材于《姑苏繁华图》，又名《盛世滋生图》，为清代乾隆年间宫廷画家、苏州人徐扬所作，藏于辽宁省博物馆。作品描绘了乾隆年间苏州城乡的景物与商业欣欣向荣的景象，从历史与艺术角度真实地再现了苏州城当年的风貌。今选其中若干场景予以刊出，文字说明参考文物出版社《姑苏繁华图》。

747 村头场院　木渎灵岩山山前村，村头设有杂货店，店前有轿一乘欲上路，场院上有鱼贩、货郎、糖粥担，有挑菜秧、担柴草者，还有送水、运瓦者，往来不绝，生意盎然。

748 村妇劳作　山前村人家后院，架有经纱一匹，两个村妇正在整理，上浆、卷动、绷紧经纱的费力工作则由一男子充任。院隅一妇人在喂猪，怀抱婴儿的少妇与人低语，另一端有老妪手捻佛珠执杖而来，两个小孩游戏院中。

749 营造新屋　村内一院落正在建新房，瓦工赶做屋面，木匠忙于锯料，配做门窗。院侧屋内是私塾，塾师正在给学童授课。

750 闲看斗鸡　石湖西段，越城桥堍，湖边竹篱内，一汲水老者忙中偷闲，坐观公鸡酣斗。细微传神处，令人拍手称绝。

751 缸坛窑货 苏州窑货历史悠久，素以坚细见长。画中窑货铺所在地新郭，亦为窑作之乡，窑货铺门外堆叠着待销的盆坛壶罐各色窑货，有一人正挑缸坛离去。

752 打铁铺 越城桥畔打铁铺，上挂"成造田器"招牌，炉火熊熊，锤声叮当，两铁匠正在锻打农具。

753 脱制砖坯 石湖边河滩上，有四个窑工正忙着挑水和泥，脱制砖坯。

754 乡村码头 木渎中市西安桥下，走马塘与胥江合流处码头，有负货者、汲水者、卖茶者、送行者、迎客者、行渡者等，热闹非凡。

755 渔家畅饮 石湖边，柳荫下，渔船骈集，渔人共聚船头，围坐畅饮。

756 和尚出行 木渎南街有一寺院，规模可观，一队僧人正鱼贯而出，似是外出做佛事。街头拐角处有看相先生，及围观者数人，墙上挂有鬼谷子像一幅。

757 古镇码头 木渎东街码头，泊有数艘客船，力夫正忙于搬运各种物品。

758　状元迎亲　木渎中市河上，拥塞处有一结彩的大船拨浪驶来，船头有状元府的迎亲花轿一乘，旁行小船载鼓乐正在吹奏，鸣号响锣，行人为之驻足。

759　拜堂成亲　堂上婚礼正在进行，细乐鼓吹齐作，新郎新娘一齐向双亲参拜。院中站满亲朋贺宾，还有随花轿护送新娘而来的一班人员。

760　登门拜访　木渎遂初园正举办盛大宴会，客人正一一登门拜访赴宴。

761 **轩厅堂会** 木渎遂初园轩厅上高朋满座，堂会演出正在进行，前轩铺有地毯，充作舞台，有青衣、童子二人正在演戏。

762 **临河酒楼** 木渎中市最引人注目的就是夹岸咫尺，吃食店众多。图为临河酒店，楼上座客盈席。

763 **丝竹歌舞** 胥门怀胥桥畔，有户人家正延请优伶于楼台献艺，一女子歌舞其上，体态轻盈，婀娜多姿。旁坐乐师二人，为之伴奏。

764 春台社戏 狮子山前，临河处有一扎彩戏台，台上正演出戏剧，台下人头攒聚，观者数以百计。

765 野宴雅集
灵岩山西侧山冈上，有三人席地而坐，面对盛开的桃花，边饮边吟，题写唱和。

766 临河染坊 枣市街临河染坊，门口棚架上高挂着已染过色的布匹。另有二老者，正在河边给布料绞水。

767 尚齿雅会 山塘街上一列行人，各携礼品，入一府中祝贺。此乃"尚齿雅会"，即年高之人设宴聚会，以共同庆贺，这是我国古代的一种传统礼俗。

768 官员出巡　胥门内为苏州官衙集中之地，图为怀胥桥下官员出巡的场面。衙役高擎黄伞先行，然后官员骑马缓缓而来，一路过去，行人纷纷避让。

769 钦差大船　胥门外有一艘悬"钦命""部堂"标志的官船到达，地方官员已摆渡至船口接引。

770 胥门接官厅 胥门城下为官船停泊处,俗称接官厅。码头时有官船停靠,岸上的地方官员正在码头迎接。

771 院试考试 臬台衙门正在举行院试,来自各府县的应试考生已进入设在两庑的考场。清代制度,院试是科举的准备阶段,院试合格方能参加乡试。

第八章　古代江南风情

吴门画家笔下的风土人物
时令习俗、隐逸生活、城乡趣闻、三教九流

本篇画面由明代沈周、文徵明、唐寅、仇英、周臣、张宏、李士达、袁尚统、沈硕、陈焕、钱穀、尤求、谢时臣等，以及清代的徐扬、周鲲、史汉、徐方、汪乔、僧人上睿等吴门画家所作，同时还有桃花坞木刻年画。画中展现的是一幅幅明清时代江南城乡各阶层人士和芸芸众生的各种生活场景，其中的人物，无论是文人雅士、贩夫走卒，还是乡野村夫，甚至是路边乞丐，一个个都神态逼真，栩栩如生……

■ 第一节 时令习俗

　　苏州许多风俗习惯，都与岁时节令有关，其瑰丽多姿，情调殊异，以"土风清且嘉"，为世所称道。《吴都赋》《吴郡岁华纪丽》《清嘉录》中都有记录。

772 喜迎春节　　春节是中国最富有特色的传统节日，在民间，传统意义上的春节是指从腊祭一直到正月十九，其中的除夕和正月初一为高潮。春节的活动均以祭祀祖神、祭奠祖先、除旧布新、迎禧接福、祈求丰年为主要内容。图为明代李士达《岁朝村庆图》轴局部，绘农历正月初一村民喜迎春节的场景，长者赏画访友，儿童燃放鞭炮，敲锣打鼓，辞旧迎新。李士达，吴县（今江苏苏州）人，明万历二年（1574）进士，以画山水、人物著名。藏于故宫博物院。

773 元日作诗　清吴县（今江苏苏州）人史汉《元日题词图》轴。旧时春节有元旦题诗习俗，图绘堂上三位老者围炉取暖，饮酒作诗。门外则是锣鼓喧天，鞭炮阵阵，喇叭声声，还有喜迎新春的人们。藏于故宫博物院。

774 天官赐福 民间习俗,旧历正月十五日,谓天官下降赐福,称上元节。图为清徐扬绘,图中由儿童扮作天官,头戴如意翅丞相帽,五绺长髯,身穿绣龙红袍,扎玉带,手执"百事如意"轴,意为天官大帝把美好幸福的生活赐予人间。

775 闹元宵 正月十五为元宵节,又称上元节。旧俗这天家家都要张挂彩灯,因此元宵节又称"灯节"。图为桃花坞木刻年画,绘元宵节场景。

776 清明节　清明节又称踏青节，是中国传统节日，也是最重要的祭祖和扫墓的日子。图为桃花坞木刻年画《清明佳节图》，取唐代杜牧诗意，共四幅，今选其中两幅，分别是"清明时节雨纷纷"与"路上行人欲断魂"。

777 端午节 古人将端午节这一日视为"恶日",为避免邪气附身,家家以蒲艾插户,人皆佩艾、戴符、挂香囊、拴五彩线、饮雄黄和菖蒲酒,以驱邪避恶。上左图为端午节来临之际,人们系带彩丝,以求平安;上右图为悬艾草,家家户户将蒲艾编成长条状,挂于门户之上,以攘毒气侵入室内;下左图为裹粽子,家家户户以菰叶裹黍米(黄米)或糯米,扎成尖角形状,蒸煮而食;下右图为观竞渡,即赛龙舟,以追念祖先,效法龙的勇猛顽强、力争上游的精神。在江南则还有纪念春秋时吴国伍子胥和战国时楚国大诗人屈原之意,清徐扬绘《端阳故事图》册。选自《清史图典》,藏于故宫博物院。

778 虎丘灯船　虎丘山塘，七里莺花，每逢良辰节令，士女游观，画船箫鼓。舟无论大小，皆装饰精工，悬挂彩灯，至虎丘山浜，各占柳荫深处，赌酒征歌，各自逍遥。图为桃花坞木刻年画《虎丘灯船胜景图》。

779 重阳赏菊　每年农历九月初九日为重阳节，又称"踏秋"，是我国传统节日。庆祝重阳节一般会出游赏景、登高远眺、观赏菊花、遍插茱萸、吃重阳糕等。图为明沈周《盆菊图》，绘重阳节秋郊观菊，在茅亭间与文友把酒饮欢。

■ 第二节　隐逸生活

　　文人士大夫受到传统文化熏陶，富有学识，感情细腻丰富，诗意的栖居是他们理想的生活环境。隐逸文化一般以老庄哲学为基础，这是他们保持人格独立的一种处世方法。本组图片选自明清画家，寄寓了他们高洁旷远、宁静幽雅的人格情怀和审美情趣。

780　品古雅集　明仇英绘《人物故事图之竹院品古》册页，描绘五位文人品鉴字画古玩。图藏于故宫博物院。

781　春夜宴饮　明仇英绘，取材于唐代诗人李白的《春夜宴桃李园序》，描绘四个文人于桃李芬芳的庭院中秉烛而坐，饮酒赋诗的场面。图藏于日本知恩寺。

782 琴声鹤韵　明沈周《沧州趣图》卷，绘船停湖心，主人抚琴，仙鹤起舞。图藏于故宫博物院。

783 东园品诗　文徵明《东园图》卷，绘南京钟山东凤凰山下东园徐氏与友在园中切磋品诗。东园为明开国重臣徐达赐园，其五世孙徐泰时扩建为别墅，徐在苏州阊门外还建有西园。图藏于故宫博物院。

784 击缶催诗 清吴县（今江苏苏州）人汪乔《击缶催诗图》，图绘两人比赛作诗，一人尚在思索，一人已经完成，正击缶以报输赢，并手持酒杯准备罚酒。藏于故宫博物院。

785 江边观杏 唐寅《观杏图》，绘初春三月，江边杏树一夜花开，两人举首欣赏，另有童子正给炉子生火烧茶。

786 舟别送友 明沈周《京江送别图》，绘故人乘舟远去，好友在岸，依依惜别。藏于故宫博物院。

787 西园雅集　明苏州人李士达《西园雅集图》，描绘文人学士在山林野外自在逍遥而又高雅适意的生活。顾公硕捐赠，藏于苏州博物馆。

788 惠山茶会　文徵明《惠山茶会图》卷，绘文徵明与蔡羽、王宠等友人游无锡"天下第二泉"，在泉边观井烹茶。藏于故宫博物院。

789 荷塘消夏 　明末清初苏州僧人上睿，号童心和尚，为友人作《四季行乐图》，图为其中的《荷塘消夏图》，绘主人斜卧榻上，侍者为其打扇，荷风四面，送来阵阵清凉。顾公硕捐赠，藏于苏州博物馆。

790 听阮 　清刘彦冲（1807—1847），四川铜梁人，寓居苏州。图中主人公乃绘者胞兄，头戴高冠，身着宽服，抱膝而坐，正听歌女弹奏阮琴。藏于故宫博物院。

791　春游晚归　仇英《春游晚归图》，绘主人乘兴骑马郊游，日暮始归，仆人童子紧随其后，家人忙着为他们开门。藏于台北故宫博物院。

792　日暮投宿　明谢时臣《雪山寒溪图》，绘天寒地冻，主仆在深山，日暮欲借宿山里人家。藏于天津博物馆。

793 茅屋小憩　明周臣为裴春泉所作《春泉小隐图》卷，绘午间主人伏案打盹。屋外童子轻轻扫地，回首观望，唯恐惊醒了主人。藏于故宫博物院。

794 携琴会友　明唐寅《事茗图》卷，绘屋主人读书品茗，友人前来聚会，童子抱琴跟随。图上作者自题云："日长何所事，茗碗自赍持。料得南窗下，清风满鬓丝。"藏于故宫博物院。

795 弹琴拨弦　仇英《蕉阴结夏图》，绘两位高士在芭蕉、假山之下切磋琴艺，童子一旁端茶侍候。藏于台北故宫博物院。

796 老友重逢　仇英《桐阴清话图》，绘两位文友久别重逢，相见执手，分外亲切。藏于故宫博物院。

797 溪桥观瀑　明长洲（今江苏苏州）人沈硕《携琴观瀑图》轴，两位雅士溪水桥上观瀑布流水，头上桃花耀眼明，童子携琴侍立在侧。藏于故宫博物院。

798 临溪观泉　明陈焕绘，两位高士临溪而坐，蓬头赤脚，无拘无束，怡然自得，尽情享受大自然的乐趣。藏于故宫博物院。

799 竹亭对棋　明吴县（今江苏苏州）人钱穀《竹亭对棋图》，绘士人消夏，对棋休闲，悠然自得的神情。

800 **山水游骑**　明周臣《春山游骑图》轴，绘主人骑马郊游，道经山中小桥，溪水湍急。仆人一在前执竹竿引路，一在后挑行李跟随。藏于故宫博物院。

801 **云山游春**　明末清初苏州僧人上睿《为友梅作行乐图》册之《云山游春图》，绘骑马外出游春，前有向导引路，后有挑夫跟随，山野风光，一路神怡。顾公硕捐赠，藏于苏州博物馆。

802 **雪山访友**　明末清初苏州僧人上睿《为友梅作行乐图》册之《雪山访友图》，绘冬日山野曲径，白雪皑皑，两人头戴斗笠，骑马踏雪进山访友，童子紧跟其后。顾公硕捐赠，藏于苏州博物馆。

■ 第三节 城乡趣闻

　　画家以前所未有的视角，抓住了城乡小人物的一些生活细节和精彩瞬间，将平凡生动、情趣盎然的百姓生活表现得淋漓尽致。

803 拂晓抢关　明吴县（今江苏苏州）人袁尚统《晓关舟挤图》轴，绘清晨时候阊门水关刚开启，出城和进城的船只在此相会，各不相让，挤成一团。藏于故宫博物院。

804 田间避雨　明周臣《夏畦时泽图》页，绘夏日田间雷雨突袭，两个农夫头戴草帽，身披蓑衣，急忙过桥躲雨。藏于故宫博物院。

805 风雪旅途　清常熟人徐方《风雪运辆图》轴，绘车马旅人行进在风雪山野之间的艰苦情形。藏于故宫博物院。

806 击缶起舞 明张宏《击缶图》轴局部，绘乡间村民随击缶（打击乐器）声响欢快起舞。藏于故宫博物院。

807 老少欢愉 明张宏《击缶图》
轴局部，绘两位老人观看击缶
表演，老婆婆带着两个孙儿，老
公公则褪下衣衫，让小儿帮助搔
痒，老少欢愉，其乐无穷。藏于故
宫博物院。

808 水乡渔乐 明周臣《渔乐图》卷，绘水乡渔民各种捕鱼和休闲场景。藏于故宫博物院。

809　田间打架　明张宏《农夫打架图》扇，绘农忙时节农夫为争夺灌溉水源而相骂打架，神态逼真。藏于故宫博物院。

810　三驼相见　明吴县（今江苏苏州）人李士达《三驼图》轴，绘三位驼子身体虽残疾，性格却乐观向上。画上录有诗三首，云："张驼提盒去探亲，李驼遇见问缘因。赵驼拍手呵呵笑，世上原来无直人。""为怜同病转相亲，一笑风前薄世因。莫道此翁无傲骨，素心清澈胜他人。""形模相肖更相亲，会聚三驼似有因。却羡渊明归思早，世途只见折腰人。"藏于故宫博物院。

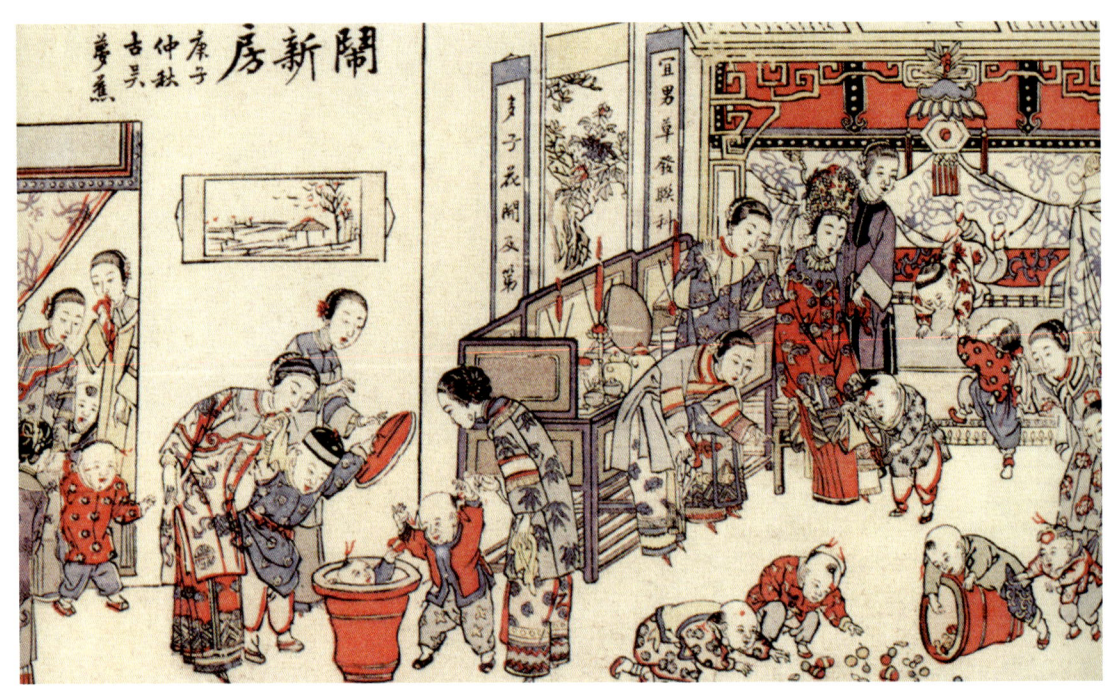

811　闹新房　闹新房是结婚仪式的高潮，俗有"三日无大小"和"越闹越发"之说。闹房大都是戏谑新郎新娘，尽兴为止。小孩则将"子孙桶"中的红蛋抢走。图为桃花坞木刻年画。

812　共乐升平得利　桃花坞木刻年画，绘民间艺人习拳练武、鸣锣献艺、说书杂耍等场景，反映出民间共乐太平的良好愿望。

■ 第四节　三教九流

　　"三教九流"，原本是指儒教、佛教、道教三教，以及先秦时期的九个学术流派——儒家、道家、阴阳家、法家、名家、墨家、纵横家、杂家、农家。但后来一般理解为古代职业的名称，并认为这是泛指下层社会闯荡江湖从事各种行业的人。在古代白话小说中，"三教九流"往往含有贬义。但在这里，则属于中性词意，指的是社会各种行当与各阶层人士。

《村市生涯图》册　清宫廷画家、常熟人周鲲绘，图册描绘了市井生活中的十二种营生，分别是书春联、卖唱、补碗、卖膏药、击凤阳花鼓、补鞋、画扇面、卖花、箍桶、表演杂耍、磨镜、铸铜器。藏于故宫博物院。

813　书春联

814　卖唱

815 补碗

816 卖膏药

817 击凤阳花鼓

818 补鞋

819　画扇面

820　卖花

821 箍桶

822 表演杂耍

823 磨镜

824 铸铜器

《风俗人物图》册　　清人绘，画者姓名虽然失考，但所描绘的都是江南一带城乡之间物事。笔墨间犹存明代吴门画派遗韵，且不少行当习俗在苏州地方史志中亦有记载。藏于故宫博物院。

825 走绳索　旧时乡间杂技表演。

826 观潮　江浙一带民间有观潮习俗，涛神都为伍子胥。

827 磨镜　旧时女子梳妆所用乃铜镜，日久镜面晦暗，须重新磨新。

828 马戏　依靠马上技艺表演，招徕观众，以作营生。

829　木偶戏　又称傀儡戏，四周围帐，帐中之人操控木偶，让帐外的观众欣赏。

830　玩具铺　专售儿童玩具的小店铺，吸引儿童拽着父母亲前来购买。

831　货郎担　货郎挑担走村串街，孩童最为开心，纷纷过来又过去。

832　打腰鼓　旧时常有人打着凤阳花鼓沿途南来，一路卖艺求生。

833 盲人说书 盲人村头说书,吸引村民纷至沓来,有的还特地摆渡过河而来。

834 僧人化缘 和尚下乡化缘,途经一家小吃店,村民闻声围拢过来。

835 盲人斗殴 乡间奇闻,盲人之间群起争斗,原本只为探路所用的竹竿,此刻却成了打人的器具。

836 卖唱 沿街卖唱者,一人吹笛,一人击鼓打快板,还有一妇人则捧盘欲讨取店家赏钱。

837 占卜 江湖术士替人推算命运，预测凶吉，摊开的条幅上书"数相通神"。

838 晓关人挤 拂晓城门开启，城里人急着涌出来，乡下人则挑着担匆匆挤入城。

839 雕大钱 木匠正在制作一枚大钱，上面雕有"天下太平"四字，旁有僧人、道士磕头礼拜。此大钱为寺院、道观庙会时娱乐百姓所用器物，吸引香客和游人在远处投掷铜钱入大钱之眼，以讨吉祥。

840 螺蛳壳里做道场 苏州民间即有此谚语，比喻场地太狭小，难以施展开来的意思。此图即绘乡村间搭螺蛳壳形状的帐篷，供僧人做道场，还原了这条谚语的场景，让人觉得十分有趣。

《杂技游戏图》 明吴县（今江苏苏州）人张宏绘。图中描绘了吴地市井风俗百态，其中有街头说唱、牵毛驴、耍猴戏等。藏于故宫博物院。

841 街头说唱 一把折扇一张口，戏说历朝故事，围观者忍俊不禁，开怀大笑。

842 牵毛驴 主人手牵毛驴，坐骑十分考究，或许这是一骑接送新娘的毛驴。

843 耍猴戏 街头耍猴，猴子随主人击鼓声而表演，男女老幼看得津津有味。

844 凤阳花鼓　凤阳花鼓者大多为明洪武年间被迫离开江南的士民商贾，他们借敲花鼓私返故乡，以慰乡思。图中路人驻足观看，妇人还怀抱着婴儿。

845 僧人化缘　僧人托钵沿街化缘，母女路过，正在商量捐钱多少。

846 盲人算命　盲人行走江湖替人算命，童子为其引路，一汉子手持大折扇，或许是招牌，为其做广告。

847 街头卖竹　老年夫妇各捎一根毛竹，可能是进城来贩卖。

848 卖鱼娘娘 苏州人称贩鱼的妇女为卖鱼娘娘，担桶带篮的，顾客买了鱼，正在复称斤两。

849 说书先生 当街说书卖艺，有妇人托盒，似在收钱。

850 走方郎中 江湖土郎中，微通医术即往各处游医，手持铃铛，摇动不停。为人看病，目视其色，言能变化。

851 泼妇骂街 当街一对妇人，正在吵架，怒气冲冲，破口大骂，虽有路人相劝，犹未能消停。

852 做法事　一队僧人，手执经幡，击鼓敲钹，正做法事。

853 卖鼠药　卖老鼠药者，衣衫褴褛，竹竿上挂着鼠皮，小黑狗尾随其后。

854 磨镜　磨镜者正在劳作，老少二人则在旁边试镜。

855 斗羊 农夫手牵两只羊，相互争斗，不知是玩耍还是真干。

856 牧牛老顽童 此图非牧童少年，而是三位上了年纪的老顽童，一位在牛背上打盹，另两位则在牛背上吹笛唱山歌。

857 走绳索 杂技走绳索，观者紧张，都为其捏了把汗。

858 私塾课堂 先生迷迷糊糊打起了瞌睡，惹得一帮学童开始胡闹捣乱，或对先生恶作剧，或在地上翻跟头。

859 斗纸牌 四人围桌打纸牌，或聚精会神，或笑逐颜开，还有两人在旁边，观牌不语也是真君子。

860 鼓乐艺人 头上身上挂满各种乐器，有鼓、铃、笛等，虽十八般武器，却只有一人表演。

861 铸铜匠 匠人化铜水，铸铜器，一旁伙计正用牛皮袋为炉子鼓风。

《乞食图》 明吴县（今江苏苏州）人周臣绘。图中描绘了难民流离失所、市井乞讨的情景，无论老幼病残，艳丑贤愚，均栩栩如生。这种描绘生活在社会最底层人物的绘画，在古代极其罕见，作者如实描写，不加修饰。画中之人情形皆悲惨不幸，令人同情。周臣自题曰："正德丙子秋七月，闲窗无事，偶记素见市道丐者往往态度，乘笔砚之便，率尔图写，虽无足观，亦可以助警励世俗云。"作者希望借此唤起世人的仁爱之心，怜悯周济这些依靠乞食度日的流民。图藏于美国克里夫兰艺术博物馆和美国夏威夷火奴鲁鲁艺术博物馆。

862 玩蛇者 赤脚赤膊，骨瘦如柴，一手拎条蛇，一手捏破碗，所背行李，亦如垃圾。

863 啃西瓜 壮汉流浪，斜背竹篓，口渴难忍，捧瓜狂啃。

864 患病者 老汉双腿，一粗一细，分明有病，粗腿实是肿胀，上面还贴有膏药，行走只能借助拐棍。

865 唱戏者 一个白脸，一个黑脸，挥舞着旌旗，像是在争斗，又像是在调侃，其实是一搭一档，正在玩笑人生。

866 走唱者　身挎竹筒与竹篮，脚穿草鞋，边打竹板边敲鼓，沿街走唱，乞讨要饭。

867 咽食者　头发蓬乱，胡须拉碴，瘦骨嶙峋。一袭破裤遮下体，身挎水瓶，手拿食品，狼吞虎咽。

868 捧碗者　好不容易讨得一碗饭，眼睛直勾勾盯住碗内，急不可耐地捧碗大嚼。

869 赶路者　执一根讨饭棒，背一袭破草褥，捧一只豁口碗，脚尖着地，正在赶路。

870 残疾者　壮年之身，腹肚饱满，却无奈身残，只得一手拐棒，一手讨饭棍，也沦为乞丐。

871 耍猴者　一个铁圈，一面令旗，老汉以耍猴为业，乞讨求生。

872 **爬行者** 老妇无法站立，只能在地上爬行，为防皮肉磨烂，手与脚都用布条包裹。

873 **耍鼠者** 与耍猴者异曲同工，手提木框，背挎令旗，专门耍逗松鼠，招徕路人，以求果腹。

874 **牵羊者** 老妇挂棍，赤脚牵羊，怀抱婴儿，腰挂乞具，衣衫褴褛。

875 **牵狗者** 老汉挂棍牵狗，背佝腰弯，衣不遮体。

876 **行道者** 捧一段竹筒，捏二节小棍，身穿道服，足蹬芒鞋，脸上还微露笑容。不愧是学道之人，即便乞讨，也仍有智者风度。

877 **化缘者** 穿件破袈裟，托一只化缘钵，苦行僧沦落到如此地步，与乞丐也无所区别了。

第九章　古代苏州名景

（清代画家马咸《大吴胜壤图说》册页）

　　吴中山温水软，绿畴绣野，河流纵横，湖泊棋布。太湖襟带西南，烟波浩渺，洞庭秀嶂翠峰，隐现银涛。濒湖诸山，乍离乍合，或伏或起，逶迤西南而达近郊，耸峙为邓尉、穹窿、上方、灵岩、天平、虎丘诸山。历代名流，营构栖息，地灵人杰，蔚为胜迹。明人钟惺《梅花墅记》云："予游三吴，无日不行园中。"苏州全境宛似一大花园。士大夫与画家匠师复引清流，叠奇石，筑堂构，植花木，务陈设，撷山水精华，融诗情画意，营造文人写意山水园。

马咸，字嵩洲，号泽山，清代画家，浙江平湖人。曾撰《大吴胜壤图说》云："余癖山水，凡遇丘壑树石之奇异者，必流连于其下，盖欲藏胸中以发图中耳。夫吴中之景最丽，蓄谋意久矣，然未经游不敢作。后曾为礼上古东夷首领太皞（伏羲氏），前往虎丘，既而渡石湖、越灵岩、登天平、跨支硎、宿寒山、上穹隆、步邓尉、观香雪，吴中之胜半在余目矣。于是会稿分派而作是册，计十三帙。"图选自《清代园林图录》画册。

虎丘，其山本晋司徒王珣与弟司空王珉别墅，咸和二年，舍山宅为东西二寺。其旧名不一：曰海涌山、曰仙室山、曰玉帐山、曰行雨山、美人山，山之胜如胥台，有云岩寺、剑池、千人石、说法台、可中亭、点头石、憨憨泉、养鹤涧、石井泉诸古迹。其楼榭丘壑之美，顾野王目为大吴胜壤，亶其然乎。

——马咸自题

878 **虎丘** 在阊门外七里山塘西端，因山势形如卧虎，故名。史载，春秋时吴王阖闾葬此。东晋王珣、王珉兄弟俩舍宅为东、西两寺在山下。唐代"会昌灭佛"后重建，合为一寺于山上，经历代修建，形成"寺中藏山"景观特点。主要景点有云岩寺塔、断梁殿、憨憨泉、试剑石、枕石、真娘墓、孙武亭、千人石、二仙亭、剑池、生公讲台、点头石、五十三参、大雄宝殿、望苏台、双井桥、致爽阁、第三泉、冷香阁、拥翠山庄、小武当、吴分楚胜坊、中和桥等。

灵岩，又名石鼓山，一名砚石山。上有灵岩寺。内有响屧廊、月池、研池、玩华池、吴王井；寺外有西施洞、佛日岩、采香泾、琴台、醉僧石诸胜。范成大谓瞰笠泽诸山，若滴翠浮碧，在白银世界中，浮奇观也。

——马咸自题

879 灵岩　在苏州西南木渎古镇，山以灵芝石最为奇异，遂称灵岩山。山西麓深紫色页岩可制砚，又叫砚石山。从东远望，山形恰似一头伏地巨象，民间也呼之为象山。袁宏道称其"山不甚高而幽奇甲于吴中"。今山顶灵岩山寺一带传为吴王馆娃宫殿宇遗址，有琴台、响屧廊、吴王井、玩花池、玩月池、砚池、梳妆台、西施洞、划船坞等古迹。

高义园，在天平山，山有卓笔峰、飞来峰、一线天、华盖松、穿山洞、蟾蜍石、龙门、望湖台、照湖镜、白云洞、莲华洞、白云泉、白云寺、范文正公祖墓在焉。旁为范氏义庄，因御题名园焉。山之石皆立，名曰万笏林，或曰万笏朝天。

——马成自题

880 高义园　在天平山，宋代范仲淹将高祖范隋至父三位先辈安葬于天平山麓。庆历四年（1044），仁宗赵祯题赐"白云禅寺"额，并以山赐之。自此，天平山亦称赐山，俗呼范坟山。天平山以怪石、清泉、古枫"三绝"著称。清乾隆十六年（1751），高宗弘历南巡初游天平山，有感于范仲淹高风义行，题赐"高义园"。山间有忠烈庙、白云寺、天平山庄、高义坊、接驾亭、御碑亭、范参议祠、什景塘等建筑和景观。

寒山别墅，在支硎山西南，万历间云间高士赵宦光葬父于此，遂偕配陆卿子在焉。自辟丘壑，凿山琢石，如洞天仙源。前为小宛堂，茗碗几榻，超然尘表。盘陀、空空、化城、法螺诸庵，皆其别墅也。而千尺雪，尤为诸景之最。子灵均，一传无后改为精蓝。

——马成自题

881 寒山别墅　　寒山，是天平山北麓与支硎山南麓之间山坞中的一座小山。山本无名，明万历二十二年（1594），文学家、书论家赵宦光（1559—1629），太仓人，字凡夫，号寒山子，宋太宗赵炅第八子元俨之后，在此买山葬父，遂偕妻陆卿子在此守孝，隐居山中。自辟岩壑，凿山引泉，植松栽竹，构筑山庄别业，并题山名寒山。有千尺雪、小宛堂、云中庐、弹冠室、惊虹渡、绿云楼、飞鱼峡、驰烟驿、澄怀堂、清晖楼诸胜。乾隆六次南巡到寒山，写了44首寒山诗，这些御笔此后都被镌刻成碑，成为吴中一大奇观。因乾隆帝曾在此驻跸，当地人又称寒山为皇宫岭。

法螺庵，在寒山，山径盘纤，从修篁中百折而上，势如旋螺故名。径旁洞水潆洄，石梁跨之，名津梁渡。寺中精舍数椽，四山拱翠，庭前树石，位置天成。

——马成自题

882 法螺庵 在寒山岭（也称皇宫岭）皇宫遗址南面的山坞平地上，面对天平山。原是赵宧光寒山别业一部分，后改建成寺。山径如旋螺盘行始得进庵门，故名法螺庵，曾为支硎山中峰寺下院。清康熙间僧德涤建大悲殿，咸丰十年（1860）毁，光绪八年（1882）僧悟乘重修，屋仅三楹。20世纪50年代末至60年代全部拆除，至90年代庙宇建筑次第重建，今已颇具规模。

千尺雪，在寒山，石壁峭立，明赵宧光凿山引泉，缘石壁而下，飞瀑如雪。旧有阁未署名，乾隆十八年赐名听雪。山半有屋曰云中庐，又有弹冠室、惊鸿渡。乾隆六次南巡，驻苏时必游千尺雪。

——马咸自题

883 千尺雪　在寒山岭，赵宧光修建寒山别业时在山上凿山引泉，使水流顺岩壁而下形成瀑布，因见"飞瀑如雪"，遂在其旁岩壁上题有"千尺雪"。乾隆十六年（1751）帝南巡至寒山，对"千尺雪"非常喜欢，专门将其旁边的亭子赐名为"听雪"。回京城后，也在承德避暑山庄特意修建了"千尺雪"景观。

　　支硎山，晋沙门支遁曾憩避于此，山多平石如硎故名。山有石室、寒泉、碧琳泉、待月岭、南池、新泉、马迹石。西南有三巨石，屹立如门；西连危峰，东临绝壑，下有观音寺，故亦名观音山，岩石清幽，烟霞映发。

——马咸自题

884 观音山　　支硎山，南近天平山，西南连寒山，北接高景山，有南峰、中峰和北峰。山有巨石平坦如磨刀石，故以硎为名。东晋高僧支遁曾居此，遂名支硎山。支遁爱马爱鹤又爱鹰，佳话颇多。唐代山麓建有观音寺，清康熙年间改名观音禅院，成为全国少有的规模宏大的观音院之一，山也因此称作观音山。山中遗迹有石室、寒泉、马迹石、养马坡、放鹤涧、鹤饮泉、马坡泉等。

华山，亦名花山，在县西三十里，其山蓊郁幽邃，望之如屏，其巅有石如莲花状，以此得名。山半有池，横浸山腹，逾数十丈，故又名天池山。上有石屋二间，四壁皆凿浮屠像。又有寂鉴庵、龟巢石、虎跑泉、支公洞、洗心亭、翠屏、鸟道诸胜。南为华山寺，长松夹径最为幽绝。

——马咸自题

885 华山　又名花山，位于天平山西北。《吴地记》载："花山，其山蓊郁幽邃。晋太康二年，生千叶石莲花，因名。"花山山巅莲花峰奇石危立，前人誉为"吴中第一峰"。《姑苏志》云："山半有池在绝巘，横浸山腹，逾数十丈，故又名天池山。"天池山与花山为一山两名，人们习称绝顶莲花峰东北为花山，西南为天池山。山中有峰石、泉水、花山鸟道、翠岩寺、寂鉴寺、石殿、石佛石龛诸胜景。

穹窿山，山即赤松子采赤石脂处。《吴都赋》所云赤须蝉蜕而附丽者是也。景有初地亭、半山亭、法雨泉、三茅峰，层台叠嶂，石磴迂回，登岭俯视，诸山浮碧在下也。故称吴都主山，其顶方广百亩，有赤松子炼丹台、昇仙台遗迹。其西有紫藤坞、百丈泉。

——马咸自题

886 穹窿山　位于木渎镇西，以峻拔幽深闻名。山有三座高峰，因传三茅真君曾在此修道，故名大茅峰、二茅峰、三茅峰。穹窿海拔341.7米，为苏州诸峰之冠，向以道教名山著称于世。旧有"穹窿十景"。现存上真观、宁邦寺、朱买臣读书台、玩月台、百丈泉、乾隆御道、小王山摩崖题刻等胜迹。

上方山，距石佛寺二里许，一名楞伽山，山顶有楞伽寺，俗名上方寺，有浮屠七级。北望吴王郊台，东睇茶磨、石湖，烟波掩映，绵渺无极。山下即治平寺也。旁有石湖草堂，文徵明题额，前萦修竹，后带清泉，水石烟云，并擅湖山之胜。

——马咸自题

887 上方山　又名楞伽山，下临石湖。石湖是太湖东北出水支岔，经越来溪汇于上方山下。相传，春秋时已为巨浸，吴越之争，越人掘溪进兵，横截山脚，凿石开渠以通苏州，湖底皆石故名石湖。由于山水相依，上方山形成了峰、峦、岭、坡、谷、屿、岩、崖、洞等山景，还有楞伽寺塔、吴王郊台遗址、吴城遗址、潮音寺（俗称石佛寺）、治平寺、范成大祠、石湖草堂、越公井等古迹。石湖山水，天然佳胜，为吴中伟观，景色不亚于杭州西湖。

　　石湖别墅，范成大因越来溪故城，随地势高下而为亭榭。植以名花，而梅为独盛。别筑农圃堂，对楞伽寺，下临石湖，孝宗御题"石湖"两大字。又有北山堂、千岩观、天镜阁、玉雪坡、锦绣坡、说虎轩、梦渔轩、绮川亭、盟鸥亭、越来城等处，风帆沙鸟，出没空蒙间，茶磨诸山映带如画。

——马成自题

888　石湖石佛寺　石佛寺又名潮音寺、妙音禅院，在茶磨屿下。始建于南宋淳祐年间，傍依范成大祠堂。寺临石湖，就岩石凿观音像一尊，名"观音岩"，上盖一亭，高丈六，下为涧水一泓，静深莫测，跨石为桥，长二丈许，护以扶栏。左右绝壁巉岩，寒藤古木蔽空掩映，清气洒然，殆非人境，俗呼为"小普陀"。茶磨屿连接行春桥，是观赏石湖风景的佳处之一。乾隆曾赋诗赞曰："吴中山水致人怜，最爱石湖茶磨前。万顷烟波连震泽，一堤花柳绘春天。"

邓尉山，在光福，汉有邓尉（禹）者隐此，故名。逶迤十里，其高五百丈，中峦隆起，南北西三面绕湖，而圣恩寺南向受太湖之水，渔洋山为案。其西碛、玄墓、吾家、青芝、米堆诸山皆其支峰。景有虎山桥、凤鸣岗、铜井、铜坑，濒湖有阁，曰七十二峰阁。兹山登临之胜甲东南。

——马咸自题

889 邓尉山　在光福镇南，相传汉代司徒（太尉）邓禹隐居于此而得名；又名玄墓山，东晋时青州刺史郁泰玄晚年隐居光福，死后葬此。山南有圣恩寺临湖而立，唐玄宗天宝年间建天寿寺；南宋宝祐年间建圣恩寺。当时两寺并存，被辟为上下道场。元代天顺元年（1328）朝廷赐额圣恩禅寺，从此圣恩寺成为全国五大名刹之一，是佛教禅宗"临济宗"三峰派的中心。当时曾有"禅宗莫盛于临济，临济之禅莫盛于三峰，三峰之禅莫盛于圣恩"之说。

香雪海，即吾家山，邓尉之支峰也。居人皆植梅花为业，花时如山中积雪，宋荦题此三字于石。虎山桥跨虎山、龟山之嘴，宋嘉泰建，元泰定改三拱，形制雄丽，惜已被拆。龟山有光福塔，山下有汉司徒庙，内有清、奇、古、怪四古柏；一株直挺而青葱，一株干作螺旋，一株中裂分两株而竞茂，一株中折坠地，复挺而荣。

——马咸自题

890 香雪海 在光福，光福之地相传为春秋吴王养虎处，图中近处为龟山，又称光福山，南朝萧梁大同年间，顾野王舍宅建光福寺及塔于龟山，故民间俗呼塔山。山下三拱石桥跨虎溪，名虎山桥。远处则是镇西马驾山（又称吾家山），为赏梅胜地。《光福志》载，宋元之际，"隙地遍种梅，蔚然如雪海"。清康熙三十五年（1696）江苏巡抚宋荦赏梅时题"香雪海"。乾隆六次游江南到邓尉香雪海，五次作《邓尉香雪海歌》，均刻有碑。

　　衷心感谢故宫博物院、紫禁城出版社、上海科学技术出版社、上海远东出版社、商务印书馆（香港）有限公司、古吴轩出版社，以及许多相关的博物馆和出版社，他们的努力，使明清时期吴门画家们的许多作品，在远离故土数百年之后，能够与家乡的人们见面，让人们领略欣赏到了苏州那早已消失了的岁月的精彩。

　　在此，也要感谢许多热心人士和无名人士，为本卷图册提供图片和文字，以及所做的贡献。

《图说苏州（古代史）》　参考文献

本图册各章扉页插图选自明代仇英《清明上河图》，画藏于辽宁省博物馆。

故宫博物院编，朱诚如主编. 清史图典·清朝通史图录. 北京：紫禁城出版社，2002

许忠陵主编. 故宫博物院藏文物珍品大系·吴门绘画. 上海：上海科学技术出版，香港：商务印书馆，2007

杨新主编. 故宫博物院藏文物珍品大系·明清肖像画. 上海：上海科学技术出版社，香港：商务印书馆，2008

金卫东主编. 故宫博物院藏文物珍品大系·明清风俗画. 上海：上海科学技术出版社，香港：商务印书馆，2008

张之恒主编. 中国考古学通论. 南京：南京大学出版社，2002

马新，齐涛. 中国远古社会史论. 北京：科学出版社，2003

刘修明主编. 话说中国. 上海：上海文艺出版社，2005

李默主编. 中华文明大博览. 广州：广东旅游出版社，1997

翟文明主编. 中国全史（彩图版）. 北京：光明日报出版社，2002

王国平，华人德主编. 耆献写真：苏州大学图书馆藏清代人物图像选. 北京：中国人民大学出版社，2008

华人德主编. 中国历代人物图像集. 上海：上海古籍出版社，2004

房立中、陈运坤编. 中国历代名人图会. 北京：学苑出版社，1994

贾文红主编. 中国名人大传（彩图版）. 北京：光明日报出版社，2002

中国历史博物馆保管部编. 中国历代名人画像谱. 福州：海峡文艺出版社，2003

全景博物馆丛书编委会编. 中国人物画博物馆（彩图版）. 郑州：海燕出版社，2003

陈传席编著. 海外珍藏中国名画·晋唐五代至明代. 天津：天津人民美术出版社，2010

邱才桢主编. 中国古代书画馆藏精品集. 北京：紫禁城出版社，2009

中国国家图书馆，大英图书馆编. 1860—1930：英国藏中国历史照片. 北京：国家图书馆出版社，2008

潘耀昌主编. 中国美术名作鉴赏辞典. 杭州：浙江文艺出版社，1999

徐邦达编. 中国绘画史图录. 上海：上海人民美术出版社，1984

徐吉军,方建新,方健,等. 中国风俗通史·宋代卷. 上海: 上海文艺出版社, 2001

苏州博物馆,上海博物馆编. 明吴门四杰书画精品集. 北京: 文物出版社, 2006

苏州博物馆编著. 明清书画. 北京: 文物出版社, 2006

〔明〕仇英绘,杨东胜主编. 清明上河图. 天津: 天津人民美术出版社出版, 2009

殷红伟. 沈周画传. 济南: 山东画报出版社, 2004

吴敢. 中国名画家全集·沈周. 石家庄: 河北教育出版社, 2003

姚向奎编. 中国历代绘画名家作品精选系列·仇英. 石家庄: 河南美术出版社, 2011

迟庆国,易东升编. 中国历代绘画名家作品精选系列·唐寅. 石家庄: 河南美术出版社, 2010

梁白泉主编. 吴越文化: 中国的灵秀与江南水乡. 上海: 上海远东出版社,香港: 商务印书馆, 1998

郭俊纶编著. 清代园林图录. 上海: 上海人民美术出版社, 1993

太平天国历史博物馆编. 魏正瑾,易家胜主编. 天国春秋——太平天国历史图录. 北京: 文物出版社, 2002

绥祥,方霖,北宁编著. 旧梦重惊——清代明信片选集. 南宁: 广西美术出版社, 1998

苏州市地方志编纂委员会编. 苏州市志. 南京: 江苏人民出版社, 1995

王国平主编. 苏州史纲. 苏州: 古吴轩出版社, 2009

黄镇伟编. 沧浪亭五百名贤像赞. 苏州: 古吴轩出版社, 2005

曹子芳,吴奈夫主编. 中国历史文化名城丛书 苏州. 北京: 中国建筑工业出版社, 1986

周治华主编. 中国苏州. 苏州: 古吴轩出版社, 1993

苏州市地方志编纂委员会办公室编. 老苏州——百年旧影. 2版. 南京: 江苏人民出版社, 1999

徐刚毅主编. 老苏州——百年历程. 南京: 江苏古籍出版社, 2001

苏州市工商业联合会,苏州市档案馆编. 百年商会. 苏州: 古吴轩出版社, 2005

苏州市人民政府编. 文化遗产·苏州古城. 苏州: 古吴轩出版社, 2003

周人言主编. 文化遗产·苏州平江. 北京: 五洲传播出版社, 2004

徐刚主编. 走进苏州平江. 北京: 中国对外翻译出版公司, 2006

苏州市人民政府编. 古韵今风. 苏州: 古吴轩出版社, 2002

苏州市文物局编著. 岁月记忆·名城瑰宝: 苏州市第三次全国文物普查新发现选编. 北京: 文物出版社, 2012

俞杏楠主编. 吴中文物. 上海: 上海科学技术出版社, 2004

苏州市城建档案馆,辽宁省博物馆编. 姑苏繁华图. 北京: 文物出版社, 1999

《苏州文物菁华》编委会编. 苏州文物菁华. 苏州: 古吴轩出版社, 2004

冯骥才主编. 中国木版年画集成·桃花坞卷. 北京: 中华书局, 2011

高纪言总策划. 苏州桃花坞木版年画. 南京: 江苏古籍出版社,香港: 嘉宾出版社, 1991

周新月. 苏州桃花坞年画. 南京: 江苏人民出版社, 2009

苏州虎丘山风景名胜区管理处主编. 大吴胜壤——虎丘的经典记忆. 上海: 上海锦绣文章出版社, 2012

张齐主编. 风雅山塘. 济南: 山东画报出版社, 2012

陈振刚主编. 苏州佛教文化. 苏州：古吴轩出版社, 1994

（释）性空主编. 寒山寺碑刻集. 苏州：古吴轩出版社, 2000

高福民主编. 苏州历史文化名镇. 苏州：古吴轩出版社, 2010

吴江市政协学习和文史委员会编. 吴江旧影. 苏州：古吴轩出版社, 2001

朱永兴主编. 吴江博物馆. 苏州：古吴轩出版社, 2005

吴江市政协文史资料委员会编撰. 徐静柏主编. 小桥流水人家——吴江风情. 上海：上海画报出版社, 1997

苏州市考古研究所编著. 昆山绰墩遗址. 北京：文物出版社, 2011

沈卫群主编. 昆山文物精华. 上海：上海人民出版社, 2005

苏州市吴中区光福镇人民政府, 苏州市吴中区政协文史委员会, 苏州市吴中吴地历史文化研究会编. 张阿土等主编. 古镇光福. 西安：陕西人民出版社, 2008

徐叔鹰, 雷秋生, 朱剑刚主编. 苏州地理. 苏州：古吴轩出版社, 2010

灵岩山寺编印. 印光法师纪念画册

余杭博物馆编. 戚水根主编. 中国江南水乡文化博物馆

沙佩智总编. 苏州织造官府菜探究. 苏州吴门人家饮食文化有限公司, 2010

申建华主编. 太仓画册. 苏州诺亚方舟文化传播有限公司

〔清〕佚名. 历代名臣像解

〔清〕顾沅. 吴郡名贤图赞. 清道光九年长洲顾氏家刻本

《图说苏州（古代史）》图片资料提供单位

苏州博物馆　苏州市方志馆　苏州市文物局　苏州市档案馆　苏州碑刻博物馆　苏州状元博物馆

《图说苏州（古代史）》图片资料拍摄者、提供者（按姓氏笔画排序）

丁金龙　马振暐　王国平　叶文宪　朱剑刚　刘作忠　祁连庆　张橙华　林植霖　金凯帆

俞国祥　姜　晋　夏　冰　顾笃璜　钱玉成　徐刚毅　徐苏君　唐伟明　屠雪华　谭金土